企业公文处理与写作范例大全

张立章　主　编

清华大学出版社
北京

内 容 简 介

本书内容定位于企业公文处理指南和实用文书范例集，突出其实用性和全面性特色，力求为企业相关人员的公文处理与写作提供一册"轻松上手"的工具书。

本书内容包括四个部分：企业公文基础知识与写作素养提升篇(共4章)；企业公文写作模式与典型范例篇(共6章)；企业文秘人员职业技能与保健实务篇(共2章)以及关于公文工具性标准内容的附录。

本书主要可以作为企业文秘人员和其他文字工作者进行公文处理和文书写作的必备工具书和企业内部培训教材，也可以作为高校经济管理各专业本科生、硕士生和MBA学员提高公文写作技能的实训教材。

图书在版编目(CIP)数据

企业公文处理与写作范例大全/张立章主编. —北京：清华大学出版社，2018（2023.8重印）

ISBN 978-7-302-50062-9

Ⅰ．①企… Ⅱ．①张… Ⅲ．①企业—公文—写作 Ⅳ．①H152.3

中国版本图书馆CIP数据核字(2018)第097054号

责任编辑：汤涌涛
封面设计：李　坤
责任校对：王明明
责任印制：沈　露
出版发行：清华大学出版社
　　　　　网址：http://www.tup.com.cn, http://www.wqbook.com
　　　　　地址：北京清华大学学研大厦A座　　　　邮编：100084
　　　　　社 总 机：010-83470000　　　　　　　邮购：010-62786544
　　　　　投稿与读者服务：010-62776969, c-service@tup.tsinghua.edu.cn
　　　　　质量反馈：010-62772015, zhiliang@tup.tsinghua.edu.cn
　　　　　课件下载：http://www.tup.com.cn, 010-62791865
印 装 者：三河市铭诚印务有限公司
经　　销：全国新华书店
开　　本：185mm×230mm　　　　印　张：24　　　　字　数：510千字
版　　次：2018年8月第1版　　　　印　次：2023年8月第11次印刷
定　　价：68.00元

产品编号：076035-01

前　言

　　为提高现代企业办公室文秘人员和其他文字工作者公文处理与写作的岗位技能，提高其工作效率和公文质量，避免因公文自身的漏洞给企业带来不必要的损失，同时保证企业行文的规范性和严肃性，从而提升企业整体形象，我们决定编写《企业公文处理与写作范例大全》一书。本书的根本宗旨在于有效提升企业文秘人员和其他文字工作者的公文处理与写作技能，以提高企业公文质量和公文处理效率。

　　本书定位于企业实用性文书文案写作指南和典型范例汇集，目的在于为企业相关人员，尤其是新入职文秘人员，提供一册掌握企业公务文书写作规范与要求，提高应用文书写作水平全面而简练的实用工具书。

　　关于文书种类的选择，编者确定了两个基本标准：一是企业基准。选择在企业管理过程中比较重要、使用频繁的应用性文案，将党政军机关所使用的特定文书剔除出本书内容。二是读者基准。本书的读者对象以企业行政部门人员和其他专业部门文秘人员为主，兼顾社会和高等院校有志于将来从事企业相关工作的人员。因此，我们的内容选择与形式设计均围绕目标读者的工作需要、学习需求而安排。

　　本书内容包括四大部分：①企业公文基础知识与写作素养提升篇；②企业公文写作模式与典型范例篇；③企业文秘人员职业技能与保健实务篇；④附录内容。第一部分包括4章内容，分别是企业实用文书写作概述、企业行政性公文写作基本要求、企业公文拟写与制发关键事项点拨和企业公文写作技巧与素养提升等4章内容。第二部分包括6章内容，分别是企业日常行政性公文写作与范例、企业事务性应用文书写作与范例、企业会议文书写作与范例、企业公关礼仪文书写作与范例、企业日常规章制度写作与范例和员工职业生涯

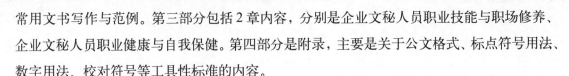

常用文书写作与范例。第三部分包括 2 章内容，分别是企业文秘人员职业技能与职场修养、企业文秘人员职业健康与自我保健。第四部分是附录，主要是关于公文格式、标点符号用法、数字用法、校对符号等工具性标准的内容。

本书具有以下显著特点：

（1）创新性。本书的企业读者定位、编辑宗旨与理念、逻辑分类与体例编排、内容选择与设定等都具有一定的创新性。目前市面上大多数同类图书都是由党政机关公文处理与写作的内容生搬硬改而来，错漏百出，尚不多见专门针对企业读者而编写的企业公文写作教材。

(2) 系统性与全面性。本书内容具有严格的内在系统性，贯穿企业经营的各个环节。将企业经营管理过程和企业员工个人职业生涯中经常使用的重要公文文案一网打尽，随手可查。

(3) 实用性。在编写中我们力求轻理论、重实用，在提供简练的写作要求与知识要点的同时，给出典型性文案范例，不仅使读者能够轻松掌握文案的写作知识和格式规范，还能直接模仿范例动笔撰写相关文案。在企业经常使用的行政性公文部分，我们还总结出了各类公文的一般性写作模板，可以使职场新人直接上手套用，顺利完成公文拟写任务。

值本书出版之际，特别感谢行业内前辈师长和相关调研企业的无私支持，亦感谢本书参阅、借鉴业界相关著作的作者们，尤其感谢清华大学出版社的鼓励和鼎力支持！

由于编者专业能力、实践经验和文字水平等多方面因素限制，本书难免有错误、不妥之处，恳请读者批评指正。

编　者

目　　录

企业公文基础知识与写作素养提升篇

企业公文写作模式与典型范例篇

企业文秘人员职业技能与保健实务篇

企业公文基础知识
与
写作素养提升篇

第一章

企业实用文书写作概述

　　企业进行经营管理的正式沟通渠道主要有两个：一是制发文件，指导、商询或汇报工作；二是召开会议以讨论、宣传、推动某项工作。

　　第一种方式是书面沟通，其表现形式就是企业的各类文书，习惯上称为文件。企业文秘人员的文书处理与写作技能是其岗位重要技能之一。第二种方式属于语言沟通，也就是常说的"开会"。但会议的重要内容往往还会以文字形式记录、保存下来，从而形成会议文件。

　　下面简要介绍企业应用文书的常见类型以及主要表达方式。

第一节　企业常见应用文书基本类型

企业应用文书依据不同的分类标准有不同的类型划分。不同类型文书的使用目的、使用要求、行文语言等也不尽相同。按照企业应用文书基本功能和法定效力的差异，可分为行政性文书、事务性文书和企业管理制度等类型。本书内容主要按此标准进行分类介绍。

一、企业应用文书定义与作用

企业应用文书是企业在其经营管理过程中政令下达、商情传递以及与外部组织沟通的重要渠道与手段。

企业应用文书的起草与撰写是企业各层各级管理者和文秘人员的重要工作内容之一，而管理应用文书的撰写质量不仅体现出行文单位的行文水平，而且会直接影响企业具体管理目标的实现程度。

企业的对外行文，如果公文质量不高，势必会影响企业的整体形象。

二、企业应用文书基本分类

企业应用文书按其基本功能和法定效力的差异，可分为行政性公文、事务性文书和企业管理制度等。

1. 行政性公文

行政性公文一般是指国家党政机关所使用的具有法定效力和规范体式的公务文书。行政机关公务文书是行政机关行政管理中政令下达、政情传递的重要渠道与手段。

但是，在一些非党政机关的正式组织中，如企事业单位、社会团体、公益组织等，也往往使用与行政机关同文种的行政性管理文书。行政性管理文书在组织内部是具有法定效力和强制执行性的。

在企业内，行政性文书主要有决定、通告、通报、通知、报告、请示、批复和函等。注意，在企业管理中，几乎不使用党政机关经常使用、强制力色彩浓厚、用于重大事件宣布或告知的文种，如命令、公告等。

2. 事务性文书

企业事务性应用文书是指企业针对各种类型的会议、典礼或某一事项而撰写的特定用途的应用性文书，该类文书不具有强制性和约束力。

这类文书主要有欢迎词、开幕词、闭幕词、请柬、感谢信、慰问信、介绍信、证明、启事、声明、倡议书、大事记等。

3．企业管理制度

企业管理制度是企业组织内部具有最高法定效力、较为稳定的一般性规范、规则、规定、章程等企业制度的总称，它对组织所有成员具有普遍约束力，是企业解决例常性事务的基本制度性手段。

从大的方面而言，企业管理制度包括企业层面制度和部门规章。企业层面制度如公司章程、公司财务制度等；部门规章包括各部门的日常管理规章制度、工作规则、技术规范、工作程序等。以上每一类型制度中又包括很多具体制度种类。

上述三类企业应用文书具有明显的差异性，主要表现在以下三点。

(1) 企业行政性公文一般以企业或某主管部门发布的行政文件为主要发布方式；这类公文往往以解决某阶段某一问题为主旨。

(2) 企业管理制度往往也需要通过以通知等文件形式来正式发布或实施；管理制度一旦实施就会稳定持续地被执行，直至新制度出台。

(3) 事务性文书从内容到形式均与以上两类文书有较大差异，事务性应用文书一般不具有法定效力，也不需要再行文发布；其文书格式不像行政性公务文书那么严格。

第二节　企业应用文书语言基本表达方式

企业文书与文学作品、宣传文章等不同，属于应用型文书，其语言文字表达有特定方式与要求。

一、语言表达方式定义与类型

所谓语言表达方式，即是人们运用语言介绍情况、陈述事实、阐述观点、总结经验、探索规律、表达情感的具体方式方法。

一般文章的表达方式通常有叙述、议论、说明、描写、抒情等。而应用文书的语言表达方式主要有三种：叙述、说明和议论。

不同的文书文种，语言表达方式存在较大差异。在某一文种中，或混合应用，或以一种表达方式为主。

二、企业应用文书主要表达方式简介

1．叙述

叙述是作者对人物、事件、环境以及相互关系进行概括性的叙说与交代。完整的叙述一般应具备时间、地点、人物、事件起因、过程和结果等六要素。

按照所叙述事件与时空关系，叙述分为顺叙、倒叙和插叙三种。

企业应用文书在人称使用上，三种人称均有可能使用，不同的文书人称使用不同。企业应用文书的叙述不同于文学作品中的叙述，一般是简明扼要的总体交代，应从简避繁、详略得当。

2. 说明

说明是对事物或事理的性质、特征、形状、成因、结构和功能等属性进行客观地解释和介绍。说明是应用文书的主要表达方式之一。

说明主要有定义说明、分类说明、举例说明、数字说明、比较说明等。

在应用文书中，说明往往与其他语言表达方式结合使用，在多种说明方式综合使用时，讲究说明的客观性、科学性和准确性。

3. 议论

议论是作者就某个问题、事件进行分析、评论，以直接表明自己的立场、观点和态度。

议论是应用文书中使用频率较高的一种表达方式。完整的议论一般包括论点、论据和论证三要素。

论证又分为立论与驳论两大类。立论是以充分的论据从正面证明自己论点的正确性；驳论则是以客观有力的论据反驳对方的论点，以证明自己论点的正确性。

论证的方法主要有：例证法、喻证法、类比法、对比法、反驳法、归谬法等。

第二章
企业行政性公文写作基本要求

　　企业文书系统包括多种类型的文书，其中行政性公文的地位和作用最为重要。行政性公文相对于其他类型文书来说，在文体使用、语言表达、格式规范等方面的要求也最为严格。

第一节 企业行政性公文文体与语言特点

鉴于企业行政性公文的特殊性，现将其文体特点与语言特点总结如下。

一、企业行政性公文文体特点

1. 作者特定性

行政性公务文书的作者是特定的，在组织内部具有法定性，并非任何部门或个人都能起草和撰写。其实，公文的起草者只是组织的代笔人，公文表达的是组织意志而非个人意图。

2. 内容权威性

行政性公务文书的主要功能是代行组织法定职权职责，公文中对问题的认识与结论是组织的集体认识，在语言表述上应该是准确、严谨、严肃的。因此，公文在内容上具有唯一权威性。

3. 体式规范性

行政公文应该符合《国家行政机关公文处理办法》规定的规范体式。企业行政文件体式与此相同，只不过其对公文体式的要求严格程度低于行政机关而已。企业其他一般公务文书也均有约定俗成的规范体式。

4. 效力法定性

行政性公务文书是企业组织意志的体现或部门职权职责行使的要求，对全体成员均具有约束力。公文效力法定，是维持企业管理秩序和保证正常运营的制度保障。

企业的行政性公务文书对外没有约束力，但在企业内部，其性质作用与党政机关行政公文基本没有差异。

5. 行文程序性

行政公文的拟写与发布程序具有严格的规范性，任何一个环节的缺失或不当，都可能危及行政公文的合法性与权威性。一般而言，行政公文的行文流程如下：行文必要性的决策——落实作者——初稿拟写——责任领导审阅——修改定稿——领导签批——加盖印章正式发布。发文流程程序法定，不能跨越环节，更不可逆行。

二、行政性公文的语言特点

1. 庄重

庄重是正式、严肃的行政公务文书的基本要求，也是体现行政公文权威性和约束力的基本要求。

2. 准确

准确就是要求恰如其分地表述，具体来说，应选用最恰当、最能说明事物特性的词汇入文，公文的遣词、造句、构段要严格。

3. 简洁

简洁就是要求简明扼要，实事实说，不拐弯抹角，不渲染铺陈，不追求辞藻华丽。语言简洁也是行政公文语言的最基本特点之一。

因为行政公文的权威性和行政约束力，所以要求公文语言表述一定要严格，表达意思明确无误，不含糊，不能产生歧义。

4. 规范

行政公文应该使用规范的书面语言，尽量避免使用口语。词义尚未确定的流行词汇以及不规范的简称和缩写也应该避免使用。

第二节　企业公文常用特定用语及结尾特定句式

在行政性公文长期使用过程中，逐渐形成一些公文写作的特定用语，这些特定用语语义已经约定俗成，具有特定性和确定性。

使用特定用语可以准确、严谨地表述公文内容，还能增强公文严肃、庄重的文体风格。

一、常用特定用语分类及主要词语

为了便于读者分类查找和学习使用，我们将公文中常用的特定词语进行了搜集，整理成表（见表 2-1）。

表 2-1　公文常用特定词语汇集

分 类	主要词语
称谓词	本、你、贵……
领叙词	现根据、据、遵照、依照、按照、本着、接、倾接、前接、近接、现接、奉、查、鉴于、欣悉、惊悉、谨悉、电悉、已悉、收悉、为了……特、……现……如下
追叙词	经、业经、前经、即经、复经、并经、迭经……
补叙词	另、再……
承转词	为此、据此、故此、综上所述、总而言之、鉴于此、由此可见……
祈请词	请、敬请、谨请、恳请、务请、烦、希、敬希、希望、望、尚望……
商洽词	妥否、当否、是否可行、是否得当、能否、可否、意见如何、有何意见……
受事词	蒙、承、承蒙、多蒙、荷、是荷、为荷……
感盼词	深表谢意、谨致谢忱、谢谢、以……为感、以……为盼、……是盼、渴盼、切盼……

续表

分 类	主要词语
令知词	着、着令、着即、特命、勒令、责令、责成、务须、切勿、严谨、不得、毋庸……
告诫词	切切、毋违、不得有误、以……为要、以……为宜……
判定词	是、系、显系、确系、以……论……
见解词	应、理应、确应、应予、应将、应以、均应、本应、似应、准予、特予、不予、照准、拟于、订于、同意、拟同意、不拟同意、缓议、毋庸再议、我们认为、以为、可行、不可行、宜……
时态词	兹、现、顷、嗣后、暂时、片刻、曾经、正在、就、将要、行将、立即、即、即将、即行、时常、永远、一向、一直、届时、届此、值此、定期、如期、按期、先期、预期、展期、亟、亟待、俟、已、着、方……
报送词	呈请、呈报、呈送、报送、呈交、报请、申报、报批、提请、送达、径报、层报、呈上、附上……
核查词	审核、审定、审议、核定、核准、核拨、核销、核发、查验、追查、查照、查对、查询、查复、查收、备查……

二、行政性公文常用结尾句式和用语

行政性公文的结尾一般是固定句式，我们就主要行政性公文的结尾句式或用语总结如表 2-2 所示。

表 2-2　公文常用特定结尾句式和用语汇集

公文种类	特定句式与用语
指示	特此指示、望……执行、自……起施行、以……为要……
批复	特此批复、此复、望……执行……
通报	特此通报、特予通报、特通报……以资……、特通报……以示……
通知	特此通知、望……执行……、请……试行、按……办理……
决定	自……起施行、特此决定……
公告	特予公告、特此公告
布告	此布、特此布告、特此布告周知
通告	自……施行（执行）、自……起生效……
请示	当否请示、请审核批示、请批复、请核示、请即批复、请即批复为盼、请审批、请即见复……
报告	特此报告、此报告、妥否请核示、如有不当请指正、请批示、特此备案、特请查收、以上意见如无不当请批转……执行……
函	特此函告、特此函复、此复、请即复为盼、请即见复为感、请示复、……为盼、……为感、……为荷、谨致谢忱、非常感谢、切盼、此致

第三节　企业行政性文书的分类、处理程序和原则

企业行政性公文的处理、拟写、签发与印制均有严格规定，需要遵循行业管理部门和企业制定的基本原则、处理程序等。不同种类的文书具体要求会有所差异，要注意区分。

一、企业行政性公文分类

企业行政公文按照其发文单位与受文单位的关系以及文件的传递路线，可以分为下行文、上行文、平行文和泛行文等种类。

1. 下行文

下行文是指上级部门向下级部门的行文，如决定、通报、通知、批复等。

2. 上行文

上行文是指下级部门向上级部门的行文，如报告、请示等。

3. 平行文

平行文是指不存在隶属关系的单位或部门之间的行文，平行文主要为函。

4. 泛行文

泛行文是向不相隶属的一定范围内的组织或人群（发文对象）发布需要周知或遵守信息的行文，如通告等。

二、企业行政性公文处理基本程序与要求

（一）发文办理基本程序

1. 拟稿

拟稿是指把本单位或部门的意志或领导者发文意图形成书面文本的过程。它主要内容包括选择文种、确定受文单位与抄送单位、拟写文件标题和正文。

2. 审核

一般由办公室负责人或拟稿部门负责人对拟好的文稿进行审查、核对、修改，以准备送交直属上级领导签发。

3. 签发

由企业负责人签发具体发文意见，并对文稿内容负责。签发是文件具有法定效力的证据和标志。

4. 复核

公文正式印制前，相关人员应进行复核，主要检查审批手续是否完备、附件是否齐全、格式是否规范等。有些国有大型企业设有专职公文复核人员。

5. 发文登记

为拟发公文编注发文字号、设计版面格式等。

6. 印制

印制是按照已签发文稿印刷或打印，并由相关人员负责校对的工作。

7. 用印

一般由办公室或掌管企业印章部门对印制好的公文文本加盖印章。

8. 分发

分发一般由办公室等综合部门把用过印的公文通过企业法定的适当方式传递给受文单位。一些特别重要需要跟踪的公文还需要经办人对公文分发数量、受文单位和办理结果等内容予以注明。

（二）收文办理基本程序

1. 签收

签收是指收件人在对方的公文投递单或送文簿上签字认可，表示该公文收到。

2. 收文登记

收件人在收到对方投递的公文后，要对其注册登记，编写收文号。

3. 审核

规矩严格的企业组织会对收文进行审核。审核重点是：是否应报本单位办理；是否符合行文规则；内容是否符合国家法律法规和本企业相关规定；文种、格式是否规范，等等。

4. 拟办

对于不符合规定、不应该报送本单位和不规范的公文应退回发文单位并注明理由。符合要求的公文，一般由综合部门或指定人员先提出处理意见或建议，提请相关领导人批示后交给相关部门办理。

5. 批办

批办是指领导人对收文的办理给出指示性意见。

6. 承办

承办是指按照领导人的批办意见，由相关业务部门或负责人具体落实收文的办理。

7. 催办

由办公室或专门催办部门的人员督促承办部门限期完成收文办理并进行上报的工作。

8. 办复

办复是指企业承办部门或办公室或其他指定部门把收文办理结果反馈给发文单位。

（三）公文立卷归档管理

1. 制订立卷类目表

实际上这是一个组织公文管理的实施方案。

2. 归卷

按照立卷类目表准备卷夹或存放柜，随时把处理完毕的公文按照类目分别存放。

3. 调用

对已经归卷的公文，有可能会反复调出使用。公文的归卷存放要以方便利用为标准。

4. 立卷

按照国家和企业相关公文立卷规定，把已经归入卷夹的公文立成规范合格的公文案卷。

5. 归档

按照国家或企业要求定期把已经立好且验收合格的案卷移交档案部门管理。

6. 销毁

把一些无保存价值或已过保存期且无继续保存价值的公文按规定程序进行销毁。

三、企业行政性公文处理与写作基本原则

（一）企业公文处理与写作四项原则

1. 实事求是

这是起草和处理公文的首要原则，对上对下不欺瞒哄骗、不偏不倚，公文内容要求事实客观、数据真实、不含糊其辞。实事求是原则也是公文体现企业组织诚信的重要方面。

2. 安全保密

公文在拟写和处理过程中要做到不毁损、不丢失、不乱放，不用不合格材质和书写材料以保证文件的安全性。

涉及国家和企业秘密的文件要有专人负责管理，建立严格的保密制度，以确保文件不

丢失、不被盗、不失密、不泄密。

3. 精简高效

任何公文都是以解决问题为存在前提的。要坚持文件数量精简、文件办理高效原则，可发可不发的文件一律不发，可多发可少发的文件应尽量少发。

4. 准确及时

公文拟写与处理均要求准确及时。

公文拟写要确保文种、文意准确，处理过程中文件传递要准确，不错投、错送、错传公文。

及时性要求公文形成要及时，公文传递要及时，公文办理要及时。

（二）企业行政性公文处理注意事项

(1) 行文首先应确定恰当的行文关系。

(2) 企业行文不以企业名义向外单位领导个人行文。

(3) "请示"应当一文一事，一般只写一个主送单位，需要同时送其他单位的，应当用抄送形式，但不得抄送其下级单位。不得在非请示性公文中夹带请示事项。

(4) 企业向下级的重要行文，应当同时抄送直接上级部门或领导。

(5) 如果涉及多部门职责，各部门之间未协商一致的问题，不得向下级行文。

(6) 企业对外行文，不相隶属单位之间一般以"函"商洽工作。对不相隶属部门发送的公文（函），不得有指示性内容。

(7) 对下级报送需要办理的公文应当进行审核。审核的重点是：来文是否属公文受理范围；是否符合行文规则；文种使用、公文格式是否规范等。受双重领导的单位向上级行文，应当写明主送和抄送者；向受双重领导的下级行文，必要时应当抄送其另一上级单位。

(8) 起草（送签）公文附送的"签报"作为一种内部文件，应随送审公文一并运转和存档。

(9) 公文办理完毕后，各部门应当根据国家相关档案法规和本企业文书立卷归档办法的有关规定，进行整理（立卷）归档，定期移交统一管理。

(10) 来文需要办理事项，有具体时限要求的，原则上从其要求；未明确时限的，原则上不超过 N 个工作日。

第四节　企业行政性公文体式规范与要求

企业行政性公文的内容与形式要素均有严格、规范的统一标准，下面就其构成要件和格式规范依据等内容作简要介绍。

一、企业行政性公文构成要件

1. 文头

行政公文的文头，包括文件名称、发文字号、签发人、紧急程度、秘密等级和份号等。一般企业文件文头会省略紧急程度、秘密等级和份号等部分内容。公文文头位于公文首页上端，约占公文首页 1/3 或 2/5 的面积。（具体样式参见范例一【行政公文完整格式】）

2. 主文

主文是公文的主体部分，其格式内容包括标题、主送单位、正文、发至级限（有密级文件的发送级别限制）、附注、附件、发文单位、印章、成文年月日等。（具体样式参见范例一【行政公文完整格式】）

3. 文尾

文尾部分包括抄送单位、印发单位、印发日期、印发份数等内容。（具体样式参见范例一【行政公文完整格式】）

二、企业行政性公文格式规范依据

企业行政性公文的格式规范主要依据来源叙述如下。

(1) 行政公文在所有的应用文体中，体式规范要求最严格。党政军机关的公文体式规范均有严格规定：中共中央办公厅、国务院办公厅最新颁布的《党政机关公文处理工作条例》，以及国家质量技术监督局制定的《党政机关公文格式》。这些规范标准适用于我国各级党政军机关正式发布的公文。

(2) 除党政军机关公文外，国家没有强制企事业单位执行公文国家标准。但是，基于现实需要，国内较正规的企事业组织内的行政性公文，其公文体式规范一般会参照国家行政机关公文规范要求执行，其不同之处在于企事业组织的公文规范没有党政机关那样严格。

(3) 企业的现实情况是，历史悠久的大中型国有企业内部基本严格沿袭国家行政机关的公文处理与体式规范要求。例如，国资委就有严格的公文处理和文书格式规范要求的文件，要求其所属中央企业遵照执行。而其他企业一般是自主地参照模仿这些规范执行，细节部分有所变通。（具体样式参见范例二【企业行政公文一般格式】）

【范例一】行政公文完整格式

000013(文件份号)

机 密★ ×年

特 急

××××公司文件

××办发〔20××〕××号(发文字号)

关于××问题的请示(标题)

××××(主送单位):

　（正 文）×××。

　附件：1. ×××××××× ×份
　　　　2. ×××××××× ×份

（发文单位印章）

××××年×月×日

（附注：××××××××）

抄送：××××，××××。

××××(印发单位)　　　　　　　　　　　　××××年×月×日印发

【范例二】企业行政公文一般格式

×××× 公司文件

×× 〔20××〕×× 号（发文字号）

关于 ×× 问题的通知（标题）

××××（受文单位或部门）：

（正 文）××-××××××××××××××××××××××。

　　附件：1. ×××××××××× × 份
　　　　　2. ××××××××× × 份

（公司或部门印章）

××××年 × 月 × 日

抄送：××××，××××。

××××（印发单位）　　　　　　　　　　××××年 × 月 × 日印发

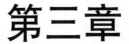

第三章
企业公文拟写与制发关键事项点拨

　　一份企业公文的拟写与制发就是一个小的系统工程，要素、环节较多。我们选择对此过程中的关键事项予以点拨和提醒，包括公文标题拟写、发文字号编制、单位简称与全称使用、数字与标点符号使用、字体字号使用、落款用印等。

<h1 style="text-align:center">第一节　"标题"拟写</h1>

公文标题是公文的内容概要，它具有揭示公文主题内容的功能和作用。结构完整、主题明确的公文标题可以使人对文件作者、主要内容和文种一目了然，既便于收文者的登记、处理、查阅、立卷归档，又便于进行计算机检索管理。

拟写公文标题时，要准确、简要地概括公文的核心内容，使用简洁、规范的书面文字表达出来，并明确公文文种。

一、行政公文标题拟写的基本方法

1. 方式一：发文部门 + 事由 + 文种

这是一种较为正式、规范的写法。在对外行文中应该采用这种标题拟写法。如"××公司关于设立深圳分公司的请示"。

2. 方式二：事由 + 文种

第二种拟写方法，省略发文机关。有固定文件版头的公文，应该省略发文机关，以免显得重复。如"关于对5.13安全事故责任人员处分的决定"。

3. 方式三：文种

第三种形式最为简单，标题就是文种。其适用于公文内容为非重大事项且内容简单的内部文件。如"通知"。

二、公文标题拟写的主要禁忌

1. 题文不一致

公文标题要高度概括公文核心内容，避免标题与文件内容不符。否则，容易误导阅文者偏离公文主题。

某公司以简报形式反映其下属某市分公司销售部门创新销售渠道，使该分公司第一季度销售额同比增长20%以上的业绩。总公司希望通过表彰该分公司取得的成绩，使其他分公司销售部门能够分享经验，创新销售方式。原标题为《某市分公司××××年第一季度销售额喜增20%》。很明显，该简报标题只反映了公文内容的一部分，即某市分公司第一季度销售额同比增长20%以上的事实，并未反映总公司印发该简报的意图。该简报标题建议修改为《某市分公司创新销售方式，创造销售佳绩》，这就比较全面而准确地概括了全文。

2. 表述不准确

公文标题表述要准确、严谨，避免表意含糊或有歧义。

某公司最近研发上市一款英语复读软件产品，供中小学生课余时间学习，这款产品的优点是家长可以设定学习时间上限，以保护孩子视力。公司内部简报原标题为《我公司又推出一款重磅外语学习手机产品》。首先"外语"一词表达不准确，外语不仅包括英语一门语种；其次"外语学习手机产品"文字表意含糊甚至会产生歧义，是指一款学习外语的手机产品还是指一款手机应用软件产品不确切。通过调查该简报标题修改为《我公司一款重磅英语学习手机 APP 产品 (安卓版) 正式上线》更为恰当。

3. 标题笼统

公文标题过于抽象，仅从标题上看不出公文的具体内容。

某公司发起一项资助西部某小学因家庭贫困而失学学生重返校园的慈善活动。公司捐款 500 万元，命名为"彩虹助学行动"，并倡导员工自愿捐款参与此项活动。公司简报原标题《爱心温暖失学儿童》过于抽象，可以改为《公司发起"彩虹助学行动"公司员工踊跃捐款》更为具体。

4. 标题过长

公文标题应该避免字数过多，标题过长。

例如，某公司的一份文件标题为《公司去年营业收入规模稳步增长，利润来源在营收渠道、产品结构、劳动力成本比例等方面出现可喜变化》。这个文件内容并不是强调收入增长，而是主要表达公司利润来源出现好的变化。原标题表述过于详细，字数过多，也未突出主题，应该加以简化，建议更改为《公司去年利润来源出现三大可喜变化》。

三、公文标题中特定标点的使用

1. 书名号使用

在行政性公文中，标题中出现法律法规、规章制度、转发引用其他文件时要使用书名号。但是，当文件属于层层转发时，应该只使用一次或者不使用书名号为宜。

例如：

正：×× 公司关于贯彻《中外合资经营企业登记管理办法》的通知 (使用书名号)

误：中共 ×× 集团公司党委关于转发《中共 ×× 市委关于转发〈中共 ×× 省委关于批转《省纪委关于严格国有企业领导干部住房和用车标准的通知》的通知〉的通知》的通知

正：中共 ×× 集团公司党委转发省纪委关于严格国有企业领导干部住房和用车标准的通知 (不使用书名号)

2. 括号使用

在标题中，遇到必须注释的词语或确需补充说明的词语时，应该使用括号加以标明。例如：

关于召开《公司绩效考核办法（草案）》征求意见座谈会的通知

3. 破折号使用

在会议报告、调查报告、领导讲话、简报等事务性公文中，常常采用主副标题形式，其副标题前应该使用破折号。例如：

调整组织结构 深化人事改革 创建顾客导向特色文化
——中国××集团公司20××年机构改革动员大会报告

4. 不使用标点的情况

(1) 不使用逗号。在一些领导讲话稿、简报、年度报告等文件中，常常使用几个并列的成语、短语或分句来作为标题，中间一般不用逗号而用空格或者一个短句占一行的版面排列法来处理。例如：

深化改革 大胆创新 营造公司二次创业文化氛围

(2) 不使用顿号。在发文单位有两个及以上时，一般不采用顿号区隔，应用空格或一家单位占一行的版面排列法处理。例如：

国家物价总局 国家邮政总局

(3) 不用任何标点。标题是一句完整的话，但结尾不使用任何标点符号。例如：

人力资源部关于近三年公司员工离职情况调查的报告

四、公文标题的位置和排列形式

1. 位置排列

公文标题编排时应于红色分割线下空两行位置，分一行或多行居中排布。回行时要做到词意完整，排列对称，长短适宜，间距恰当，标题排列应当使用梯形或菱形。

2. 注意事项

(1) 如果标题字数较少，则居中排列成一行。对于只有两个字的标题，两字之间一般应空3～5字为宜。如公告、通告、通知等。例如：

通　告

(2) 如果标题字数较多，排列超过一行的3/5以上，则应排成两行或三行，排列成梯形或菱形。一般避免排成四行或更多行。

例1：梯形。

中共××集团公司党委转发省纪委
关于严格国有企业领导干部住房和用车标准的通知

例 2：菱形。

中共 ×× 集团公司党委

转发省纪委关于严格国有企业领导干部

住房和用车标准的通知

（3）标题中标点符号应与正文要求一致。但是，双行或多行标题每行末尾的标点符号可以省略。

（4）标题分行时要注意保持词汇、词组、成语的相对完整性，不要将其分置在两行之中。

第二节　公文受文单位与发文单位标示

公文受文单位是指公文送达的单位。公文受文单位分为主送单位和抄送单位。主送单位是指负有办文权责的单位。抄送单位是指除主送单位外需要执行或者知晓公文内容的其他单位或部门。发文单位是指拟制并发布公文的单位，主要有单独发文单位和联合发文单位两种情况。

一、公文受文单位正确标示

（一）主送单位标示

1. 使用规范名称

主送单位应该使用该单位全称、规范简称或同类型单位统称，如中国移动通信集团公司、中国石化、各省分公司等。

2. 主送单位数量

非普发性的下行文、上行文及平行文的主送单位，一般情况下应该只有一家。普发性的下行文可以有若干单位，有时也可以使用同类型单位统称意指多家主送单位。

3. 放置位置

主送单位应放置在标题下空一行位置，居左顶格，回行时仍顶格，最后一家单位名称后标注全角冒号。

主送单位与正文之间不空行。

4. 排列顺序

当主送单位是垂直不同级别的两个或多个同类单位时，应该按级别排列，遵循"先上后下"的原则。

在主送单位是同一级别的单位时，其排列顺序应该遵循"先外后内""党政军群"的顺序原则。"先外后内"的原则是指外部单位优先于本单位系统内部的组织机构。当受文单位有党、政、军、群多种性质的单位时，应该遵循"党政军群"顺序排列。

5. 标点符号使用

在同级同类主送单位之间，应该使用顿号；在同级不同类单位之间，应该使用逗号。

（二）抄送单位标示

1. 放置位置

比照党政机关公文格式，一般抄送单位放在印发机关和印发日期之上一行，左右各空一字编排。

"抄送"二字后加全角冒号和抄送单位名称，回行时与冒号后第一个字对齐，最后一个抄送单位后标句号。

2. 排列顺序

(1) 对于不同级别的单位，应依先上级单位，再平级单位，后下级单位的顺序排列。

(2) 同级不同类的机关单位，要依照党、政、军、群的顺序排列。

(3) 人大、政协、法院、检察院应另起一行排在党政机关等抄送机关后面。抄送给各民主党派的相应机构也应另起一行列于抄送机关的最后。

3. 字体字号

党政机关公文中抄送机关一般用 4 号仿宋体字。企业可以比照此标准使用。如果企业有自己的公文格式标准，应遵照企业标准执行。

二、发文单位和发文字号的标示

（一）发文单位标示

1. 发文单位标志

发文单位标志由发文单位全称或规范简称加"文件"二字组成，也可以只使用发文单位全称或规范简称。

发文单位标志居中排布，上边缘至版心上边缘为 35 毫米，推荐使用小标宋体字，颜色为红色，以醒目、美观、庄重为原则。

2. 联合发文单位标志

如两家及以上单位联合行文，一般应将主办单位名称排列在前，其余单位按党政军群顺序排列。如有"文件"两字，应当置于发文单位名称右侧，以联署发文单位名称为准上下居中排布。

如果联合行文单位较多，为保证公文首页显示正文，可以适当缩小发文单位的字号和行距。

3. 发文单位署名

发文单位署名也称落款。党政机关以及国有企事业单位都可以根据自己的职能和权限制发公文，都是法定公文作者。发文的名义主要是单位组织，有时也用机关首长和国家领导人的名义。

企业事业单位一般以单位名义发文，落款要写单位全称或规范简称。两个以上单位联合行文要联合落款，按照联合发文单位标志先后顺序居左排列。

（二）发文字号标示

1. 发文字号构成

发文字号由发文单位代字、年份、发文顺序号组成。联合行文时，使用主办单位的发文字号。年份应标全称，使用阿拉伯数字，用"〔〕"括入；发文顺序号不加"第"字，不编入虚位数（如 3 不编为 03 或 003 等），阿拉伯数字顺序后加"号"字。

例如：

大唐办〔2018〕113 号

2. 发文字号位置

发文字号编排在发文单位标志下空二行位置，居中排布。（参见第二章范例一【行政公文完整格式】）

上行文的发文字号居左空一字编排，与最后一个签发人姓名排在同一行中。

第三节　单位名称"简称"与"全称"使用

在公文中，经常涉及使用单位名称。而有些单位名称字数较多或人人熟知其简称，为达到行文简练的目的，常常使用单位简称。如何规范使用单位全称和单位简称是有固定的使用原则和要求的，否则，就会造成损害公文严肃性，甚至产生歧义的后果。

一、公文中单位全称的使用情况

(1) 在政策性、规定性较强的公文以及重大会议性公文中，为体现公文的庄重性和严肃性，应该使用单位全称。如"中国石油天然气集团公司公报"，不宜使用"中国石油"的简称。

(2) 在公文中第一次出现该单位名称，一般应使用其规范全称。如"中国移动通信集团公司"是其规范全称，如在公文中首次出现，就不宜使用"中国移动"的简称。此外，该公司简称"中国移动"也常常指其品牌名称。

(3) 在以党委或党组名义所发的上行文中，其发文机关名称一般使用全称，如"中国

共产党 ×××× 公司党委文件"。

(4) 在发文单位名称和单位印章中应该使用单位全称,不宜使用简称。

二、公文中单位简称的使用情况

(1) 只在单位内部运转的公文一般情况下可以使用单位简称,既使行文简练,又不会出现歧义或误解。

(2) 在公文中非第一次出现该单位名称时,一般可以使用单位规范简称。

(3) 在以党委或党组名义所发的下行文中,其发文机关名称可以使用规范简称,也可以使用全称。

(4) 在单位内部非正式公文中,一般使用简称即可,甚至可以使用只有本单位内部人员才能识别的简称或代码。

第四节 "关于"与"有关"在公文中的使用

介词"关于"在公文中使用频率极高,尤其是在公文标题上的使用。在公文正文中,"有关"的使用也很普遍。下面我们具体介绍一下这两个词语在企业公文中的使用情况。

一、"关于"在公文中的使用与要求

1. 用于标题

在公文标题中,"关于"用在发文机关和发文事由之间,以表示引出处理对象的作用。标题中"关于"后的处理对象既可以是人,也可以是事件。例如:

(1)《关于 ××× 同志违反公司财务管理制度给予撤职处分的决定》

(2)《×× 公司关于表彰 20×× 年度技术创新突出贡献人员的决定》

注意,关于在公文标题中还有重叠和省略的问题。对于印发、批转和转发性公文中的标题,如果原标题已有介词"关于",则应在拟写标题时省略"关于"以避免重叠。如果原文中无"关于"一词,则应该予以保留。例如:

(1)《×× 总公司批转 ×× 分公司〈关于内部创业项目实施股权激励试行办法〉的通知》

(2)《×× 公司关于转发〈省国资委2018年审计工作要点〉的通知》

2. 用于正文

"关于"用于表示事物间的联系,语法上有引起下文的作用。例如:

(1) 关于开展"两学一做"活动成果展示会业已准备就绪。

(2) 你部关于领导分工问题的请示业已收悉,答复如下。

二、"有关"在公文中的使用与要求

(一)应使用情况及举例

1. 众所周知,不必介绍

因为所涉及的内容或文件制度众所周知,不必具体介绍,故使用"有关"一词指代。例如:

按照国家和公司有关规定,秘书部门应该定期将立卷文件移交档案部门保管。

上述"有关规定",国家层次的应该是指《中华人民共和国档案法实施办法》,公司层面也会有自己的具体立卷归档制度。对于本单位的文书、秘书、档案人员而言,这些法规、规定都很熟悉,因此不必具体交代,使用"有关"加以省略。

2. 难以一一介绍完全

同类内容很多,很难或不必一一介绍出来时,应使用"有关"一词。例如:

公司主要从事股权、债券、房产、大型设备等有关资产的抵押贷款业务。

上述有关同类资产较多,表达不太可能完全涵盖,因此使用"有关"来划定一个全面范围,以免遗漏。

3. 没有必要具体介绍

有些内容没有必要具体地介绍出来,因此使用"有关"加以省略。例如:

总公司各有关部门的主管领导二十余人参会,接受了严格的保密专题培训。

在这份简报中,不需要把参会的领导的部门一一介绍出来,之前的培训通知已有参加部门和人员的具体要求,因此使用"有关"加以省略。

4. 无意明确指出

在一些批评性通报或处分文件中,上级无意指名道姓,常常使用"有关"一词加以处理。例如:

公司发生了损失如此巨大的安全事故,调查结果表明,其主要原因是有关部门及其主管领导主观上极不重视,管理上缺乏相应安全措施所致。

在这份通报中,上级领导不想点名批评,措辞较为缓和,因此使用"有关"一词暗指这次事故中负有责任的部门和领导人员。

5. 需要保密内容

在公文中有些地名、单位和人员需要保密的,不能直接写出,而需要使用"有关"模糊处理。

例如：

我公司参与国家重大项目核心技术攻关的有关专家获得了国家专项资金奖励。

在这份简报中，因为保密关系，不能明确专家的具体信息，因此使用"有关"代替。

（二）不该使用情况及举例

1. 需要明确内容

上级布置任务时应该明确实施单位或责任人，否则，极有可能造成工作相互推诿因而被拖延或耽误的后果。

例如：

关于××街道××楼的临街违章建筑必须依法拆除，各有关部门要协同工作限期拆除。

在这份文件中，有关部门指向含糊，责任不明，应该具体指出实施单位和责任单位。如"街道办事处会同城管、工商部门，通力协作在×月××日前拆除该违章建筑"，以明确责任单位和具体期限。只有如此，文件执行效率才能得到保障。

2. 可能产生歧义

在公文拟写中经常使用"有关规定"词句，但是这些规定有可能是多级单位都有类似的规定，应该明确具体来源单位或规定名称，否则，执行单位可能会出现执行依据选择困惑。

例如：

根据有关财务制度规定，你单位上年度员工福利发放严重违规，责令你单位限期×月×日前整改到位。

在上述实例中，"有关财务制度"会涉及上至国家层面法律法规，下到公司层面财务制度，范围非常大，这种情况应该交代出具体制度来源，以便下属单位对照整改。

3. 词语相同含义不同

通常情况下，"有关"有两个意义：一是"关涉到"的意思；二是"有关系"的意思。在公文中使用该词汇时，要注意区分这两种意义的不同，以免混淆。

例如：

有关国家对此次地震的赈灾物资和钱款，不属于本决定范围。

在上述实例中，"有关国家"意义不同：第一个意义可能是指有关系的国家，指外国；第二个意义也可以指本国。

如果是指第一个意义，上述表达应该在"有关"后加"的"就不致出现歧义了。如果是指本国，可以使用"关于"替代"有关"来避免歧义。

4. 突出强调内容

在有些公文中意图就是要强调有关制度、规定或事项内容，在这种情况下就不应该使用"有关"以省略要强调的具体内容。

例如：

经调查核实，××单位总经理×××在五一假期中使用公款旅游，接受商务宴请，严重违反了中央和公司的有关规定，决定给予其党内警告处分，并退缴个人花费的旅游公款。

这是一起违反中央八项规定精神的典型案例，也是该单位应该突出警示的问题，其处分依据"中央八项规定精神"不能简单使用"有关"来处理。应该修改为：

经调查核实，××单位总经理×××在五一假期中使用公款旅游，接受商务宴请，严重违反了中央八项规定精神，决定给予其党内警告处分，并退缴个人花费的旅游公款。

第五节　公文中"序号"与"数字"的正确使用

公文中序号与数字的使用，应该严格遵循国家有关标准。当下，许多文字工作者，尤其是文秘新人，不太注意公文中序号与数字的正确使用，有放松标准、随意使用的不良倾向。

一、公文中"序号"的正确使用

（一）公文常见四个结构层次序数

在正式公文中，应该使用正确的序号来处理公文的层次结构，并且使阅文者能够清楚地了解层次大小和相互关系，从而为快速有效地处理公文打好基础。

在公文格式规范中，文中结构层次序数的使用是有规范可循的，从大到小依次为："一、""（一）""1.""（1）"。

在党政机关公文中，各级标题对应的字体字号也有规定。一般而言，第一层标题使用黑体，第二层使用楷体，第三层、第四层使用仿宋体。但在大部分企业公文中对此要求不像党政机关那样严格，能够遵从企业的公文格式规定即可。例如：

一、公司上年度存在的主要管理问题

（一）各部门管理人员增长过快，管理费用大幅增加

1. 管理人员增幅超过10%

×××。

（1）各部门增长不均衡，结构不合理

×××。

（2）新增部门人员增长过快

×××。

（二）序号使用注意事项

1. 公文内序号书写要准确

具体要求如下：第一层次使用"一"之后应是顿号；第二个层次序号使用"（一）"，之后不加任何标点符号；第三层序号"1"后需要加下点号；第四层次使用"(1)"，之后不加任何标点符号。

在公文拟写实践中，使用"（一）、""1、""(1)、"作为层次序号是常见的错误，应该杜绝。

2. 结构层次适度，一般不超四层

在公文结构设计中，一般不超过四个层次。四个层次对一般公文而言，已足够用。使用层次过多，反而给人以凌乱、琐碎之感。超过四个层次，就使用"①②③""1)2)3)"或者 ABC 等序号，均不符合公文严格规范。

3. 层次序号顺序使用，不得越级

在公文中结构层次序数的使用，从大到小依次为："一、""（一）""1.""(1)"。一般而言，不能越级使用。例如：第一层就使用序号"（一）"，第二层又越过一层直接采用序号"(1)"，这些情况都是不符合规范要求的。

需要注意，如果公文内容只有两个层次，序号可以使用"一、""（一）"，也可以使用"一、""1."。

4. 结构层次使用序数，避免文字叙述

在公文中，结构层次应尽量使用序数形式，避免使用"第一，第二，第三"或"首先，其次，再次"或"其一，其二，其三"等文字表达序数意义的形式。

二、公文中"数字"的正确使用与要求

1. 须使用阿拉伯数字情形

(1) 公文保密期限中的年份。如"保密期限：10 年"。

(2) 发文字号中的数字。如"办字〔2018〕13 号"。

(3) 公文印发日期中的数字。如 2017 年 5 月 8 日。

(4) 正文中公历纪年的世纪、年代、月、日。如 20 世纪 70 年代、2008 年 8 月 1 日等。

(5) 正文中表示时间的时、分、秒。如凌晨 3 时 18 分 12 秒。

(6) 多位的整数与小数。如 168900 名小学生、4.1315998。

(7) 其他应使用情况。

2. 须使用小写汉字数字情形

(1) 公文前两个层次结构中序数。如"一、""（一）"。

(2) 词语中作为词素的数字。如五湖四海、星期五、不管三七二十一等。

(3) 两个相邻数字连用表示概数的情况。如二三天、四五个人、八九百元等。

(4) 数字与"几"字连用表示约数。如几十天、几百年来、几千万分之一的概率等。

(5) 中国干支纪年、夏历月日、清代及以前纪年、各民族的非公历纪年。如戊戌年五月八日、正月初十、明洪武二年等。

(6) 以日月简称表示节日、事件的情形。如五一国际劳动节、五四运动、"九一八"事变、"一二·九"运动等。

需要注意的是，如果月份是一月、十一月、十二月，月与日之间应用间隔号"·"隔开，以免出现歧义。

第六节　公文字体字号与标点符号规范使用

党政机关公文所使用的字体字号要求较为严格，有很强的规定性和约定俗成性。企业公文字体字号的规定一般由企业自行规定。一些大中型国有企业在这方面的规定也较为规范、严肃，常常参照国家党政机关公文格式标准执行。

标点符号的使用，无论是党政机关、事业单位，还是企业、其他社会组织都要严格按照最新的国家标准《标点符号用法》的规定使用。

一、行政性公文字体字号使用规范

一般地，行政性公文各要素字体字号使用均有具体要求。

1. 公文标题字体字号

公文标题一般使用 2 号小标宋体字。

2. 正文字体字号

一般而言，企业也依照党政机关公文标准执行，正文采用 3 号仿宋体字。特定情况可以作适当调整。

3. 发文单位标志

发文单位标志推荐使用小标宋体字，字号由企业以醒目、美观、庄重为原则酌定。

4. 份号字体字号

份号一般使用 3 号阿拉伯数字。

5. 密级和紧急程度字体字号

公文密级和紧急程度一般使用 3 号黑体字。

6. 签发人字体字号

签发人一般使用 3 号仿宋体字，后标全角冒号，冒号后用 3 号楷体字标识签发人姓名。

7. 抄送、印发单位和印发日期字体字号

抄送单位、印发单位和印发日期一般使用 4 号仿宋体。

二、标点符号使用规范

标点符号是汉语书面表达的重要组成部分，缺之不可。在当下公文中，因误用、滥用、漏用而影响文意甚至出现歧义的现象屡见不鲜。这种情况也严重损害了公文质量和形式的严谨性。

（一）标点符号使用的国标依据

在公文中，目前最新的《标点符号用法》(GB/T 15834—2011) 由国家质量监督检验检疫总局和国家标准化管理委员会于 2011 年 12 月 30 日发布、2012 年 6 月 1 日实施。该标准将标点符号规定为 17 种，各有其特定的使用形式和用途标准。（具体内容参见本书附录相关内容）

（二）公文中标点符号使用特定规范要求

1. 点号的位置

点号应置于语句的右下角，占一个字的位置，居左偏下。可以放在一行的末尾，但不能置于开头位置。

2. 引号、括号、书名号位置

标点符号中的引号、括号、书名号，前半个不能放在一行的末尾，后半个不能放在一行的开头。引号、括号、书名号在与点号连用时，半个引号、括号、书名号可以与点号同占一个字的位置。

3. 省略号、破折号占用位置

省略号、破折号各占用两个字，不得将其分为两半放在上一行的末尾和下一行的开头。

4. 句号和引号特定用法

引文结尾处句号和引号的用法有特定的要求：如果引用语是作为一个独立整体而存在的，则句号在先，引号在后；否则，其位置相反。

5. 避免异号使用

公文中使用规范、标准的标点符号，尽量避免使用国家标准《标点符号用法》以外的异号。例如，"△""※""☆"，等等。

第七节　公文中"等"与"等等"的区别使用

在公文中，经常使用"等"或"等等"来列举未尽事项，以达到行文简练的目的。这两个助词既有通用之处，也有比较严格的区别。两者在词性和语义上基本一致，但在大部分情况下，两者的使用是有较大差别的。

下面我们具体介绍一下，"等"和"等等"的具体用法。

一、公文中"等"与"等等"通用情况

在公文文句结尾，表示列举事项未尽情况下，既可用"等"，也可以用"等等"。在此情况下，两者可以通用。

例如：

(1) 此次组织制度调整的范围、幅度较大，包括人事制度、财务制度、科研管理制度、后勤管理制度等。

(2) 此次组织制度调整的范围、幅度较大，包括人事制度、财务制度、科研管理制度、后勤管理制度等等。

上述两句结尾分别使用"等"和"等等"，其意义相同。

二、公文中"等"与"等等"不能通用情况

1. 第一种情形

当列举指的是人或专有名词时，一般只能使用"等"而不能用"等等"。

例如：

(1) 毛泽东、周恩来、刘少奇、朱德等第一代党和国家领导人都曾对这个问题作出过重要批示。

(2) 建国以后，经过大规模有效治理，长江、黄河、海河、辽河、松花江等大江大河的洪水灾害得到了有效控制。

2. 第二种情形

在公文文句中间，表示指代已列举事项，后面还有其他词语时，只能使用"等"而不能用"等等"。

例如：

总公司办公室、财务部、人力资源部等三部门曾就此问题联合发文，要求坚决杜绝此类问题的发生。

此文中"等"并非表达列举未尽，而是指代此前列举的几个部门。

3. 第三种情形

"等等"与前面列举词语之间，可以用逗号隔开。"等"与其列举的词语间不能隔开。例如：

(1) 建国前，中国境内的大江大河都曾经发生过大的洪水灾害，如长江、黄河、海河、辽河、松花江等。

(2) 建国前，中国境内的大江大河都曾经发生过大的洪水灾害，如长江、黄河、海河、辽河、松花江，等等。

第八节　行政性公文用印基本要求

行政性公文为体现其法定效力和行文严肃性，落款必须用印，而且用印要求严格，必须严格执行相关使用规定。

一、印章主要作用

1. 法定效力

公文加盖发文单位印章，证实公文的法定效力，需要遵照执行。

2. 公文信用

公文加盖发文单位印章，证实公文的信用，以防假冒。

3. 公文责任

公文加盖发文单位印章，表示本单位对此公文内容负责，拥有解释权。

二、印章使用的主要规定

1. 印章使用红色

印章是公文生效的标志。无论套印还是加盖，印章须使用红色。

2. 不得出现空白印章

所谓空白印章，是指公文中加盖或套印的单位公章没有压盖任何文字。如果出现这种情况，可能会给伪造印章者提供完整的印模。

3. 印章与正文必须同处一面

为了堵塞变造公文的漏洞，印章和正文必须同处一面。此前执行多年"此页无正文"格式已经取消。当公文排版后所剩空白处不能容下印章或签发人名章时，可以采取调整行距、字距的措施加以解决。

三、用印方式、位置与注意事项

（一）盖印方式

1. 下套方式

下套盖印方式仅以印章下弧压在公文成文日期上。该方式适用于带有国徽或图案、下弧没有文字的印章。下套方式既可完整显示国徽或图案，也可防止国徽或图案或文字压住成文日期而使成文日期难以辨认。

2. 中套方式

中套盖印方式要求把印章中心线压在公文成文日期上。该方式适用于下弧有文字的业务主管部门的印章。中套方式可以避免文字压住成文日期而使其难以辨认。

（二）印章位置

1. 单一发文单位印章位置

印章端正、居中下压发文单位署名和成文日期，使发文单位署名和成文日期居印章中心偏下位置。印章顶端应当上距正文或附件说明一行之内。

2. 联合行文印章位置

一般将各发文单位署名按照发文单位排列顺序整齐排列在相应位置，并将印章一一对应、端正、居中下压发文单位署名，最后一个印章端正、居中下压发文单位署名和成文日期。印章之间排列整齐、互不相交或相切，每排印章两端不得超过版心。首排印章顶端应当上距正文或附件说明一行之内。

（三）联合发文用印要求

（1）联合行文，印章排布要科学。每排印章最多三个，不超版心，印章间既不相交也不相切。

（2）联合行文单位署名按照主办单位在前，协办单位在后顺序排列。各单位印章压在各单位名称上，最后一个印章既压盖单位名称又压盖成文日期。

（3）联合行文为保证印章排列整齐，应该只采取一种盖印方式，采用下套还是中套方式应该统一。

（4）如联合发文的多个单位中有代为盖章情况出现时，应在该单位名称后加括号注明"代章"字样。

第四章
企业公文写作技巧与素养提升

企业文秘人员仅仅掌握了公文写作规范要求，不一定就能拟写出高水平的公文来。公文拟写还需要作者具备一定的知识储备、素材积累以及布局谋篇、表达能力等写作技巧和专业素养。

第一节 公文的布局与谋篇

公文的布局谋篇体现了作者对公文的宏观设计能力，主要包括公文主旨、开头与结尾形式、层次结构、过渡形式以及照应形式等内容的选择与设计。

一、公文主旨的确立

公文主旨，也称为公文主题，是指公文的全部内容所要表达或体现的行文用意和目的。

公文主旨是公文的灵魂和统帅。因此，公文的谋篇布局、段落安排、素材取舍、主次区分等均要服从于公文主旨的需要。

1. 目的单一性

公文一般一事一文，不宜一份公文有两个或更多的行文目的和意图。

2. 追求实用性

公文的根本目的是办理公务事宜，因此实用性是公文的最根本特征。公文不像文学作品或者宣传文章以思想性、理论性为基本特征。

一般而言，行政性公文其主旨非常明确，既不需要提炼和挖掘，更不需要刻意求新立异。

3. 提炼与升华

有些事务性公文，如调查报告、工作总结、简报等，则需要进行主旨的提炼和升华。这些类型的公文有一定思想性，其主旨只有做到既基于事实又高于事实，才能更好地发挥公文的价值。

(1) 公文立意可以有不同视角。要选好观察、看待问题的视角，力求新颖、客观、科学。

(2) 公文立意还需要深度挖掘典型、有说服力的材料和事例，以此支持公文主旨，才能使公文更加充实可信。

(3) 公文立意还需要立体挖掘。任何事件都不是简单的存在，要想认识全面就应该从不同角度、不同人群、不同层面去分析、认识。

二、公文布局谋篇的基本要素与注意事项

（一）公文开头形式选择

1. 根据式

公文开头即交代行文依据，以保证发文的法定权威性，一般多使用"根据""遵照""按照"等词汇加以引起。作为行文依据的通常是党和国家方针政策、法令法规、上级指令、

本单位规章制度、会议决定等。

2. 目的式

公文开头即交代行文的目的或者意图，开门见山，一般多使用"为""为了"等词汇加以引起。

3. 原因式

公文开头首先交代制发文件的缘由，以揭示行文的必然性、合理性、重要性，经常使用"由于""鉴于"等词汇加以引起。

4. 引文式

公文开头即引用文件或领导讲话的内容作为引言，或点明行文主旨。

5. 时间式

公文开头即交代事项的时间。可以写具体时间，也可以使用"最近""近来"等时间副词，还可以使用"……之后"等词汇。

6. 事情式

该方式是开篇就简明扼要地介绍事件或情况，也是开门见山的方式。

（二）结尾形式选择

1. 总结式

结尾对全文的主要内容和基本思想进行概括总结，以加深认识，明确行文意图。

2. 号召式

一般是在阐述一定时期的工作任务和阶段目标后，号召单位员工为实现这一任务或目标而努力工作作为全文结尾。

3. 警告式

为了使文中规定得以顺利实施，在结尾时对有可能违反这一规定的行为事先提出告诫。

4. 展望式

以激情文字对未来作出美好展望，从而激励人们为实现文中所提目标而不懈努力。

5. 指令式

对文中所阐述的事项或问题，提出明确而具体的贯彻执行意见。

6. 要求式

常用于上级单位对下级单位发布指示，要求下级单位将事件真相或事项落实、执行情况在特定时间内反馈到上级单位，抑或征求下级单位对文件的意见或建议。

7. 固定式

有些文种，结尾常用具有固定格式的习惯用语，如请示用"妥否，请批示""当否，请批复"；批复用"特此批复"；通知使用"特此通知"等。

（三）层次结构安排

1. 并列式

全文内容划分为多个层次，而每个层次之间都是并列关系。综合性的报告、工作总结、计划等文种常用这种方式安排层次。

2. 递进式

文章按事物自身的内在联系和逻辑发展顺序来安排层次，由浅及深、由表及里、层层推进，各层次之间为纵向递进关系。实践中，请示、报告、总结、计划、会议纪要等文体常用此法安排结构。

3. 连贯式

按照事情发展的经过和时间的先后顺序安排层次，各层次浑然一体。

4. 总分式

层次安排先总说，后分说；或先分说，后总说，使行文思路清晰可见。工作总结、综合性报告等文种常用此法。

（四）段落设置

1. 段落划分基本原则

段落划分应遵循单一性、完整性和明确性的原则。

(1) 单一性，即一个段落只能说明一个中心意思。

(2) 完整性，每一个段落要完整表达一个意思，不要分在两个或多个段落，而且各个段落要联系紧密、符合逻辑顺序。

(3) 每段主旨应该明确、突出。一般是起句立意，用扼要的语句提炼出该段主旨置于段首，然后再进行阐释。

2. 段落划分基本方法

公文划分段落的方法主要有三种。

(1) 按照事物的单一性和完整性原则分段。

(2) 按照事情条项进行分段。

(3) 篇段合一，即全篇就一段。

（五）过渡形式

过渡是指公文层次、段落之间的衔接与转换。恰当的过渡能起到承上启下、穿针引线的作用，从而使全文脉络贯通、文势自然。

1. 过渡方式

(1) 词语过渡。使用一些具有关联作用的词语进行过渡,例如"因此""总之""所以""综上所述""由此观之""但是""其实""相反地"等词汇。

(2) 句子过渡。使用一句话将上下文的内容连接起来。例如用"现将有关事项通报如下"作为通报缘由转向通报具体事项的固定过渡句。

(3) 段落过渡。公文写作中也常使用一段话来作为上下文内容的过渡方式。

2. 过渡类型

(1) 因果过渡法。前文所述是"因",由此引出的结论是"果",以结果承接起因,常以"为此""特此"等过渡词为标志。

(2) 递进过渡法。段落所承接的意思比上文又进了一层,既连接上文又深入了一步。

(3) 连续过渡法。公文前后两部分的内容一脉相承,前后是连续关系,经常用"现将""现就"等词语引起过渡。

(六)照应形式安排

照应,也称为伏应,是指一篇公文前后、上下的内容要相互呼应,前后一致。主要有三种类型照应形式。

1. 题文照应

公文所述内容要紧紧围绕文题展开,每一部分的内容都要与文题相关,不能体现、说明公文主旨的素材应坚决舍弃。

2. 首尾照应

公文开头所提问题,在结尾处应作出交代。首尾照应可以使行文结构严谨、无懈可击。

3. 处处照应

在行文过程中要时时处处注意"瞻前顾后",使所阐述的事项内容前后一致,不互相矛盾。

第二节　公文写作素材的积累、选择和使用

公文写作的素材是指一篇公文中的事实、数据、道理、引语和案例等。素材是公文写作的基础条件,恰如盖房的水泥、砖瓦一样重要而不可缺少。

过去,公文写作素材的来源主要集中在图书、报纸、杂志期刊、各类企业文书等传统媒介以及工作调研上。

目前,公文写作素材除以上传统来源外,更多地来源于网络、企业自有信息库以及政府和各类机构的各种数字化数据库。因此,素材的搜集、积累方法也发生了巨大变化。

一、素材的主要搜集形式

1. 笔记式

笔记式常常适用于读书时发现有价值的素材。读书笔记可以采取摘录式、提炼总结式或心得式等多种方式。无论哪种形式都要记清楚材料的具体出处、作者和标题等核心要素。

2. 剪辑式

剪辑式，是按照不同专题把同一专题的材料剪辑粘贴在一起，便于查询和使用。这种方法多用于搜集报纸、期刊杂志中的所需素材。要注意保留素材中的日期、作者、报刊名称等基本信息，如有必要应在空白处手写标注。

3. 卡片式

现实中，有很多文字工作者还喜欢采用卡片搜集素材，即把认为有保存价值的某一观点、某个实例、某项数据等素材抄录在卡片上，并对卡片进行合理的分类管理，以便于日后查阅使用。

4. 索引式

索引式是指将素材的名称、作者、出处等基本信息分类编成索引，以便需要使用时检索查找原文。这类方法适用于作者身边存放着大量文献资料，或很方便就可查阅的报刊资料库或档案室中的文件档案。

5. 计算机式

随着计算机和互联网技术的发展和融合，以上所有的素材搜集方法都可以采用新式方法替代，效率和效果大大提升。人们使用台式电脑、笔记本电脑、平板电脑，甚至是智能手机就可以轻松完成素材的搜索、加工、保存和检索等工作，其效率与传统方式相比不可同日而语。

计算机方式既可以采用简单电子文件夹的方式替代以上传统的四种收集方法，还可以以拍照、电子扫描等方式快速转换传统纸媒信息为电子文件。新式收集方式既可以通过计算机程序进行主题词、作者、时间、事件等关键信息检索，也可以很便捷地查阅电子版原文。

二、公文写作素材的准备和选择

一篇公文素材的选择通常包括两个基本阶段：第一阶段，要穷尽该主题的所有相关素材，以免遗漏有价值的数据、事例等；第二阶段，遵照一定的选择原则，对大量的基础素材进行严格筛选，选出适宜使用在该篇公文中的素材。

必要的时候，还可以对素材进行客观性、准确性复核，甚至开展实地调研工作以保证重要素材的客观性、准确性。

(一)素材准备总体原则

1. 广备

在选择素材之前，就要想方设法从各方面、各渠道搜集与公文主旨有关的材料。在这个阶段不要怕材料多，应遵循多多益善的原则，因为一篇好公文乃是"七分材料三分写"。

2. 细审

对于备选的大量基础材料要以专业角度、专业标准、专业深度去仔细衡量，检查其是否与公文主旨相关、典型性如何、材料可靠性和准确性程度如何等。

(二)素材选择具体原则

1. 相关性

相关性是指所选择的素材必须与公文主旨密切相关，无关或不能很好说明观点的材料不能选用。无关的素材越生动，其副作用越大，会严重分散和削弱公文主旨的集中性和统一性。

2. 典型性

典型性是指所选素材应该具有普遍的代表性。典型性材料可大大加强公文的可信度、权威度和说服力。

3. 可靠性

公文选材的必要标准是真实可靠。虚假、编造、未经或不能核实的材料不能用于公文写作。

4. 现实性

公文制发、传达就是为了解决当前现实的问题。因此，公文素材应该是真正反映现实生活、现实工作情况的事例、数据等信息。

5. 与时俱进性

公文写作素材的选择也要与时俱进，注意选择那些代表新观点、新事物、新情况和新问题的材料。选择与时俱进的材料才能及时反映、解决工作中的新问题，而且使收文者感到一股新鲜气息，不会因为又是老生常谈而忽视了公文的重要性。

三、公文写作素材的加工使用

公文写作素材选定之后，并不是原样搬用即可。所有的素材只是原材料，还需要进行不同程度的加工、改造，使之更好地支持论点，服务于公文主旨。

公文素材的加工使用，常见有合并同类材料、压缩概括、恰当改写和提升文句质量等几种主要的方法和技巧。

1. 合并同类材料

公文写作中，常常遇到多个能够说明同一观点的材料。如果只采用一个材料既显单薄，也缺乏说服力。因此，作者需要把多个材料概括归纳，集中地反映同类问题，更有效地说明公文主旨。

2. 压缩概括

压缩是公文素材加工的另一个重要方法。原来的材料服务于不同的写作目的，往往存在交代过详、议论过多、表达啰嗦等问题，这就需要作者根据新公文主旨的需要对这些材料进行压缩、概括。

3. 恰当改写

许多材料虽然能够说明该篇公文的观点或分观点，但是有时候并不贴切。这时候就需要公文作者对其进行适当改写，调整原材料的写作视角、写作口吻等，以便更有效、更贴切地支持公文观点。

4. 提升文句质量

有些被选用的写作材料，或形神俱散，或语言不够精练，或文句死板陈旧。当作者面对这些文句质量不佳的材料时，就需要对这些文字材料进行加工润色，提高文句质量，从而提升公文的整体质量。

第三节　公文成文之美的"磨"与"炼"

公文作为一种特定体裁，与文学作品、新闻稿件、宣传文章等有着根本性差异。公文写作者和读者都是特定人，写作目的不同、文体格式不同、语言表达不同、成文优劣的评价标准也根本不同。

一、公文评价的三把标尺

1. 以简洁为佳

公文以简洁为美，这是公文写作的一个基本原则。世间万物皆以返璞归真为最高境界，增之一分则多，减之一分则少，应该成为衡量公文优劣的基本标准之一。

从汉字辨识角度，也可以认识简洁的本义和重要性。简，即简少之意，在古字体篆书中，简字门里是个"月"字，其本意是从门缝里透过的一丝月光，因少而美极。洁，即除去杂质之意。除去杂质，留下的自然是精华。

2. 以见识为高

公文格式再规范，语言再简洁，而见识短浅，那么这篇公文就失去了灵魂。公文常常是为解决某一类问题，甚至为防止未来再次出现此类问题或相似问题而制发。因此，公文立意要高远，既要针对当前问题，又要以点带面，具有一定的前瞻性。

3. 以实用为本

无论公文主旨，还是公文形式，抑或是语言表达，均应为实现行文的根本目的服务。因此，实用性是公文的根本特点。公文为解决问题而生，因此刺激情感源泉，引发共鸣并不是公文追求的目标，甚至是应该设法避免的。公文内容应该实事求是，全面客观地摆事实、讲道理，分析深层原因，落实有效措施。如此，才能达到公文的行文目的。

二、公文之美的磨炼

一篇好的公文并非是简单地一蹴而就的，它需要具备三个前提条件。

(1) 作者要有该主题充分的素材积累。

(2) 作者要对公文反映的现实情况和问题进行深入、全面的实地调研，掌握一手材料和数据。

(3) 归纳提炼出恰当、新颖而客观的公文主旨。

这三个条件只是写好公文的基础，要得成文之美还需作者字斟句酌，反复修改、打磨。其实，写好公文也没什么诀窍，需要的就是作者的认真、勤奋、负责和努力，即下文总结的"十多"。

1. 多听多看、多调研多积累

企业中的秘书工作者们，应该养成多听、多看、多记的工作习惯，这是积累素材的基本途径。同时，还应该多下基层多调研，掌握一线实际情况和一手数据资料。有了积累，才能写出内容充实、有说服力的好公文来。"读书破万卷，下笔如有神"同样适用于公文写作。

2. 多推敲、多斟酌

在公文拟写过程中，绝大部分作者并非一蹴而就。一篇好公文往往要经过多次推敲、斟酌，尤其对公文内部的一些局部内容和细节问题。推敲、斟酌的内容既包括篇幅分配、段落安排、衔接过渡等较宏观的问题，也包括事例选择、素材加工和词句是否恰当等细微问题。

3. 多修改、多反复

一篇好公文是反复修改出来的。公文成稿后，作者往往需要通篇阅读，再行增、改、删等文字工作环节。即使作者觉得公文已经很完善了，可能到同事、领导那里还会提出一些作者没有认识到的问题和不足。这样的公文稿还会回炉，进一步修改完善。在公文拟写过程中，尤其是重要公文，往往需要反复修订多次才能获得满意的结果。

4. 多请教、多练习

没有人在任何领域不是从零开始的，也没有人在任何领域一开始就是顶尖高手。公文写作也是一样，成文之美仅是一种结果，是作者经过长时间的积累、练习，逐步提高的结果。

多练习写作，反复修改是提高个人写作水平的最佳途径。而多向业内行家里手请教则是提高自己公文写作水平的有效捷径。

第四节　如何成为公文写作高手

一名企业文书或秘书要想成为一名公文写作高手，需要一个锻炼成长的过程，在这个过程中从无到有、从弱到强地具备诸多条件。

简单而言，一名公文写作高手除需要具备相应的受教育经历外，还应具有相当的工作知识储备和公文写作能力。而工作知识储备和写作能力又各自是一个内容体系，均包含了极其丰富的内容。

一、企业公文写作高手应有的知识储备

1. 国家政策方针和法律法规

企业公文生效的首要前提是合法性。公文作者要熟知国家相关政策方针、法律法规，以此为前提形成公文内容。违反国家政策方针、法律法规的企业公文不仅不具有法定效力，还可能会给企业带来严重的负面影响和经济损失。

2. 行业规则和行业标准

企业作为一名社会公民，还要严格遵守行业规则，执行行业标准。企业行文常常涉及这些内容，掌握本行业的行业规则和行业标准也是一名企业公文作者的必要功课。

3. 行业发展状况和市场竞争情况

企业经营需要掌握企业所处行业的发展状况、市场竞争状况以及主要竞争对手的动态信息。这些内容均是企业公文涉及的重要内容范围。

4. 企业规章制度、工作原则与工作程序

企业公文起草者们为了拟写出合格合规的公文，还必须充分掌握本企业各级各类规章制度、工作原则和工作程序等。

5. 企业公文处理与写作规范要求

企业内部公文处理与写作的规定直接决定了企业公文形式、体例，发放范围和制发程序等。这些内容的掌握都属于秘书工作者们的工作职责范围。

二、公文写作特定能力及其提升

公文写作要具备的能力可分为两种基本类型：一种是公文写作者和其他写作者均需具备的一般能力，如思维判断能力、问题认识和分析能力等；另一种则是公文写作者们应具

备的特定能力。

下面，我们主要介绍一下这些特定能力及其提升方法。

1. 信息采集加工能力

企业中的文字工作者们，接到公文写作任务后，应该具备全局观念和清晰思路：需要选择哪些信息，从哪些渠道获取或补充有用信息。面对诸多素材和工作数据，能够自如地选择、分析、消化、升华它们，才能写出好的公文。这个过程体现的就是公文作者的信息采集加工能力。

2. 行文规则掌握与运用能力

在现实公文拟写过程中，国家和企业公文处理与拟写的相关规定是公文内容和形式不可逾越的硬性规矩。一篇好的公文必须符合国家法令和企业标准规定，内容恰当、体式规范。要完成符合要求的公文则体现了作者对行文规则掌握与运用的出色能力。

简言之，公文写作既体现了作者对于国家和企业行文规则的宏观掌控能力，也体现了作者正确辨析文体和选用文种、准确把握写作角色和语气、精确掌握公文体式细节规范的微观应用能力。

3. 公文主旨提炼构思能力

一篇好公文，其公文主旨一定是客观而新颖的。因此，公文写作者的主旨提炼构思能力的高低直接决定了一篇公文的优劣成败。

这种能力实际上是一种较高级的综合能力，应该包括观察能力、逻辑推理能力、洞察鉴别能力、归纳概括能力和创新能力等。

4. 公文语言表达能力

假如公文写作者业已完成了素材积累和选择工作，并具备了以上三种能力，最终还需要依靠良好的公文语言表达能力来完成公文的写作。

公文语言表达能力欠缺就可能造成公文语言表达的瑕疵，如文句出现歧义、因表述不严密而致问题遗漏、出现语句错误等情况。这些问题的出现，轻则导致公文作废、重新制发，浪费时间和资源；重则会因内容歧义或漏洞，可能会给企业带来重大损失；如果是对外单位行文，还会严重损害本企业的良好形象。

三、公文语言表达能力的构成与提升

公文语言表达能力是公文作者写好公文最直接、最基础的能力。提升个人的公文语言表达能力是个人提升公文写作水平的重要前提条件。因此，该项能力的提升也成为个人提升公文写作水平的必要能力训练项目之一。

公文语言表达能力从公文撰写的角度而言，主要包括公文立意能力、提纲设计能力、取材用材能力和炼句择词能力等。公文写作者们也应从这几个主要能力维度着手提升自己，使自己成为一名公文写作高手。

1. 提高公文立意能力

任何文章的灵魂在于其思想性,公文也不例外。公文立意是不是高主要体现在公文是否有独到见解,对问题认识是否透彻,是否抓住了事物的本质或内在规律。

要提高公文立意能力,重点应注意以下几点。

(1) 立意要新,一定要打破个人思维定式,选择与众不同的新角度认识问题。

(2) 立意要单一突出,紧紧围绕公文主旨行文。

(3) 要注意从材料中跳出来,挖掘事物的本质,分析来分析去都是表面现象,文章立意就高不到哪里去。

2. 提高提纲设计能力

确立文章提纲,也称为搭架子,是公文写作前期的一个重要阶段,也是体现写作者布局谋篇能力的一个重要方面。提纲拟写恰当是公文成功的重要保障。

3. 提高取材用材能力

巧妇难为无米之炊,公文写作离不开材料。公文作者既要有收集材料的渠道和方法,更要有选择材料、鉴别材料、驾驭材料的能力。

选择出典型材料并应用恰当才能写出观点和材料高度统一的好公文来。

4. 提高炼句择词能力

炼句择词的能力也是写作中的一个重要微观性能力。追求炼句择词的目的就是要做到语言得体、语气端庄、遣词准确。要提升个人炼句择词的能力其实没什么奥秘,主要方法就是多练习、多斟酌、多修改而已。

企业公文写作模式
与
典型范例篇

第五章
企业日常行政性公文写作与范例

　　企业日常使用频率较高的行政性公文种类，主要包括决定、通告、通报、通知、报告、请示、批复和函等八种。本章将详细介绍这八种公文的主要类型、构成要素、写作模板、典型范例以及拟写时应该注意的主要事项等。

第一节　决　定

决定，是企业对重要事项或重大行动作出决策安排，奖惩有关单位和个人，变更或撤销下级单位不当处理事项的文种。

决定一般由企业最高行政部门以企业名义发布，具有强制性、规定性，属于下行文。一般情况而言，决定的使用频次不高，往往只有事关全局、具有战略意义、执行时间较长的重要事项才适合采用决定行文。

一、决定文种主要类型

1. 指示性决定

指示性决定多为针对企业重要事务、项目和重大行动作出指示，进行统一部署，要求下级单位坚决贯彻执行的文书。

2. 告知性决定

告知性决定主要是把企业决定的重要事项传达给下属单位和员工，使之了解。告知性决定一般不要求下级执行。

3. 表彰性与惩戒性决定

该类决定主要用于对企业部门、员工或事件进行表彰或处分处理。该类决定要求相关部门和当事人执行。

4. 变更或撤销性决定

这类决定用于企业对所属部门的不适当的决定和行为进行变更或撤销。该决定具有强制力，必须贯彻执行。

二、决定的构成要素及其内容拟写

（一）标题拟写

标题主要有两种拟写方法：一种是"发文部门＋事由＋文种"，这是一种较为正式、规范的写法。在对外行文中应该采用这种标题拟写法。如"××公司关于设立深圳分公司的决定"；另一种拟写方法，省略发文机关，如"关于对5·13安全事故责任人员处分的决定"。

有时，在标题下还有发文文号或标明文件通过的会议或机构。如"××××年×月×日董事会通过"字样，并用括号括起来。

（二）抬头确定

抬头是指决定行文的受文者。决定的抬头并不是该文种的必备要素，有些知照性决定如无必要，抬头可以省略。

（三）正文内容

决定的正文内容一般包括：组织作出决定的依据和缘由；决定的事项或计划；需要执行的要求等。

1.指示性决定

指示性决定的内容应该交代事项的重要性，应该遵循的原则，具体的指示内容以及执行要求等。如果决定事项较多，可以采用分条列项式写法，以便于把复杂的问题交代清楚，也便于下级执行。

2.告知性决定

告知性决定一般一段到底，不分条目，概括性地交代决定内容即可。

3.表彰性与惩戒性决定

表彰性决定的内容主要写被表彰者的身份、事迹及其评价，表彰的决定事项，组织的希望与号召等；惩戒性决定应该首先简要交代错误事实，分析其性质、原因、责任及其后果，然后交代当事者事后的态度与表现，再写处理决定，最后写教训、希望。表彰性决定与惩戒性决定的差别还表现在文书语言的情绪上，表彰性决定语气应该热烈向上；惩戒性决定则语气严肃、沉重。

4.变更或撤销性决定

变更或撤销性决定，一般只要写明变更或撤销事项的原因、依据和决定事项即可。

（四）落款

落款包括发文部门或领导者、发文时间，落款处应加盖公章。印章位置应该上不压正文，下压日期。

三、拟写决定的注意事项

(1)决定文种的选择要慎重。一般往往只有事关全局，具有战略意义，执行时间较长的重要事项才适合采用决定行文。

(2)决定要符合法律政策或制度规定，依据充分有力，要符合本单位的实际情况。

(3)决定的语言要庄重、严肃，表述简洁明了、准确、严谨，体现出决断性。

(4)决定主要使用叙述和说明的表达方式。

四、决定的一般性写作模板

【模板一】

决　定

主送单位：

经公司总经理办公会研究，决定如下：

一、××××。

二、××××。

……（决定的具体内容）

（印章）

××××年×月×日

【模板二】

关于××××（事由）的决定

主送单位：

为了××××（目的），根据××××（制度、规定、领导指示等依据），经研究，决定××××（决定事项）。

一、××××。

二、××××。

三、××××。

……（决定的具体内容）

（印章）

××××年×月×日

【模板三】

关于表彰×××的决定

主送单位：

　　最近，××××(被表彰人员或单位的事迹)。××××(先进事迹的价值和产生的积极影响等)。

　　为了××××(表彰目的)，根据××××(表彰依据)，决定对×××等予以表彰(或授予×××等××××称号)。

　　希望××××(号召向被表彰人员或单位学习，提出学习的要求和希望)。

　　附件：表彰名单

(印章)

××××年×月×日

【模板四】

关于对×××处分的决定

主送单位：

　　×月×日，××××(违规违纪事实)。××××(造成的危害和产生的不良影响)。

　　根据××××(处分依据)，为了××××(目的)，经研究，决定给予×××(受处理的人或单位)××××的处分。

(印章)

××××年×月×日

五、决定的参考范例

【范例一】

×× 公司关于剥离公司房地产业务的决定

(×××× 年 × 月 × 日董事会讨论通过)

各省分公司、所属各部门:

为了集中资源将我公司主营业务太阳能产品做大做强,尽快成为国内该领域的龙头企业,公司决定:

一、在三年内逐步将公司所有房地产项目通过转让方式从总公司剥离。

二、房地产业务剥离,原则上各省分公司所有房地产业务人员不裁一人,合理安排转岗;个人要求离职者,严格按照国家相关劳动法规规定办理。

各省分公司应该从战略角度认识此次行动的重大意义与价值,制订切实可行的剥离计划以及原房地产业务人员的具体安排措施,于 6 月 30 日前上报总公司。关于此次剥离行动的具体安排,总公司会另行下发具体工作规划与安排,请认真领会文件精神,并贯彻执行。

×× 公司(公章)

×××× 年 × 月 × 日

【范例二】

关于撤销 ××× 同志副总经理职务的决定

(20×× 年 × 月 × 日董事会讨论通过)

各分公司、所属各部门:

公司原副总经理 ××× 同志在 20×× 年投资 HW 产品上马决策过程中,未按照公司重大投资相关规定进行可行性评估,导致产品投资失败,给公司造成巨大的财产损失。事故发生后, ××× 同志能够深刻反省自己的渎职行为,主动采取补救措施的态度和行为值得肯定。

经董事会研究，决定如下：

撤销×××同志副总经理职务，不再负责公司产品研发相关事项；并扣发当年全部奖金。

××公司（公章）

××××年×月×日

【范例三】

××体育用品公司关于中国区销售公司
立即停止销售打折或变相活动的决定

大区各销售分公司：

据查，中国大区内部销售分公司违反总公司品牌产品统一管理的规定，对公司一些国际一线品牌产品进行折扣销售、销售返券等打折销售和变相打折活动，严重损害了我公司高端品牌产品的品牌形象。

公司研究决定：

立即停止所有销售打折或变相打折等活动，出现这些问题的销售公司负责人须在十日内向总公司提交说明报告和整改计划。

××体育用品公司（公章）

××××年×月×日

第二节　通　告

通告，适用于公布社会各有关方面应当遵守或者周知的事项，是国家机关单位广泛使用的一种公文，属于泛行文。

在企业中也时常使用该文种，主要用于对外公布企业有关方面应该周知的事项信息。需要注意的是，在企业中一般不严格区分通告和公告的差异，常常混同使用。

一、通告文种主要类型

1.告知性通告

告知性通告是在一定范围内公布应当周知事项的通告。告知性通告的目的在于告诉相关单位和公众知晓，如单位迁址、暂时停电、办理注册登记等事项。企业使用的通告一般属于告知性通告。

2. 规定性通告

规定性通告是在一定范围内公布应当遵守事项的通告。这种通告一般由具有相应职权的国家机关发布，具有法定约束力。如"公安部关于严厉打击铁路沿线偷盗光缆违法犯罪行为的通告"。

企业一般不能使用这种具有约束力的通告。但是，在大型特大型企业内部，需要告知所有部门、员工应当遵守的事项时，也可以使用规定性通告，但其约束力仅限于企业内部。

二、通告的构成要素及其内容

（一）标题拟写

标题拟写，一般使用三项式，即"发文单位＋事由＋文种"。这是一种较为正式、规范的写法，在对外行文中应该采用这种标题拟写法。如"××公司关于暂停×项服务项目的通告"；有时根据需要，可以省略事由，如"首钢公司通告"。另一种拟写方法，在企业内部，可以省略发文单位。如"关于×生产区域存在安全威胁实施隔离的通告"。当通告内容简单、篇幅短小时，标题可以省略发文单位和事由，直接采用"通告"为标题。

（二）抬头确定

抬头是指决定行文的受文者。抬头并不是通告的必备要素。通告属泛行文，一般情况不需要写抬头。

（三）正文内容

通告的正文内容一般包括：通告的依据和缘由；通告事项等。

(1) 通告的依据和缘由是发布通告的根据和原因，也就是发布单位发布此通告的依据是什么，为什么发布此通告。此部分内容撰写一定要简单、精练、清楚。

(2) 通告事项，即通告的具体事项或规定。如果通告的内容比较简单，可以不分条撰写；如果事项内容较多，应该分条列式撰写，便于读者了解与记忆。

通告结语用以强调，引起注意，常用的结语有"特此通告""此告"等，有的通告常常省略结语。

（四）落款

落款包括发文单位、发文时间，落款处应加盖公章。印章位置应该上不压正文，下压日期。

三、拟写通告的注意事项

(1) 通告文种的选择使用要慎重，适用于重大事项发布，应注意维护其严肃性，有些可用启事发布信息的事项，应避免使用通告。

(2) 通告事项要有法律政策或制度依据，依据要充分有力，要符合本单位的实际情况。

(3) 通告在内容安排上应该注意有繁有简。通告缘由和依据要简写，通告的事项要详细具体，交代要清楚明白。

四、通告的一般性写作模板

【模板一】

关于××××(事项)的通告

通告对象：

××××(通告的原因)，为了××××(通告的目的)，现就有关事项通告如下：

一、××××。

二、××××。

三、××××。(通告的具体内容)

×××××××××××××××××××××××××××××××

×××(通告的重要性或不了解通告内容的后果、危害性等)。

(单位印章)

××××年×月×日

【模板二】

通　告

最近，××××(需通告事项的缘起)，现将有关事项通告如下：

×××××××××××××××××××××××××××××××

×××××××××××××××××××××××××××××××

××××××××××。

特此通告。

(单位印章)

××××年×月×日

五、通告的参考范例

【范例一】

迁址通告

由于近年来业务发展迅速，原营业大厅不能适应需要，本营业大厅将迁址，现将有关事项通告如下：

兹订于××××年5月1日从原址江城区滨海路13号迁至江南区滨河路166号自来水大厦一层新址办公。

营业时间：周一至周六8:00～17:00。

邮政编码：××××××。

咨询电话：××××××××。

特此通告。

××市自来水公司（公章）

××××年×月×日

【范例二】

中国电信关于流量当月不清零服务的通告

尊敬的用户：

为进一步贯彻落实国家有关提速降费的要求，更好地服务于大众创业、万众创新，促进信息消费，自2015年10月1日起，中国电信将为手机上网按流量计费的月套餐用户推出套餐内流量当月不清零升级服务，即2015年10月套餐内剩余流量延期结转至11月底前使用，后续月份以此类推。

此次推出的"流量当月不清零"服务，适用于所有手机上网按流量计费的月套餐用户，用户无需申请，即可升级。关于"流量当月不清零"服务的详情，届时请访问中国电信网上营业厅"欢go"网(www.189.cn)、"欢go"APP查询，或者致电中国电信10000客户服务热线或到当地营业厅咨询。

中国电信将一如既往地为用户提供更多更好的产品与服务，回报广大用户的信任和支持。

中国电信集团公司

2015年9月29日

第三节　通　报

通报，是一种用于表彰先进、批评错误、通报情况的普发性下行文。通报应该运用具有代表性的事实、事例或典型经验来唤起受众的警醒与注意。

一、通报文种主要类型

1. 表彰通报

表彰通报是机关、团体、企事业单位表彰具有典型意义的先进事迹和好人好事的文书。表彰通报其根本用途就在于树立典型、表彰先进。表彰通报一般需要公开发布或张贴。

2. 批评通报

批评通报主要用于批评错误或进行事故通报。批评犯有值得普遍引以为戒的错误的单位和人员；向有关方面进行事故情况介绍也往往采用通报形式。一般情况下，批评通报都下发有关部门，甚至刊发报纸或张贴公布。

3. 情况通报

情况通报是党政机关、企事业单位经常使用的一种文书，主要用以报道、传达重要情况和有关精神。

二、通报的构成要素及其内容

（一）标题拟写

标题拟写，一般应用三项式，即"发文单位＋表彰或批评对象与事实性质＋文种"。这是一种较为正式、规范的写法，在对外行文中应该采用这种标题拟写法，如"××公司关于××生产车间发生重大安全事故的通报"。

另一种拟写方法，在企业内部，可以省略发文单位，如"关于表彰×分公司章伟同志奋力灭火抢救儿童的通报"。

（二）抬头确定

通报大多要下发到有关单位或部门，因此，应该明确写清主送单位。但是，如果是在内部报刊刊登或张贴的通报可以不写主送单位。

（三）正文内容

1. 表彰通报

表彰通报正文内容主要有四部分：一是先进事迹，这是正文的重点内容，应该准确、真实而简洁地将时间、地点、人物、主要情节、结果表述清楚；二是对先进人物及其事迹进行简要而恰当的肯定评价；三是表彰决定，应该写明表彰单位给予被表彰者的物质或精神奖励内容；四是表彰单位向所属单位和员工发出的学习号召，为什么要学习，学习什么等内容。

2. 批评通报

批评通报的正文内容也包括四部分：一是错误事实或事故情况，对错误事实或事故情况的陈述应该真实、准确、简洁，突出要害；二是对错误事实性质与危害，事故性质与原因的分析说明，这部分内容应该简要而恰当；三是写明对被通报批评单位和人员作出的处理决定，这部分虽内容简单，但地位重要；四是警戒与要求，这部分内容要求高度概括，切忌冗长啰嗦。

3. 情况通报

情况通报的内容构成比较单一，主要包括情况说明与通报要求。通报的情况应当交代清楚，并作简要分析说明。如果是突发事故或事件还应该把事件的时间、地点、当事人、经过、结果等要素写清楚。通报要求的内容应针对存在问题、事故发生原因，对所属单位或部门提出工作改进要求和应该注意的事项。如果要求不止一条时，应分条撰写。

（四）结语和落款

1. 结语

通报结语可用"特此通报"等。一般性通报常常省略结语，但通报事项重大或问题严重时不应省略，以增强通报严肃性。

2. 落款

落款包括发文单位、发文时间，落款处应加盖公章，印章位置应该上不压正文，下压日期。发文单位如果是两家以上，顺序排列应该有主有次，先主后次。

三、拟写通报的注意事项

(1) 通报事项选材不仅应真实可信，而且还应该具有典型性、代表性，能起到普遍的鼓励、教育与惩戒作用。

(2) 通报内容一般具有较强的时效性，时过境迁的内容要避免采用。

(3) 对事件及其性质分析要实事求是，切忌拔高或贬低。

（4）在批评性通报中，要注意对错误事实描述应简要概括，切忌主观性描写，以免产生消极影响。

四、通报的一般性写作模板

【模板一】

×× 公司关于表彰 ×××（人员或单位）的通报

受文单位：

　　× 月 × 日，××××（被表彰人员或单位的事迹）。××××（被表彰事迹产生的积极影响和表现出的精神）。

　　为了 ××××（表彰目的），根据 ××××（表彰依据），决定对 ××××（单位或个人）等予以通报表彰（或授予 ×××× 称号）。××××（号召向先进学习，提出要求和希望）。

（印章）
×××× 年 × 月 × 日

【模板二】

×× 公司关于 ××（人员或事项）的通报

受文单位：

　　×××（简要介绍人员或单位的问题或错误基本情况）。现将有关情况通报如下：

　　××（较为具体的人员或部门信息，何时何地何种问题何种后果等事实）。×××××××××××××××××××××××××××××（对错误或问题进行深入的分析和总结）。

　　××××××××××××××××××××××××××××××××××××（希望引以为戒，提出要求）。

　　附件：×××××××××××××××（人员处理情况或事故调查材料等）

（印章）
×××× 年 × 月 × 日

五、通报的参考范例

【范例一】

关于表彰××分公司

刘××同志奋力抢救儿童的通报

各分公司、各部门：

8月22日上午10时左右，我公司××分公司项目部经理刘××同志外出洽谈业务时，步行路过滨海路启明星幼儿园时，恰逢该幼儿园因厨房漏电引起火灾，十余名儿童被困教室中，生命安全受到严重威胁，情况十分危急。

在此危急情况下，刘××同志不顾个人安危，与幼儿园教职工一起奋力灭火，并冒火冲入教室，抢救被困儿童，最后被困儿童全部安全脱险。刘××同志因身体烧伤严重，现正接受治疗。

为表彰刘××同志见义勇为、不怕牺牲的优秀品质，总公司总经理办公会研究决定：

一、将刘××同志的先进事迹通报全公司，予以表彰。

二、公司给予刘××同志10万元医疗补助，以资鼓励。

特此通报。

××××集团公司（公章）

××××年×月×日

【范例二】

××公司关于项目经理

周××渎职问题调查结果的通报

各分公司、各部门：

我公司××分公司甲项目部采购经理周××利用自己原材料采购职权，以权谋私，数次向原材料供货商索贿，在遭到拒绝后，心怀不满，多次对原材料供货商合格产品通过不予理睬、拖延签字等手段进行刁难，导致严重影响项目进度，给公司造成一定的经济损失。

鉴于周××的行为性质恶劣，严重影响我公司良好的企业形象，公司决定辞退周××，给予其直接领导甲项目部经理蔡××通报批评处分。

各项目部领导要充分吸取这次事件的深刻教训，思想上要高度重视，防微杜渐，加强员工的日常廉洁教育，制定切实可行的项目监督制度，以杜绝类似事件的再次发生。

××公司（公章）

××××年×月×日

【范例三】

关于6·13抢劫案的情况通报

各区县农村商业银行网点、各部门：

6月13日16时40分许，我市永宁路储蓄所营业厅发生一起持枪抢劫案。两名歹徒蒙面持枪趁临近下班时间，储蓄所内办事人员较少之机，冲到营业柜台前，用仿真手枪威逼营业员钱××将现金递出柜台，共抢得现金76万余元。趁歹徒将现金装袋时，另一营业员吴××按响报警器，歹徒见状仓皇逃出，两名营业人员与保安人员一起奋力追赶，但歹徒迅速驾乘摩托车逃离现场。公安机关正在全力侦破此案。

在此抢劫案中，我行员工面对歹徒，临危不惧，表现出英勇无畏的精神。但是同时暴露出基层营业网点普遍存在安全意识薄弱，安全防范措施未能落实到位等问题。

为防止同类案件的再次发生，各单位要认真组织一次以防盗抢为重点的安全自检，并对查处的安全漏洞和隐患及时进行彻底整改。同时，联系实际对全体员工进行定期安全防范教育和反盗抢安全演习，以提高员工的安全防范意识和防范技能。

××市农村商业银行（公章）

××××年×月×日

第四节　通　知

通知，是各级党政机关、人民团体、企事业单位在公务活动中最常用的一种公文，适用范围非常广泛。通知适用于上级批转下级的公文，转发上级和不相隶属单位公文，发布文件、规定；传达要求下级办理和需要有关单位周知或者执行的事项；任免人员；召开会议等。

通知为下行文，具有适用范围广、指导性强、时效性强等特点。

一、通知的主要类型

1. 指示性通知

指示性通知是指要求下级办理和需要有关单位共同执行事项的通知。

2. 批转性通知

批转性通知主要包括单位发布文件或规章制度的通知，上级批转下级公文的通知，转发上级和不相隶属单位公文的通知等三种子类型。

3. 知照性通知

知照性通知顾名思义，是用于告知某一事项或某些信息的通知。如成立、调整、合并、撤销机构；印发新规章制度、分发文件；启用新印章，放假安排，更正信息等，都可以用通知形式行文。

4. 人事任免通知

人事任免通知一般简明扼要，仅需写明任免的依据和时间、岗位职务、人员即可。

5. 会议通知

会议通知即告知有关单位、部门或个人参加会议的通知。

二、通知的构成要素及其内容

（一）标题拟写

标题拟写，一般应用三项式，即完全式标题："发文单位＋事由＋文种"。这是一种较为正式、规范的标题拟写法。如"××公司关于召开年度先进表彰大会的通知"。另一种拟写方法是省略式，在企业内部行文，可以省略发文单位。内容简单的通知也可以同时省略发文单位和事由，直接以"通知"为标题。

注意，在批转性通知中，应该省略重复性的"关于"和"通知"文字。如××公司×省分公司下发题为"××公司×省分公司关于加强员工考勤制度执行情况检查的通知"的文件，总公司决定将其转发所有下属公司和部门加以执行。完整的标题应为"××公司关于转发〈××公司×省分公司关于加强员工考勤制度执行情况检查的通知〉的通知"。在这个标题中发文机关与"关于"和"通知"等文字重复，显得既冗长又无必要，应简化为"××公司转发×省分公司关于加强员工考勤制度执行情况检查的通知"。

（二）抬头确定

通知大多是下发到有关单位或部门，因此，一般情况下应该明确写清受文单位。如果是在内部张贴或广播的周知性通知，可以省略受文单位。

（三）正文内容

通知的正文内容一般包括缘由、事项和要求三部分，但正文具体内容的安排与撰写因通知的类型不同而有所差异。

1. 指示性通知

此类通知的正文内容主要包括：行文的依据、目的或意义；上级的指示精神及其具体化；执行要求及其注意事项。其中后两部分的内容需要分条列项表达。指示性通知应该内容明确，语气肯定，以促使下级贯彻执行。

2. 颁发规章制度或批转相关公文的通知

该类通知的正文内容安排，一般形式是指出谁，经过谁批准，为何原因，根据什么，制订了一个什么内容的公文，现将公文发给或转发给谁，何时、怎样执行。稍微复杂一点的公文可以增加对被转发的公文或针对的事物进行简要评价分析，提出要求等。印发/颁发、转发、批转公文的通知一般要把批转的公文作为附件，在正文中依据实际需要分别选择使用"认真遵照执行""切实遵照执行""参考执行"等不同的执行要求。

3. 知照性通知

内容相对简单，只要把行文的依据、目的和事项交代清楚即可，文字简练概括。

4. 会议通知

会议通知是一种应用最为普遍的通知形式，其内容一般包括召开会议的原因、目的、会议名称、主要议题、到会人员、报到时间、地点、应准备材料、会议要求等，通常采用条文式写法，要求语言简练、表述准确、无歧义。

（四）落款

落款包括发文单位、发文时间，落款处应加盖公章。印章位置应该上不压正文，下压日期。

三、拟写通知的注意事项

(1) 通知一般要求一文一事，行文简单、清楚。

(2) 通知为下行文，不能对上级发通知，但允许主送平级单位和互不隶属的机关或单位。

(3) 通知往往具有较强的时效性，注意发文效率问题。

四、通知的一般性模板

【模板一】

关于××××（指示或批示事项）的通知

主送单位：

近来，××××（从正反两方面分析面临的外部环境和内部存在的问题）。××××（指出解决问题的重要性、必要性和紧迫性）。为了××××（目的主旨），根据××××（依据），××××（拟采取措施），现就有关事项通知如下：

一、××××。

二、××××。

三、××××。

……（通知的具体内容）。

××××（提出落实通知精神的要求）。

（印章）

××××年×月×日

【模板二】

关于转发××××××的通知

主送单位：

为了××××（目的），现将××××（上级单位或有关业务主管部门）《××××》（文号）转发给你们，请结合实际，认真贯彻执行。

××××××××××××××××××（具体贯彻意见）。

（印章）

××××年×月×日

【模板三】

关于成立×××××（机构或部门）的通知

主送单位：

为了××××（目的），根据××××（依据），决定成立××××（机构），负责××××工作。现将有关事项通知如下：

一、××××（机构）的领导和人员组成。

二、××××（机构）的主要职责。

三、××××（其他需要说明的事项）。

（印章）

××××年×月×日

【模板四】

关于×××等同志职务任免的通知

主送单位：

经××××研究，决定：

任命×××同志为××××（职务）；

任命×××同志为××××（职务）；

免去×××同志的××××（职务）。

以上人员任职期限自××××起至××××止。

特此通知。

（印章）

××××年×月×日

【模板五】

关于召开×××××会议的通知

主送单位：

为了××××（目的），根据××××（依据），××××（主办单位）决定于

××××年×月×日在××××(地点)召开×××××会议。现将有关事项通知如下:

一、会议内容:×××××。

二、参会人员:×××××。

三、会议时间、地点:×××××。

四、其他事项:

(一)请与会人员持会议通知到××××报到,××××(住宿费用安排)。

(二)请将会议回执于××××年×月×日前传真至××××(会议主办或承办单位)。

(三)××××(其他需提示事项,如会议材料的准备等)。

(四)联系人及电话:×××××××××。

附件: 1.会议地点和交通路线示意图

2.参会人员回执

(印章)

××××年×月×日

附件1: 会议地点和交通路线示意图(略)

附件2: 参会人员回执(参考式样)

会议回执

单位(盖章)

参会人员姓名		性别		民族	
单位和部门		职务		电话	
抵达时间 (航班或车次)				是否 接站	
备注					

五、通知的参考范例

【范例一】

××公司关于开展安全生产竞赛活动的通知

各分公司、各部门:

近半年以来,我公司已发生多起安全生产事故,造成三人重伤,财产损失逾百万元,教训极为沉痛。为提高全体员工安全生产意识,杜绝类似事故发生,总公司现就开展安全生产竞赛活动事项通知如下:

一、经公司研究，决定自 4 月 20 日至 5 月 20 日在公司所有生产单位开展为期一个月的安全生产竞赛活动。

二、各单位领导要高度重视此次活动，指定主要领导专人负责此项工作，在一个月内，开展全面的安全隐患自查活动。

三、各单位在活动开展前，应向总公司生产部提交书面的具体活动开展计划，该计划将成为公司评比安全生产先进单位的重要衡量标准。

四、公司对于在此期间发生安全事故的单位要通报批评，并视情节轻重追究相关领导责任，绝不姑息。

五、活动结束后，各单位要及时总结经验、吸取教训，对于表现突出的部门和个人应予以表彰。

××公司（公章）

××××年×月×日

【范例二】

关于转发市统计局《关于辖区内高新技术企业

上报技能型人才状况统计报表的通知》

各分公司：

现将市统计局《关于辖区内高新技术企业上报技能型人才状况统计报表的通知》转发给你们，请认真学习文件精神，按规定要求，实事求是填写各项内容。分公司报表务必在 8 月 10 日前上报总公司总裁办。

附件：《××市统计局关于辖区内高新技术企业上报技能型人才状况统计报表的通知》

××××公司（公章）

××××年×月×日

【范例三】

关于印发《××××公司中层以下领导竞聘上岗实施办法》的通知

公司各部门：

鉴于一年来在部分部门实行中层以下经理人员通过竞聘上岗的试点工作，取得良好效果，现将《××××公司中层以下领导竞聘上岗实施办法》印发给你们，请认真贯彻执行。

在执行过程中遇到的问题请及时上报公司人力资源部。

附件1：《××××公司中层以下领导竞聘上岗实施办法》

附件2：中层以下领导竞聘上岗实施办法问题反馈表

××××公司（印章）

××××年×月×日

【范例四】

××××房地产有限公司

关于成立营销分公司的通知

公司各部门：

为了统一管理我公司房地产开发项目的市场营销行为，提升公司的品牌形象，经董事会同意，公司决定成立营销分公司。营销分公司的主要任务为负责公司现销售楼盘和今后新开发项目的营销宣传与销售管理，营销分公司实行独立核算、自负盈亏。现任命如下：

任命韩××同志为营销分公司总经理，任期三年；

任命孙××同志为营销分公司副总经理，任期三年。

××××房地产有限公司（公章）

××××年×月×日

【范例五】

××科技股份有限公司人事任免通知

公司各部门、各分公司：

公司研究决定：

一、任命梁××同志为总公司战略发展部部长，同时免去梁××同志A省分公司总经理职务。

二、任命赵××同志为公司A省分公司总经理职务，主持全面经营工作。

特此通知。

××科技股份有限公司（公章）

××××年×月×日

第五节　报　告

报告，属于陈述性公文，主要用于向上级汇报本单位的工作情况，总结经验教训，提出意见与建议，或者回复上级交代事项办理情况等。报告是上级制订决策和指导下级工作的重要依据。

报告内容较其他公文应该更具体、翔实，避免空洞无物。报告根据需要可以发文于事后，也可以制发于事中或事前，一般不具备强制受文单位复文的性质。

一、报告文种主要类型

1. 工作情况报告

工作情况报告是下级向上级反映情况或汇报工作的报告。

2. 建议报告

建议报告是下级单位向上级提出工作建议、措施的公文，或者是请求上级认可、批转下级报告的公文。

3. 答复报告

答复报告是指下级答复上级询问事项或汇报上级交办事项的报告。

4. 报送报告

报送报告是下级向上级报送物件或有关材料的报告。

二、报告的构成要素及其内容

（一）标题拟写

标题拟写，一般应用三项式，即完全式标题："报告单位＋事由＋文种"，如"××省分公司关于 2005 年销售业绩大幅下滑问题的报告"。另一种拟写方法是省略式，根据需要，经常省略发文单位；在带有单位名称的固定格式文头的公文中，应该省略发文单位，否则会重复出现发文单位。

（二）抬头确定

报告是上行文，行文严肃。因此，应该明确写清报告受文单位名称。

（三）正文内容

报告正文内容的安排与撰写，因报告类型不同而差异较大。

1. 工作情况报告

工作情况报告的内容主要包括：工作基本情况、主要成绩或经验教训、现存问题、今后计划等。因为此类报告内容篇幅较长，应恰当安排层次结构、分清内容主次。如果内容较多，应分条分项陈述，可用序数或分标题划分层次。

下级向上级报告的工作情况主要包括如下内容。

(1) 严重的灾害、事故、案情，重大喜讯等。

(2) 重要的企业动态，新政策、新规定的执行情况与群众反馈等。

(3) 上级交办或督办的事项进展或承办结果。

(4) 财务、税收、物价、质量、安全、卫生防疫等项工作的检查结果。

(5) 重大活动、重要会议的基本情况。

(6) 对某项工作造成失误和问题的反思与检讨总结。

(7) 其他重要的特殊问题或新情况。

2. 建议报告

建议报告的正文一般分为情况介绍与意见措施两部分。情况介绍一般是分析问题，总结经验，或者说明建议的依据、原因和目的等。意见措施部分的内容可以采取条列式写法，要求思路清晰、主次分明。

3. 答复报告

答复报告的正文内容包括答复依据和答复事项两部分。答复依据是指上级要求答复的问题，应该简明扼要，交代清楚。答复事项部分应该针对上级提出的问题进行意见陈述或说明处理结果，要周全、具体，注意不能答非所问。

4. 报送报告

报送报告的正文内容十分简单，一般只要把报送物件或材料的名称、数量说清楚就行。

（四）结语与落款

报告经常以习惯用语作为结语，主要有"特此报告""专此报告""请批示""请审阅""如无不妥，请批转有关单位执行"等。根据需要，有些报告也可以省略结语。

落款包括发文单位、发文时间，落款处应加盖公章。印章位置应该上不压正文，下压日期。

三、拟写报告的注意事项

(1) 报告要求一文一事，坚决杜绝一文多事。

(2) 报告不同于一般公文，要求简洁、概括。报告是行文单位工作情况的总结或某一事项的调研结果，往往成为上级单位决策的重要依据。因此，报告要求内容翔实、清楚。

(3) 报告为上行文，不能对下级行文。行文应该注意时效性。

四、报告的一般性模板

【模板一】

关于××××工作情况的报告

主送单位：

　　根据××××要求，我们开展了××××(概述工作简要情况)，并对××××工作进行认真总结。现将有关情况报告如下：

　　一、××××(工作基本情况)。

　　二、××××(主要办法、措施和产生的效果等)。

　　三、××××(存在的问题、经验和教训以及拟采取的对策措施)。

　　四、××××(下一步工作思路和计划)。

　　特此报告。

(印章)

××××年×月×日

【模板二】

关于××××有关情况的报告

主送单位：

　　根据××××(上级批示精神和要求或根据上级《××××》文件要求)，我们对××××情况(或问题)进行了认真研究(或调查核实)。现将有关情况报告如下：

　　一、××××(经调查核实的事件的原因、过程、结果等)。

　　二、××××(事件处理的情况、结果以及处理得当与否等)。

　　三、××××(下一步拟采取的整改措施)。

　　特此报告。

(印章)

××××年×月×日

五、报告的参考范例

【范例一】

××服装厂
关于第二生产车间发生重大火灾事故的报告

总公司总裁办：

×××年6月5日凌晨4时25分，我厂第二生产车间发生重大火灾事故，经过消防队近四小时的扑救，于8时许明火全部扑灭。此次火灾损失严重，该车间内的半成品服装和衣料全部烧毁，损失初步估计约150万元。

经初步调查，这次火灾属于安全责任事故。火灾的直接原因是车间电源线路老化脱皮漏电引起的。当日晚间值班人员何××未按值班要求在非生产时间拉闸断电，负有主要安全责任。同时，车间电工组长于××对于车间生产电源线路年久老化，早应更换的情况未及时处理，也负有一定责任。

这次火灾事故损失巨大、教训惨痛，暴露了我厂在安全管理方面存在许多问题：领导对安全问题重视不够，安全意识不强；安全管理制度不健全，安全制度执行不到位；违章作业严重等。

火灾事故发生后，我厂迅速成立了以厂长为组长的安全事故处理小组，认真调查事故原因，处理善后事务。事故处理小组经过认真调查取证后，对相关责任人员处理如下：

一、对主管安全副厂长全厂通报批评，本人作出深刻书面检查，扣发半年奖金。

二、撤销第二车间刘××车间主任职务，扣发一年奖金。对于值班人员何××，车间电工组长于××给予留厂察看处分，扣发一年效益工资和奖金。

今后，我们一定要吸取教训，切实加强对安全工作的领导，建立健全安全管理制度，落实相关人员责任，努力做到防患于未然，为企业创造良好的经营秩序和经营环境。

××总公司 ××服装厂（公章）

××××年×月×日

【范例二】

××省饮料分公司

关于第一、二季度销售业绩大幅下滑原因的报告

总公司市场部：

《关于迅速上报你公司第一、二季度销售业绩下滑原因的通知》（市发〔××××〕××号）收悉。

按照总公司通知要求，我们专门成立由销售部、行政部、财务部等部门人员组成的调查小组，深入调查研究，发现销售业绩下滑的原因主要有两方面：一是我省今年冬春季较往年同期平均气温低3～5摄氏度，饮料需求大幅度降低。二是竞争对手××公司今年年初新推出××品牌新产品，加大了营销宣传力度，抢走了部分顾客。

目前，我们正在抓紧制订应对计划，以避免销售业绩继续下滑。计划制订后会及时上报。

特此报告。

××省饮料分公司（公章）

××××年×月×日

【范例三】

××省饮料分公司

关于改变我省一二季度销售下滑趋势措施的报告

总公司市场部、广告部：

根据总公司一二季度销售统计数据，我省同比销量下降23%。按照总公司要求，我们专门成立由销售部、行政部、财务部等部门人员组成的调查小组，深入调查研究，就其主要调研内容和基本结论报告如下：

发现销售业绩下滑的原因主要有两方面：一是我省上半年气候等客观原因；二是市场竞争状况发生了变化。

一、我省今年冬春季销量出现大幅下滑的客观原因主要有以下几点。

1. 我省今年冬春季气温较往年同期平均气温低3～5摄氏度，饮料需求大幅度降低。

××

××。

2. ×××。

3. 竞争对手××公司今年年初新推出××品牌新产品，加大了营销宣传力度，抢走了部分顾客。×××××××××××××××××××××××××××××××。

二、我们调研市场，建议总公司采取有效措施，以遏制销售下滑势头，稳定我公司的市场份额。

1. 调整我省今年全年销售任务指标。××××××××××××××××××××××××××××××××××××××。

2. 加大三四季度我省广告投放力度，追加广告投放额。××××××××××××××××××××××××××××××。

3. 针对竞争对手××公司制定新的营销组合措施，抢占市场份额。×××××××××××××××××××××××××××××。

特此报告

××省饮料分公司（公章）
××××年×月×日

第六节　请　　示

请示，属于典型的上行公文，主要用于向上级请求批示、批准。请示与批复是一组对应公文，请示具有请复性，即要求上级给予回复的特点。

一、请示文种适用范围和分类

（一）适用范围

请示文种一般适用于以下情形。

(1) 对于上级单位的方针、政策、指示和规章制度认识不够明确，或者有不同理解的地方，需要上级单位给出相应解释。

(2) 本单位出现某一具体困难或特殊问题，需要上级单位批复解决。

(3) 需要上级单位对某项政策、制度、规则等进行变通。

(4) 不经请示，本单位无权决策或自行处理的问题。

(5) 涉及方面广、部门多,需要上级进行协调的问题。

(二)请示分类

1. 请求指示

请求指示的请示多是涉及认识问题,或政策、制度上的问题,下级需要上级给予明确的解释或答复。

2. 请求批准

请求批准的请示是下级单位无权决定或处理的事项,需要得到上级的批准或认可的请求性公文。

二、请示的构成要素及其内容

(一)标题拟写

标题拟写,一般应用三项式,即完全式标题:"发文单位 + 事由 + 文种"。如"××省分公司关于破格提拔 ×× 同志为销售经理的请示"。另一种拟写方法是省略式,经常省略发文单位。

请示标题的拟写,应该注意不能将"请示"写成"报告",混淆两个文种的差异;也不能将两者并用,写成"请示报告"。"请示"已经非常清楚,标题中无需再出现"申请""请求"一类的词语,更不能用这些词语替代"请示"。

(二)抬头确定

请示是请求指示或批准的上行文。因此,主送单位为一个,应该是请示事项的主管单位或部门。

(三)正文内容

1. 缘由

请示的缘由应该写在请示开头,写明提出请示事项的理由、背景和依据。请示缘由的陈述要理由充分、依据明确,背景情况要介绍清楚。

2. 请求事项内容

请求事项的内容要明确而具体,提出的意见和计划要实事求是,才能有利于得到批准。例如,下级就某一项目申请拨款,事项情况以及款项具体用途不能含糊其辞,申请拨款数额不能脱离实际情况。

（四）结语与落款

请示结语是最后请求上级给予批复，经常使用"当否，请指示""妥否，请批复""请审核批复""以上意见当否，请指示／批复"等作为结语。请示结语不能省略。

落款包括发文单位、发文时间，落款处应加盖公章。印章要正，位置应该上不压正文，下压日期。

三、拟写请示的注意事项

请示是企业中使用频次非常高的一种上行公文。但是，许多单位使用请示时不规范，甚至出现原则性错误，尤其是对外部有关主管机关行文时。因此，在拟写或使用请示的过程中应该重点注意以下几点。

(1) 请示要求一文一事，坚决杜绝一文请示多个事项。

(2) 请示只能报送一个主管单位，不能主送两个或两个以上单位。如果确有需要，可以主送一家，抄送一家。主送单位应该是有实际批复权限的单位。

(3) 请示公文不能越级请示，不得抄送下级单位。

(4) 注意请示与报告的区别，不能混同使用。请示在于请求指示、批复，报告主要是汇报工作；请示一定是事先请示，报告往往是事后报告；请示一定要求回复，报告则不一定需要回复。此外，这两种公文的内容与处理方式也有较大差异。

四、请示的一般性模板

【模板一】

关于××××问题的请示

主送单位：

近日，×××××××××(在工作中遇到的问题)。现将有关问题请示如下：

一、××××(介绍背景情况)。

二、××××(遇到的问题)。

三、××××(恳请上级单位对问题作出指示的内容)。

妥否，请指示。

（印章）

××××年×月×日

(联系人及电话：×××　××××××××)

【模板二】

关于××××(事项)的请示

主送单位：

为了××××(目的)，根据××××(依据)，我单位拟进行××××(工作意图和方案计划)。现将有关情况汇报如下：

一、××××(事项背景和基本情况)。

二、××××(事项方案的必要性、可行性及其价值)。

三、××××(具体方案和请示事项)。

妥否，请批示。

(印章)
××××年×月×日

(联系人及电话：×××　×××××××××)

【模板三】

关于解决××××问题的请示

主送单位：

目前，我公司××××(遇到的问题或困难)，为了××××(目的)，现就××××(要解决的问题)请示如下：

一、××××(问题的由来)。

二、××××(问题的不利影响)。

三、××××(解决问题的意义和价值)。

四、××××(请示协调解决的问题以及解决问题的有关建议)。

妥否，请指示。

(印章)
××××年×月×日

(联系人及电话：×××　×××××××××)

五、请示的参考范例

【范例一】

关于购买商务用车的请示

魏副总裁：

近五年以来，我公司销售业绩迅速提高，全国销售额每年以超过30%的速度增长，2017年度销售总额达到3亿元人民币。随着销售业务的快速增长，市场部每年接待的客户数也快速增长。2015年，市场部接待外地客户26次，人员64人；2016年，市场部接待外地客户增加到44次，人员96人；2017年，接待客户达到57次，接待人员超过140人。市场部现有商务用车三部，一部金杯牌中型面包车，一部捷达王轿车，一部桑塔纳2000轿车。捷达与桑塔纳轿车主要用于销售人员的本市销售推广和销售回访；金杯面包车主要用于接待客户。金杯面包车购于2010年4月，现已行驶24万公里，维修费用急剧增加，车体破旧，严重影响工作的正常开展，也对公司形象产生了不良影响。

添置商务用车已经到了刻不容缓的地步，因此，我部请求增加两部上海通用公司生产的别克8座商务用车(型号为：××××)，预计购车总费用为××万元。

妥否，请批示。

××公司市场部

××××年×月×日

(联系人及电话：×××　×××××××××)

【范例二】

请　　示

总公司：

按照总公司《中层以上干部管理办法》(人办【20××】12号)规定，各省分公司设立总会计师岗位，负责该省分公司的财务会计事务。目前，在我公司内部，总会计师既是行政职务，又是专业技术职称。当前，我分公司有马××和赵×两人均为总会计师职称，究竟应该由谁负责分公司的财务会计工作，恳请总公司尽快给予明确，以免影响正常工作。

是否妥当，请批示。

××省分公司(公章)

××××年×月×日

(联系人及电话：×××　×××××××××)

第七节　批　复

批复，是上级单位用以答复下级请示事项的公文。批复与请示是一组对应公文，先有请示后有批复。

一、批复文种特点和类型

（一）批复特点

批复具有以下特点。

1. 权威性

批复是上级单位的答复，是上级单位组织意志的体现，具有执行强制性。

2. 被动性

因为先有下级请示，才有上级批复。没有请示也就没有批复的产生。

3. 针对性

批复的内容要依据请示事项而定，具有针对性；主送单位也只能是被请示单位。

（二）批复类型

1. 肯定性批复

上级同意下级的请求，认可下级的意见或做法的批复称为肯定性批复。

2. 否定性批复

上级不同意下级单位的请求，给予否定的答复称为否定性批复。

二、批复的构成要素及其内容

（一）标题拟写

完全式批复标题的拟写为："发文单位＋批复事项＋行文对象＋文种"。如"××总公司关于同意自筹资金修建员工宿舍楼问题给第三分公司的批复"。

经常使用的标题拟写方法是省略式。可以省略行文对象或发文单位。如"××总公司关于同意破格提拔××同志为销售经理的批复"，省略了行文对象；"关于同意破格提拔××同志为销售经理的批复"，又省略了发文单位。还有一种拟写方法为"发文单位＋原请示标题＋文种"，如"××总公司＜关于破格提拔××同志为销售经理的请示＞

的批复"。

（二）抬头确定

批复的主送单位只能是一个，应该是上报请示事项的单位或部门。

（三）正文内容

1. 批复引语

批复的开头是引述来文，引用公文应当先引标题，后写发文字号。这样可以使请示单位一开始就清楚批复的针对事项。如"你公司《关于添置办公设备的请示》（办发〔2010〕13 号）收悉。"

2. 批复事项内容

在这部分，上级应针对请示中提出的问题，给予明确具体的答复。如果完全同意请示内容，就陈述肯定性意见，一般要先把请求事项的内容简要复述，而不能笼统地写"同意你们的意见"之类的话。如果是部分同意请示内容，要明确写明同意的内容以及不同意部分的理由。如果不予同意，一定要在否定性意见后简要写明理由。

（四）结语与落款

批复可以使用"此复""特此批复"等作为结语。批复结语可以省略。

落款包括发文单位、发文时间，落款处应加盖公章，印章位置应该上不压正文，下压日期。

三、拟写批复的注意事项

(1) 保持批复的高度针对性，不要涉及其他事项。

(2) 拟定批复，应该事先进行充分的调研，核实请示事项的真实性、准确性和必要性。

(3) 批复应该态度明确，答其所问，对所有请求应该有所交代。

四、批复的一般性模板

【模板一】

关于××××问题的批复

主送单位：

你公司《关于××××的请示》（文号）收悉。鉴于××××情况，根据××××的有关规定（依据），现就该问题批复如下：

一、原则同意××××。

二、××××(具体要求)。

请你们××××(提出做好此项工作的希望和要求)。

(印章)

××××年×月×日

(附注)

【模板二】

关于××××问题的批复

主送单位:

你公司《关于××××的请示》(文号)收悉。经××××(部门组织或会议或人员)研究, 总公司不同意你公司关于××××问题的请示。主要原因如下:

一、××××。

二、××××。

特此批复。

(印章)

××××年×月×日

(附注)

五、批复的参考范例

【范例一】

关于同意拨款修建地下车库的批复

××饮料分公司:

你公司《关于提请拨款修建地下车库的请示》(××食字〔××××〕×号)业已收悉。经研究批复如下:

同意你公司在仓库库区范围内修建1200平方米地下车库一处, 请自行到有关主管部门办理相关手续。

总公司拨付 50 万元作为你公司修建地下车库专项款，要求专款专用，不得挪作他用。不足部分请自筹解决。

此复。

××总公司（公章）

××××年×月×日

【范例二】

关于××省分公司申请修建公司招待宾馆的批复

××省分公司：

你公司《关于修建公司招待宾馆的请示》(××食字〔20××〕×号)业已收悉。经研究，总公司不同意你们修建招待宾馆的请示，原因如下：

其一，总公司认为你们的业务招待客人总量不足，且存在严重的季节分布不均现象。从投入产出比上看，专门修建公司招待宾馆得不偿失。

其二，修建公司招待宾馆需要投入大量资金，分散财力物力和主要管理人员精力，会影响主业经营。

特此批复。

××总公司（公章）

××××年×月×日

第八节　函

函是党政机关、人民团体、企事业单位使用频繁的一种平行文。函主要用于不相隶属单位之间相互商洽工作，询问和答复问题，或者向有关主管部门请求批准事项（发文单位与主管机关不属于同一系统）等。

一、函的文种特点和类型

（一）函的特点

函作为一种平行文种，应用广泛、特点鲜明。

(1) 内容范围不受限制，比较简单，一般一函一事。

(2) 使用灵活简便，不受作者职权范围与级别的限制。

(3) 同样具有公文的法定效力，可郑重表明作者意志，对受文者也具有强制约束力。

（二）主要类型

函可以划分为多种类型。依据正式程度，函可以划分为公函与便函；依据内容与用途不同，函可以划分为商洽函、询问函、答复函、请批函和批准函；依据行文主动性与被动性，函可以简单区分为发函和复函两种。

1. 发函

发函是指平行单位之间或者不相隶属单位之间商洽工作、询问问题或请求批准的公文文种。

2. 复函

复函是指对于来函给予答复的公文文种。

二、函的构成要素及其内容

公函具有严格的公文格式，构成要素由标题、主送单位或部门、正文和落款等部分组成。便函则格式灵活、写法自由，可以不写标题、不编文号。

（一）标题拟写

函的标题拟写亦有多种情况：一是"发文单位＋事由＋文种"，如"××公司关于请求退还被扣车辆的函"；二是省略发文单位，如"关于请求拨款举办赈灾文艺晚会的函""关于拨款举办赈灾文艺晚会的复函"。此外，有时根据需要，在标题中还应增加受文单位，如"××工商管理局关于工商管理费用缴纳期限问题给××总公司的复函"。

（二）抬头确定

发函或复函的主送单位都应该写清楚。

（三）正文内容

1. 发函

发函的主要内容包括：行文的原因和目的；需要商洽、询问或请求批准的具体问题和事项，向对方介绍自己的意愿和方案，陈述依据、理由和背景；最后提出希望或要求，常以"请复文""请予批准""望予协助""此致""特此函告"等作结。

2. 复函

复函的主要内容包括：指明所针对的来函标题、文号、时间等；答复询问，表明态度和立场；指示解决问题的办法，提出疑问，陈述理由；提出希望或要求。

（四）结语与落款

函常以"特此函复"作结，结语常常省略。

落款包括发文单位、发文时间，加盖公章。印章位置应该上不压正文，下压日期。

三、拟写函的注意事项

(1) 语言表达应概括、简约、明白。

(2) 行文应该郑重，以体现出应有平等、尊重、真诚，切忌凌驾于人；同时也要注意不能过于委婉。

(3) 准确使用专用词语和惯用语，以合适的分寸表达文意。

四、函的一般性模板

【模板一】

关于××××征求意见的函

主送单位：

为了××××(目的)，根据××××(依据)，我们拟进行××××工作(或制定了《××××》文件)。现就××××问题征求你们意见，请提出修改意见，于××××年×月×日前函告××××。

联系人：×××

电话：××××

电子邮箱：××××

（印章）

××××年×月×日

【模板二】

关于××××问题的复函

主送单位：

贵公司《关于征求×××意见的函》(文号)收悉。经研究，现将我们的意见函复如下：

一、我公司同意(不同意)××××。

二、××××(具体意见)。

特此函复。

（印章）

××××年×月×日

五、函的参考范例

【范例一】

关于请求协助培训员工阿拉伯口语的函

××大学培训中心：

为适应我公司在北非阿拉伯国家工程项目工作需要，我们急需对拟外派北非工作的20名技术工程人员进行阿拉伯口语强化培训半年。为此，特恳请贵校给予大力支持。有关进修费用等事项，均按贵校有关规定办理。

谨请函复。

××公司(公章)

××××年×月×日

【范例二】

关于同意调低产品出厂价格的复函

××营销公司：

贵公司《关于商请降低代销产品价格的函》(××字[××××]×号)收悉。

经研究，同意你们提出的调整我厂产品出厂价格，靠拢市场均价的建议，决定从今年5月1日起调低我厂产品的出厂价格，在原合同价格的基础上统一降低200元人民币/吨，希望贵公司主推我厂产品，共图发展。

特此函复。

××××厂(公章)

××××年×月×日

第六章
企业事务性应用文书写作与范例

公司日常事务性文书是指企业经营过程中针对日常某一事项而撰写的有特定用途的内部应用性文书，主要包括工作计划、工作总结、简报、产品／服务说明书、介绍信、证明、启事、推荐信、大事记等种类。

公司事务性文书与行政公文的主要差异在于行政公文是在履行单位或部门的行政职能与职权，具有强烈的行政色彩和强制约束力；而事务性应用文书则不具有行政性和执行约束力。

不同性质组织使用的事务性应用文书内容会有所差别。在此，我们仅介绍企业常见的事务性应用文书及其写作。

第一节 公司经营计划

公司的经营计划，是企业经营思想、经营目标、经营方针、经营战略与策略的具体化，是企业在一定时期内综合经济活动的全面的统筹规划。公司依据自身内部经营条件和外部经营环境的变化，结合当前与长远发展的需要，安排公司全部经营生产活动，以求实现预期经营规划的目标而形成的公司指导性文件。

一、公司经营计划任务和类型

（一）主要任务

公司经营计划目标任务主要包括下列各点。

(1) 运用系统分析和正确的决策手段，把国家计划、社会需要与市场需求，同企业的经营目标有机地结合起来。

(2) 通过积极的综合平衡，使计划规定的任务与企业的能力、企业的各项资源相协调；使各项技术经济指标相协调；使企业内各部门之间的经济活动以及外部的专业协作、物资供应、营销活动等相协调；使企业能够取得最大的经济效益。

(3) 通过控制与调节，发现并消除各种不协调的因素与偏差，以确保企业经营目标的实现。

（二）主要类型

1. 长期计划

公司的长期经营计划是五年以上的计划，它是公司在未来相当长的时期内具有纲领性的经营活动计划，有明确的经营奋斗目标，涉及的都是公司发展的重大问题和战略性问题。

2. 年度计划

公司年度计划是对下一年度经营目标与措施的执行性安排。具有很强的执行性，计划目标应该尽可能量化。

二、经营计划的构成及其编制

（一）标题与落款

1. 标题

经营计划的标题拟写比较简单，一般情况是"单位＋时间段或年度＋计划"，如"××

公司 2015—2020 发展规划" "×× 公司 2018 年度经营计划"。

2. 落款

落款主要是计划形成时间，一般不加盖公章。

（二）正文拟写

1. 五年计划

编制五年计划或更长期的规划，结合我国企业的实际情况，其方法与步骤大致如下。

(1) 认真收集各种信息，细致分析与研究。

经营环境，也称为企业的外部环境。一般地说，它是企业不可控制的因素，但可以在某种程度上限制或运用这种影响。经营环境的构成，可分为两类因素。①非市场因素，主要包括：政治环境因素，如党和国家的方针、内外形势的稳定情况，军事与战争等；经济环境因素，如国民经济发展与经济结构调整，经济改革，经济资源以及国际经济发展趋势等；社会环境因素，如人口、民族、宗教、文化教育、风俗习惯以及生态环境等。②市场因素，主要包括：同类产品和代用品的数量；用户的需求动态；消费水平、消费结构、购买力的变化；竞争对手发展动向、技术水平、产品质量、价格等；原材料、能源供应情况与价格等；产品流通渠道、流向、分布、途径、方式等。

经营要素，一般称为企业内部条件，是企业可以充分调动的因素，主要包括经营资源与经营手段。经营资源主要指人、财、物。人力资源：领导班子、专业技术队伍、职工技能水平等；财力资源：固定资产、流动资金、专用资金等；物质资源：厂房、场地、设备、工装、运输与仓储、职工生活福利设施等。经营手段是对人、财、物、时间、信息等资源的合理运用能力以及达到预期效益的方式、方法。

(2) 预测并确定经营目标。

预测是一项细致的工作，它依靠收集到的各种信息与数据预测企业的经营环境与收益。通过预测可以为确定企业的经营目标提供充分的科学依据。

企业长期经营目标应以提高经济效益为核心，即优质、低耗、高效益、扩大市场。具体有：①资金利润率、投资利润率；②提高产品（或服务）质量目标；③降低物质消耗目标；④提高劳动生产率目标；⑤提高经营稳定性，提高经营安全性，扩大市场占有率；⑥提高职工福利与收益水平。

(3) 提出多种方案并进行决策。

方案就是实现经营目标的方法、措施和途径。与短期计划的有限方案不同，五年计划和更长期计划应多提一些方案，这样才有利于比较、创新。

(4) 制订经营方针、经营战略和策略并着手编制计划。

经营方针、战略、策略的制订与方案的决策是交叉进行的，待一切都定下来了，就要形成文件（初稿）。长期计划一般由文字表述部分与数据表格两大部分组成。企业的长期经营计划，须经职工代表大会审核通过，成为正式文件。

(5) 计划的实施、检查与修订。

任何计划的目的都在于实现，具体来说就是以它为指导。编制企业的年度经营计划是对长期计划的补充、调整和充实。计划的检查与修订，针对的是计划实施过程中的偏差；没有检查就不能发现偏差，出现偏差就要对计划进行适当的调整和修订。

2. 年度计划

年度经营计划编制的方法与步骤原则上与五年计划的编制方法、步骤是一致的，但内容更细致、更具体。

(1) 计划期的市场预测。

企业的销售预测，其精确性要更高些，为此收集的各种信息与数据要准确，一般应经过核实，如能做到这一点，再选用适当的预测方法，这种短期预测的精度是有保证的。

(2) 提供多项备选方案。

在决策过程中，不要求提供很多备选方案。因为具体任务已很明确，只要几个有限方案就足够了。

(3) 年度计划的编制。

年度计划是执行性的。在编制程序上，过去一般采取"两上两下"的形式。它有双重含义：①过去大部分是指令性计划，由企业向上级主管部门提出建议计划大纲，经主管部门逐级平衡上报后，向企业下达指标草案；企业按照这个指标草案进行测算平衡，上报计划草案；经上级部门审核批准后，下达正式计划（二次上，二次下）。②在企业内部一般还要经过"两下一上"，即先由公司、总厂或厂部初步平衡后向下边的事业部、分厂、车间及其他所属部门下达分解的计划任务草案，经下边测算平衡后上报本部门的计划草案，最后经上边再次平衡、定案并交职工代表大会审核（有的还须报请上级主管部门审批后，再正式下达计划）。

三、编制计划的注意事项

(1) 经营计划的全面性与综合性，表现为企业作为一个相对独立的、自负盈亏的经济实体，对其综合经济活动在一定时期内的整体规划。

(2) 突出经济效益观念，既要优质，又要降低各种消耗。

(3) 近期计划与长期计划要密切结合，着眼于长远经营目标的实现。

(4) 科学性，即运用科学的预测、系统分析和决策方法为手段。

(5) 经营计划的测算平衡工作要求细致、准确，并且贯穿整个计划工作的始终，尤应重视执行与控制。

四、公司经营计划参考范例

【范例】

××××葡萄酒庄五年计划（2016—2020）

　　××××葡萄酒庄致力于用北京北部最好的葡萄，生产世界一流的葡萄酒。我们计划扩大现有的产品线在今后五年扩大经营规模。我们希望把现有的每年4000万元的收入增加50%以上，达到6000万元，而净利润将从现在的300万元增加到550万元。

　　我们将通过最大的努力实现企业的扩大与发展。我们计划增加葡萄种植面积，以收获高品质的葡萄，提高葡萄酒的产量。为了适应消费者的口味变化，我们将对产品线做些改进，生产出更清淡的葡萄酒。

　　我们也将对公司的人员培训进行投资，因为他们是我们最重要的资产。虽然我们的雇员的报酬在同行业中已经是最高的了，但是我们仍计划在今后五年的时间内增加新的福利和奖金。

　　在市场方面，我们计划扩大葡萄酒品尝中心，这将有助于在当地市场强化我们的形象；同时，我们也想加强在全国的知名度以及产品形象，尤其是在东部的城区市场。我们计划聘请新的人员以及发展同全国主要批发商的关系来实现这一目标。

　　为了贯彻我们企业的长期目标，我们将追求以下具体的目标。

● 继续提高葡萄酒的质量，以便能在每年全国葡萄酒品酒大赛中获得至少一枚金牌。

● 扩建品酒招待场所和餐馆，以便每天都能提供服务，而且能招待100人进餐。

● 监控葡萄酒味道的变化，能够测试至少两种红葡萄酒的混合。

● 在一年内任命一名专职的营销董事，他应能够贯彻并实现营销和分销的目标。

● 在今后一年半的时间内与全国尚未签约省份的大批发商签订协议。

● 大力做广告宣传自己，提高品牌知名度，在高利润细分市场中至少占有25%的份额。

● 扩大生产规模，到第五年，每年生产5万箱各种葡萄酒。

● 扩大红葡萄的种植面积，使其产量占全年总产量的40%。

● 对目前工艺水平的装箱设备投资1200万元，减少对供应商的依赖。

● 为全体全日制以及半日制雇员增加奖金和福利，提供健康和退休福利。

● 使所有者的投资报酬率达到10%。

第二节　部门工作计划

　　部门工作计划是为完成一定时期的工作任务而事前拟订目标、措施和基本要求的事务性文书。工作计划，是使用频率很高的一种事务性文书。

计划的实质是对工作目标和内容的具体化。它对整个工作的开展及进度有着重要的指导、推动和保证作用。

一、部门计划的构成及其编制

（一）标题与落款

部门工作计划标题一般包含单位名称、时限、内容和文种，如"××公司销售部2009年工作计划"，这是一个"完整式"标题。也有省略时限（时限不明显或临时的单项工作）的标题。

落款主要是计划形成时间和计划起草部门，内部文件一般不加盖公章。

（二）正文拟写

1.前言

前言又叫导语。这是制订计划的基础，要写得简明扼要，灵活多样。通常内容主要有：对基本情况的分析或对计划的概括说明，或说明依据什么方针、政策以及上级的什么指示精神，在什么条件下，制订这个计划，完成这个计划的必要性、可能性以及要达到的主要目的等。

2.计划事项

计划事项是计划的主体。不论是哪一种计划，计划事项都应包括目标、措施与步骤、要求三项内容。目标、措施与步骤、要求，被称为计划的"三要素"。

目标是回答"做什么"的问题，可以是总体目标，也可以是具体任务或指标。总体目标往往是要实现的最终目的，是多方面综合指标的最终体现。具体任务或指标，则是具体说明要完成什么任务，达到什么指标，做好某项工作，开展某项活动等，务必写得具体明确。

措施与步骤是解决"如何做"的问题，包括组织分工、进程安排、物质保证、方式方法等。组织分工可说明领导机构，进程安排，主要是对目标实现分步走的问题，一般要安排若干阶段。如果是年度计划，每一季度或月份要完成哪些工作，要达到什么指标都要加以明确。如果是专项计划，则要划分阶段，明确每一阶段的大致任务及具体安排，如做好某项工作，可以分为准备阶段（包括传达、动员、学习、成立组织、物质准备等）、实施阶段（具体工作的展开、落实）、总结阶段（扫尾、小结）。

3.计划要求

计划要求即回答和解决"做成什么样""如何保证做完"的问题，主要体现在质量、数量、时间方面的要求。

二、编制部门计划的注意事项

(1)要充分考虑计划的可行性，做到反复论证，从多种计划方案中择优，实事求是地确定计划的目标和任务，并适当留有余地。

(2) 要服从企业总体规划，坚持整体和全局观念，既要服从大局，协调好多种关系，又要体现本单位工作的特点和要求。

(3) 工作计划制订要集思广益，以保证计划的认同度和可行性。这样在执行计划中就能更好地发挥基层员工的积极性，减少阻力。

三、部门计划参考范例

【范例】

×× 公司 20×× 年新入职员工培训指导计划

第一章　培训指导目的与内容

1. 培训指导目标

对本企业新录用的员工介绍企业的经营方针，传授本企业员工所必备的基本知识和业务技能，提高其基本素质，使之在较短时间内成为符合要求的员工。

2. 培训指导主要内容

(1) 深入了解并认同本企业的经营宗旨、价值观、企业远景和社会使命等企业文化内涵。

(2) 了解本企业的历史沿革、现状、在产业中的地位和经营状况。

(3) 了解本企业的机构设置和企业组织。

(4) 学习并掌握本企业的规章制度和厂规厂法。

(5) 掌握本企业各部门的业务范围和经营生产项目。

(6) 了解本企业的经营风格和员工精神风貌。

(7) 了解本企业对员工道德、情操和礼仪等方面的基本要求。

(8) 通过教育培训考察学员的个人能力和专业特长。

第二章　培训指导实施要领

1. 培训指导者

(1) 企业主要领导全面负责培训指导工作，其他领导应参与。

(2) 计划的编制和组织实施由人力资源部具体负责。

(3) 企业全体员工都应协助培训工作。

2. 培训时间

培训时间一般为 3 个月，根据实际情况可适当延长或缩短。

3. 编班

为便于组织培训，根据学员学历，可分成不同的班组，并指定一名班组长。外出参观或实习时，可根据实际需要，重新编班。

4. 时间安排

集中培训的时间安排为"上午：× 时 × 分到 × 时 × 分；下午：× 时 × 分到 × 时

× 分"。实习时间同企业工作时间一致。参观时间视情况而定。

5. 培训指导方法

(1) 专业知识传授采取集中授课的方式。

(2) 实习则采取到实习工厂或企业车间部门实际操作的方式。

(3) 参观。根据教员的布置，实地考察，并由学员提交参观报告。

(4) 培训日记。培训期间，要求学员对培训感想和认识作出记录，以提高学员的观察和记录能力。

(5) 在培训过程中，尽量让学员接触生产实践，尽量提供更多的参考资料和视听教材。

第三章　岗位模拟安置

1. 岗位模拟安置目的

在新员工教育培训期间，根据企业的组织设置，将学员模拟安排到不同部门，以考察其能力和适应的部门，为正式安排提供依据；同时也使新员工尽快地了解企业情况。

2. 时间安排

模拟安置时间从培训正式开始起，到正式安排止。以 15 天为一周期，全体学员轮流更换工作。

第四章　培训实施要领

1. 基础理论培训指导 (见附表一)(略)

2. 实习培训指导 (见附表二)(略)

3. 注意事项

(1) 对企业的机构设置、规章制度、生产经营管理系统要作重点介绍。

(2) 对各部门的职权范围、工作内容等要作详尽介绍。

(3) 要让学员清楚地掌握工作性质和责任。

(4) 要使学员真正掌握岗位业务知识。

(5) 要重点培养学员的责任心和效率意识。

(6) 培养学员的礼仪修养，养成礼貌待人的习惯。

(7) 使学员意识到校园生活与企业生产的差别，感知到自己新的责任与地位。

(8) 培养学员尊重制度、严肃认真的工作态度。

(9) 注意培养学员的团队合作精神和企业大局意识。

××公司人力资源部

××××年×月×日

第三节　工作总结

企业工作总结实际上是企业对一定期间内某一项工作或者对企业全局工作进行的回顾、检查、分析和研究，从中总结经验、吸取教训，以指导今后工作的书面材料。它属于企业事后控制的一种方法。

一、工作总结功能和分类

（一）价值与功能

通过企业的工作总结，一方面可以对企业取得的成就进行梳理，总结出好的经验和规律，供以后工作参考，同时可以鼓舞士气、增强信心；另一方面，发现工作中业已存在或潜在的问题，指明努力的方向。

（二）分类及依据

企业工作总结是企业正视过去、面向现在、展望未来的一项重要管理工作内容。也是企业或企业部门、项目组开展工作的一个重要工具。

1. 从时间上来分

以时间划线工作总结可分为：周总结、月总结、季度总结和年度工作总结等。

2. 从形成部门和总结内容上来分

工作总结可分为公司总结和部门或项目总结。职能部门总结主要包括：生产部门工作总结、研发部门工作总结、质量检测部门工作总结、后勤部门工作总结、营销部门工作总结、仓库保管部门工作总结等。

3. 从性质上来分

以性质上而论，工作总结包括综合性总结和专题性总结。综合性总结是指对本企业、本部门一段时间内各方面工作所做的全面总结，例如，×× 公司 20×× 年工作总结等。专题性总结是指针对某项工作或某方面的工作所做的专门总结，例如："某项目投资工作总结""节能增效工作总结""安全工作总结"等。

二、工作总结的构成及其撰写

（一）标题与落款

1. 标题

标题的写法一般是由单位、时间、内容和文种四个项目构成，如"×× 公司 20××

年××工作总结"。

有时根据需要可以省略时间或单位,如"公司生产部关于减员增效工作的总结""关于 2014 年安全生产工作的总结""关于企业节能减排工作的总结"。

有时还可以采用主标题加副题的形式,如"促进领导队伍的年轻化、专业化和知识化——××公司 2014 年人事改革工作总结"。

2. 落款

落款要写明报告人或报告部门以及报告的时间。

(二)正文拟写

1. 前言

前言即对总结工作的背景加以简单介绍。主要介绍所总结工作的根据、背景、时间和内容等,有时还要对主要成绩和经验作简单概括,以取得开门见山的效果。

2. 主体内容

主体内容主要包括:工作步骤和成绩的说明;说明工作的收获;主要经验的分析和归纳;存在的问题及其原因分析;近阶段或下一阶段努力的方向等。

3. 结尾

结尾是对整个报告做一个简单小结,要多展望未来乐观前景。

三、撰写工作总结的注意事项

(1) 一忌内容空洞。说教多于实际问题,报喜不报忧,文字结构完美但对现实工作起不到总结经验、吸取教训的作用。

(2) 二忌言之无据,没有平时积累,没有调查数据,没有系统分析,闭门造车,匆匆一蹴而就,质量不高。

(3) 三忌形式固化,毫无新意,陈词滥调,没有创新,总结流于形式。

四、工作总结参考范例

【范例】

××保险公司 ××营销区 ××××部

20××年度工作总结

20××年是中国保险市场竞争更加激烈的一年,同时也是中国人寿保险发展历史上重要的一年,人寿保险公司××营销区部在市公司党委、总经理室的正确领导下,认真贯彻落实年初市保会和市公司总经理室提出的各项要求，紧紧围绕分公司下达的各项工作指标，以业务发展作为全年的工作主题，明确经营思路，把握经营重点，积极有效地开展工作，取得了较好的成绩。

为了给今后工作提供有益的借鉴，现将我区部20××年的工作情况和20××年（明年）的工作计划汇报如下：

一、20××年的经营成果

截至11月30日，××营销区部在全体业务同仁和工作人员的共同努力下，共实现新单保费收入××××万元，其中期交保费×××万元，趸交保费××××元，意外险保费×××万元，提前两个月完成市公司下达的意外险指标；区部至11月有营销代理人×××人，其中持证人数×××人，持证率××%；各级主管××人，其中部经理×人，分部经理××人。实现了业务规模和团队人力的稳定。（其余内容略）

二、20××年的工作总结

回顾20××年走过的历程，凝聚着××区部人顽强奋斗、执着拼搏的精神，围绕不同阶段的工作重点，针对各阶段实际状况，我们积极调整思路，跟上公司发展的节奏，主要采取了以下具体工作措施：

（1）从思想上坚定信心，明确方向，充分认识市场形势，抓住机遇，直面挑战。

（2）针对全年各阶段经营重点，我区部积极配合市公司各项安排，结合区部实际情况，适时推出竞赛方案，有针对性地进行业绩拉动。（具体内容略）

（3）针对各个层级人员，明确职责定位，强化岗位意识和工作责任心，使外勤伙伴和内勤工作人员都认清方向，各司其职。（具体内容略）

（4）一手抓基础管理，提高团队素质，维护团队稳定；一手抓产品说明会，提高规模保费，保证目标达成。（具体内容略）

（5）积极响应保监委和总经理室的号召，进一步发展县域保险，利用乡镇网点扩大公司影响，提升区部战斗力。（具体内容略）

三、20××年工作中存在的一些问题

（1）增员工作发展滞后，团队整体素质仍然偏低，特别是城区团队，急需补充高素质人才，开拓高端客户市场。

（2）新人出单率、转正率、留存率不高，大进大出的现象依然存在。

（3）部分主管责任心和工作能力跟不上市场发展的需要，整体水平有待提高。

（4）团队总体的活动量不足，人均产能、件均保费仍然偏低，与市场要求有差距。

四、关于20××年（明年）的工作设想

针对20××年的经验和不足，××区部要下一年度重点做好以下工作。

(1)继续紧跟市公司节拍,按照总经理室的部署开展各项工作。

(2)抓好基础管理工作,确实提高业务人员的活动量、出绩率、出勤率及人均保费指标。

(3)做好销售支持,搭建销售平台,促进精英队伍成长。

(4)大力开展增员活动,特别是城区增员工作,要以区部层面运作,努力提高增员质量。

(5)建立完善的层级培训体系,抓好主管培训、新人培训、衔接教育及带资培训等工作,提高各级人员水平。

(6)继续加强乡镇市场拓展,实现现有乡镇网点的规模发展。

回顾以往,展望未来,我们对今后的发展充满了信心。我们相信,在市公司的正确领导下,在支公司的共同配合及××区部全体同仁的共同努力下,我们一定能够取得更加令人瞩目的成绩,让人寿的大旗永远飘扬。

××营销区部

××××年×月×日

第四节　企业工作简报

工作简报又称情况简报、工作动态等,是简报的一种,用于反映本部门、本系统在一段时期内各方面工作进展情况和存在的主要问题,以起到相互交流、启发的作用。

工作简报是各种企事业单位和机关团体内部经常使用的一种文体,实际上是一种小型的内部刊物或信息通报。

一、工作简报的构成及其撰写

(一)报头

报头正中以醒目的"工作简报"("工作动态""情况简介")为标题。标题下在括号内标明编发号,另外,还要标明编制单位(机关)、编发日期等内容。

(二)报身

报身也称"报核",是工作简报的主体部分。工作简报的主体部分,可以是专就某一工作的进展、动态而写成的专题报道(专题简报),也可以是包括多种简讯、多个情况报道的综合简报。

因此,工作简报的写法也有各种变化:仅报道某一专门工作的"报核",就要采用"专题综述"的写法；包括多种信息、情况的，应采用小标题分述法（在"报核"开头可有内容提要或编者按）。

（三）报尾

在报身的间隔横线下方，写明主送、抄送单位，增发单位，印发份数等事项。

二、工作简报撰写注意事项

(1) 撰写工作简报要及时。

(2) 文字要精练、准确，不要有过多的过程叙述和议论。

三、工作简报参考范例

【范例】

××××××有限责任公司

工　作　简　报

办公室主办　　　第××期　　××××年×月×日

××××分公司五月煤炭销售突破200万吨

为了确保"时间任务双过半"，××××分公司及早动手，提前准备，5月份抓住产量增加、东线车皮充足等有利时机，加强协调，合理组织，5月份销售取得又一次提升。至5月29日18点，当月销售量完成204.5万吨，预计全月完成销售量215万吨，比全年均衡月度计划超19万吨。在××××分公司的销售历史上第一次月销售突破200万吨，创历史纪录。

第五节　产品／服务说明书

说明书是主要用说明的表达方式，对事物的内容、构造、特点、功能、作用等进行解说、介绍的实用性文体。

"服务简介""内容提要""产品说明书""使用说明书"等都属于说明书的范畴。说明书的内容繁简不一，形式多样，有印成单页的，也有编辑成册子或书籍的。

一、说明书主要类型及内容

（一）产品说明书

产品是指企业向消费者提供的物质性产品。

产品说明书则是用以客观介绍产品事物的存在、性质、功能、用途、内部构成、外在形式等的文书。例如，药品要向消费者介绍该产品的性能、特点、成分、主治病症、适用人群、副作用以及服用方法、用量、保存条件等。又如家用电器说明书，其内容应包括产品的功能、特点、构造、安装、使用、保养、维修办法以及售后服务情况等。

（二）服务说明书

服务型企业往往向顾客提供的不是物质产品，而是能够满足顾客精神需求的无形服务。服务说明书则是主要向顾客介绍该项服务的特点、价值、服务流程、服务价格等内容的说明文书。

服务说明书因为服务种类的丰富性而种类繁多。如"文艺作品的内容介绍""旅游景区的游览说明""全球通手机的服务套餐说明书"等。

随着互联网发展和智能手机快速普及，产品或服务说明书形式也发生了较大变化。过去常常以文字为主，现在多以图文并茂形式出现，甚至采用视频形式或虚拟现实等展示形式。

说明书是一种实用性很强的应用文体，在市场经济条件下，说明书既是顾客消费产品或服务的使用工具，也是企业进行营销宣传的重要手段。

二、说明书撰写注意事项

说明书不仅是顾客使用产品或消费服务的指南手册，更是企业推广宣传产品或服务的营销文书。

(1) 区分服务与产品，突出不同重点。产品与服务的说明书内容差异悬殊，一定要事先确定是哪一类说明书，然后确定不同的内容重点。如某产品说明书重点突出其产品创新性功能；某项服务说明书重点介绍其鲜明的服务特色和文化内涵。

(2) 要实事求是，切勿夸大其词。无论是产品说明书还是服务说明书，都要实事求是，不可为了商业利益而任意夸大其作用和性能。这样的说明书从长期看只能对企业产品或服务造成负面影响，甚至破坏企业形象。

(3) 文字简洁，通俗易懂。说明书的目的简单而明确，是为了用户更好地使用和享用产品或服务。因此，说明书的文字要简洁，通俗易懂，说明要全面。

三、说明书参考范例

【范例一】

平安牌吊坠（和田玉）说明书

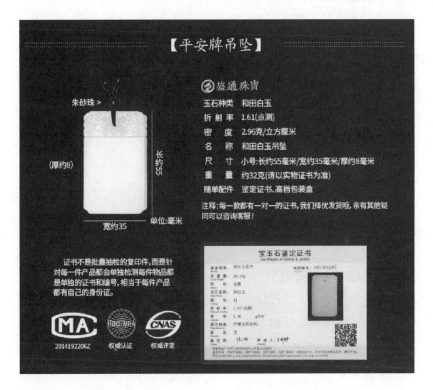

【范例二】

××牌剃须刀使用说明书

本说明适用各类充电式剃须刀。

充电：将电源插头插入 AC220V 电源插座上，充电指示灯亮、充电 12～16 小时。

剃须：将开关键上推至(on)开启位置，即可剃须。为求最佳之刮须效果，请将皮肤拉紧，使胡子成直立状，然后以逆胡子生长的方向缓慢移动。

修剪刀：如剃须刀带有修剪功能，请在剃须前，先将修剪刀推出，修短胡须后再用网刀剃净。

清洁：剃须刀要经常清洁。清洁前应先关上开关。旋下网刀，用毛刷将胡须屑刷净。

清洁后轻轻放回刀头架、且到位。清洁时应轻拿轻放，避免损坏任何部件。

保修条例：保修服务只限于一般正常使用条件下有效。一切人为损坏，例如接入不适当电源，使用不适当配件，不依说明书使用；因运输及其他意外而造成的损坏；非经本公司认可的维修和改造，错误使用或疏忽而造成损坏；不适当安装等，保修服务立即失效。此保修服务并不包括运输费及维修人员上门服务费。

保修期外享受终身维修，维修仅收元器件成本费。

剃须刀的内、外刃属消耗品，不在保修范围内。

保修期：正常使用十二个月。

注意事项：

① 充电时间4～10小时，充电时间不要过长，以免影响电池寿命。

② 换刀网刀头时一定要选用原厂配件。

常见故障及其排除：

① ××××。

② ××××××××××××××。

……（内容略）

【范例三】

中国联通冰激凌套餐198元/398元档说明书（服务）

套餐资费

套餐月费	国内流量	国内通话	短、彩信	来电显示
398元	不限量 每月前40GB提供4G网速，超过后上网速度降至最高7.2Mpbs。	不限量（正常使用）	0.1元/条	免费
198元	不限量 每月前15GB提供4G网速，超过后上网速度降至最高3Mpbs。	1500分钟	0.1元/条	免费

温馨提示：

1.国内流量

398元档：为保障所有用户网络公平使用权，用户当月全部国内数据总流量达到40GB后，上网速率将降至3G网络速度（最高7.2Mbps），次月恢复。当月累计使用100GB之后将关闭数据上网功能，次月自动恢复。经用户主动申请，可于当月打开数据网络。

198元档：为保障所有用户网络公平使用权，用户当月全部国内数据总流量达到15GB后，上网速率将降至最高3Mbps，次月恢复。当月累计使用100GB之后将关闭数据上网功能，次月自动恢复。经用户主动申请，可于当月打开数据网络。

2.国内通话

398元档：正常使用通话不限量；遇以下非正常拨打行为：当月语音拨打超过3000分钟且连续拨打异网用户发生不挂断行为的，或拨打超过1000个不同号码的用户，将不享受语音无限量优惠，当月关闭语音服务，次月恢复。

198元档：国内通话1500分钟，国内接听免费。超出套餐范围，按国内通话0.15元/分钟收费，不足一分钟按一分钟计费。

3.合约说明

预存款	合约期	激活首月资费	激活后月资费
1000元	12个月	398元（全月资费）或者按量计费	199元/月（第2-13个月）
2000元	24个月	398元（全月资费）或者按量计费	199元/月（第2-25个月）

新入网用户首月资费可选择全月资费或首月按量计费，全月资费即按照套餐月费收取整月费用。首月按量计费标准：国内通话0.15元/分钟收费，不足一分钟按一分钟计算；国内流量按0.27元/MB，累计至10元，按照10元100M计费，101M起继续按照0.27元/MB计费，累计至5元时不再收费，直至1GB，即15元1GB，以后依次类推。首月套餐生效时间以用户激活时间为准。合约期内，用户不可变更套餐，不可主动销号离网。

4.预存话费说明

所存话费立即一次性到账，不可清退。（注：请您务必在20天内完成激活，否则您的手机卡将作废处理。）

5.本套餐暂不可办理智慧沃家、主副卡及VPN业务

第六节 推 荐 信

推荐信是单位或权威人士向有关单位或个人介绍、推荐人才的一种专用书信。

一、推荐信的构成及其撰写

（一）标题

信纸正中书写"推荐信"三个字即可。

（二）抬头

推荐信的抬头，顶格写收信单位名称或个人名字。

（三）正文内容

推荐信的正文内容，另起一行空两格写，主要包括下述各点。

(1) 被推荐者的基本情况。

(2) 被推荐者的突出表现以及推荐的理由。该部分应表述具体、充分。

(3) 写明推荐者和被推荐者的关系。

（四）结语与落款

推荐信的结语应另起一行空两格写"此致"，再转行顶格写"敬礼"等。最后居右署名，写明日期。

二、撰写推荐信注意事项

(1) 推荐信内容必须客观真实，被推荐人事迹或成绩均要有据可查。

(2) 推荐信语气一定要平和，不能盛气凌人，如有压服对方必须接受被推荐者的倾向或许会适得其反。

三、推荐信参考范例

【范例】

推 荐 信

×××局信息中心：

　　×××同志是我公司技术研发部计算机软件开发技术骨干，本科、硕士就读于北京邮电大学通信工程专业，2006 年取得清华大学该专业博士学位。该同志知识面广，专业基本功扎实，计算机软硬件技术俱佳，有丰富的实际工作经验。在我公司期间工作业绩优秀，组织纪律性强，连续三年被评为公司优秀员工。

　　×××同志是中共党员，政治表现良好，无不良记录。经我公司进行内部层层选拔，我们认为，该同志非常适合参与贵局的内部保密网项目建设，特此郑重推荐。

　　此致

　敬礼

××公司信息技术总监 ×××

××××年×月×日

第七节　介　绍　信

介绍信一般是机关、企事业单位、中介机构等社会正式组织向有关单位证实本单位人员身份、使命等客观情况的一种事务性书信。

一、介绍信类型简介

介绍信一般可分为固定格式和随机性介绍信两种。固定格式的介绍信往往会由单位按照统一的固定格式印制，需要时按具体情况填写称谓、介绍对象、介绍事项、落款等事项，然后加盖公章即可。

随机性介绍信则是根据具体事项，按照正式格式临时撰写的介绍信。

二、介绍信的构成及其内容

（一）标题及编号

介绍信的标题一般直接以文种"介绍信"为标题。此外，还有几种撰写形式："作者＋文种""问题性质＋文种""作者＋问题性质＋文种"。例如，"中国联通集团公司介绍信""关于运送赈灾通信器材的介绍信""中国电信集团公司关于运送赈灾通信器材的介绍信"等。

固定格式介绍信通常一本或者一年有一个总流水编号。随机性介绍信则可以一年编写一个总流水号。形式一般为"××字(200×)第×号"样式，位于文书右上角。

（二）抬头确定

在标题下隔行顶格书写受文单位名称。

（三）正文内容

介绍信的正文内容会因具体情况不同而有差异，一般应包括：被介绍人的姓名、职务身份、政治面貌、任务使命、身份证件等。有时需要还应该说明成行的原因或依据。

（四）结语与落款

介绍信常常以表示敬意、感谢、请求或希望的惯用语作结。如"请予接洽为盼""请协助为荷""请予支持和帮助""此致敬礼"等。

介绍信时间一般有两部分，一是介绍信有效期限，常写作"(×日内有效)"，置于文下左下方；二是介绍信开具的日期。

三、开具介绍信注意事项

(1) 介绍信内容必须客观真实，不能弄虚作假。

(2) 有效期限一定要写清楚，宽限适宜。

(3) 固定格式介绍信应该认真填写存根部分，以备查考。

(4) 正文与存根中间应该加盖公章，以避免造假行为。

四、介绍信参考范例

【范例一】

介绍信

_____字 (2008) 第___号

_____ :

　　兹有我单位_____等同志_____人
前往贵处联系_____

_____

_____

_____

　　请予接洽为盼。
　　　　此致
　　敬礼

　　　　　　　　　　　　　　　　　　　　　　签发单位 (盖章)

　　(此信限　日内有效)　　　　　　　　　　_____年____月____日

【范例二】

紧急通行介绍信

各相关部门 :

　　××××年×月×日×时×分××省××地区发生了7.8级特大地震灾害。现有我单位抢运抗震救灾物资的十八辆运输卡车赶赴××省地震灾区，灾情紧急，请沿途各相关单位给予大力协助与支持为荷。
　　　　此致
　　敬礼

　　　　　　　　　　　　　　　　　　　　××市民政局 (公章)
　　　　　　　　　　　　　　　　　　　　××××年×月×日

第八节 证　　明

证明，也称证明信，是机关、企事业单位等机构组织出具的印证有关事实的一种公务文书。

证明信日常应用十分广泛，经常用于为真实身份、个人经历、事件过程、客观情况提供证据。

一、证明信的构成及其内容

（一）标题

证明的标题一般可以直接以"证明"为标题，也可以由问题和文种组成，如"收入证明"等。

（二）抬头

在标题下顶格书写要求验证事实的单位名称或个人姓名。

（三）正文

证明的正文，通常包括需要证明的主要问题，有关问题的事实情况，提供证明的客观依据以及可靠程度等方面的内容。

（四）结语与落款

证明常以"特此证明"作为结语，有时也可以省略结语。

在正文的右下方书写出具证明的单位全称或规范简称，注明日期，并加盖公章。印章位置应该上不压正文，下压日期。

二、开具证明信注意事项

(1) 证明信内容必须客观真实，出具假证明系违法行为。

(2) 用语严谨、准确，没有歧义。

(3) 不得随意删改，个别必要的删改、涂盖处须加盖公章。

(4) 信件超过两页时，应该注明总页数。

三、证明信参考范例

【范例】

证　　明

××银行××支行：

　　刘××(男，身份证号码：×××××××××××××××××××)系我公司正式员工，现任销售部经理，业已在我单位工作　　年，现月收入为税后　　　元整(　　　元)。

　　特此证明。

××公司人力资源部(印章)

××××年×月×日

第九节　大　事　记

　　大事记是党政机关、社会团体、企事业单位或个人按照时间顺序记载对本单位或个人具有重要意义与价值的事件、活动的一种文书。

一、大事记主要类型

　　大事记有多种划分方式，按照其内容可划分为如下两种类型：综合性大事记和专题性大事记。

1. 综合性大事记

　　综合性大事记是将本单位各个方面的重要事件，按照时间顺序逐件记录，如"中国联合通信有限责任公司大事记"。

2. 专题性大事记

　　专题性大事记则是记录单位某一方面工作中的具有重要意义与价值事件的记录文书，如"中国普天信息产业集团公司组织机构变革大事记"。

二、大事记的构成及其内容

（一）标题拟写

　　大事记的标题拟写大致可分为两种：综合性大事记的标题一般由"单位名称＋时间＋文种"组成，如"上海天德公司××××年大事记"；专题性大事记标题则由"单位名称＋专题内容＋文种"组成，如"××公司新产品研发大事记"。

（二）正文内容

大事记的正文一般由大事时间和事件内容两部分组成。撰写大事记的重要工作内容是对本单位一定期限内的事件进行判断、筛选。一般来说，应该从如下几个方面选择大事记内容。

(1) 单位全局性的大事、要事，并简要介绍对本单位的主要影响。

(2) 上级单位对本单位的重要指导活动。可以记录的内容主要包括上级机关的重要文件、重要指示、主要意见以及来本单位进行指导的领导人、主要人员等。

(3) 本单位重要会议简要情况。应该记录会议名称、主要议题、形成的决议以及到会主要人员等。

(4) 本单位的机构组织变动情况。单位的成立，机构变更，办公地点迁移，主要领导人的任免、变更以及下属单位的组织变动情况。

(5) 本单位的重要工作和重要活动。如单位工作取得的重大突破，重要科研成果，重要的外事活动，发生的重大问题，重大项目建设或投产等。

三、大事记写作注意事项

(1) 遵循一定标准，正确选择大事要事，既不能事事都记，也不能漏记大事要事。

(2) 严格按照时间顺序对大事要事进行客观记录。

(3) 要求一事一记。同一天发生的其他大事应该分开记录，一般前标 △ 符号。

(4) 大事记的记录应该重点记录发生时间和事件主要内容，次要项目内容一般可以不写。不同的事件也应该区分主次，有详有略。

四、大事记参考范例

【范例】

珠海格力电器股份有限公司大事记

时　间		大　事　记
年度	月日	
2016	12.12	格力电器（杭州）有限公司奠基仪式举行。2016 年 4 月，格力电器（杭州）有限公司注册成立，总投资超 70 亿元人民币。格力电器（杭州）有限公司坐落于杭州市大江东产业集聚区临江高新技术产业园，作为珠海格力电器股份有限公司的全资子公司，是格力电器在全球兴建的第 11 大生产基地。公司主要生产空调分体机、多联内机、窗机以及除湿机等产品，预计 2017 年建成投产后，年产能达 500 万台套以上，年产值 100 亿元左右。杭州公司产品销售市场以"出口为主，兼顾内销"，将成为格力电器最大的出口基地

时 间		大 事 记
年度	月日	
2016	11.1—11.11	格力电器在全国30000家专卖店、各大卖场、各销售公司工厂巡展、格力商城以及风尚电视购物等线上线下渠道齐发力，以独特的O2O联动营销模式、工厂直销和行业首创的"多样化空间的联动营销模式"掀起了"格力直销风暴"。2016年"双11"当天格力空调销售约7亿元，约是去年销售额的两倍，高居家电行业同类产品销售榜首。在天猫"双11"当天空调热销产品排行榜中，格力空调牢牢占据第一名的位置。此外，大松生活电器、晶弘冰箱也有不俗的市场表现，仅京东平台，"双11"当天累计销售超2000万元。据统计，"双11"期间，格力线上线下累计销售额突破34亿元，比去年同期增长近一倍
	9.24	由中国制冷学会牵头组织的格力电器"三缸双级变容压缩机技术的研究及应用"项目鉴定会在珠海进行。经过评审，专家组一致认为该技术属国际首创，达到"国际领先"水平。应用此项技术的产品在能效进一步提升的基础上，大幅提高了严寒环境下的制热能力，使空气热泵在室外环境温度低至−25℃时热泵制热量仍不衰减，并具有优秀的性能系数，彻底取消了其他辅助加热手段。格力三缸双级变容压缩技术是在第一代双级增焓压缩机技术的基础上创新升级而来，拥有完全自主知识产权
	9月	珠海格力电器股份有限公司和珠海格力智能装备公司联合申报的"机器人工程技术研究开发中心"获得珠海市科工信局和发改局批准建设。此工程中心是珠海市机器人行业第一个拥有从基础研究到产业化的科技研发创新平台，将在两年时间建成国内机器人行业一流的机器人关键技术研发及产品中试基地
	8.21	中国机械工业联合会在珠海对格力电器研发的百万千瓦级核电风冷螺杆式冷水机组、百万千瓦级核电水冷离心式冷水机组（变频）样机召开了鉴定会，现场专家一致认为：百万千瓦级核电水冷离心式冷水机组（变频）填补了国内技术空白，永磁电机变频技术处于"国际领先"、整体技术达到"国际先进"水平；百万千瓦级核电风冷螺杆式冷水机组填补了国内技术空白，环境温度−40℃工况下制冷技术处于"国际领先"水平，整体性能达到"国际先进"水平
	7.23	由科学技术部指导，中国机械工业联合会、中国质量协会、科技日报社、新华社瞭望智库、新华社《财经国家周刊》、人民日报社《中国经济周刊》、珠海格力电器股份有限公司联合主办的"让世界爱上中国造·自主创新"第二届中国制造高峰论坛在北京人民大会堂举行。论坛汇集了政界、学界、企业界近200位专家齐聚一堂，共同探讨中国制造的机遇与挑战，董明珠正式宣布格力进入"多元化时代"。论坛最后，现场嘉宾共同发布了《中国制造创新宣言》
	6.1	长沙格力生产基地大型中央空调项目开工活动暨首台家用空调下线活动在湖南宁乡举办。长沙格力一期工程总投资20亿元，新建生产线12条，力求成为四位一体的行业内智能化、自动化最高标杆工厂。当天长沙格力开启二期项目——大型中央空调和智能装备项目，未来将以生产大型离心机组、螺杆机组、智能机器人、高端数控机床为主，预计投资超过30亿元，可实现产值60多亿元

续表

时　间		大 事 记
年度	月日	
2016	3.29	格力自主研发的高效永磁同步变频离心式冰蓄冷双工况机组被专家组鉴定为"国际领先"。该机组一举突破市场主流定频离心机变压头能力差、性能衰减大、以及低压交流变频容量受限等技术瓶颈，在节能性、可靠性上都有质的突破
	3.8	格力电器在北京举办了"董明珠自媒体上线暨格力大松高端电饭煲万人体验行动"新闻发布会，全国人大代表、格力电器董事长董明珠对外宣布，由她亲自创办的自媒体平台——"董明珠自媒体"当天正式上线。同时，当天发布了新品——格力 TOSOT IH 高端电饭煲
	3.2	格力智能装备产业园在湖北武汉蔡甸经济开发区正式开建，该基地主要从事工业机器人、智能自动化设备、高端数控机床、精密模具等产品的研发、生产和销售。格力智能装备产业园拟投资 50 亿元，占地 1500 亩，预计 2018 年建成投产。产业园建成投产后，将推动蔡甸区约 20 家格力配套企业做大做强，提供 5000 个就业岗位
	1.12	联合国开发计划署"可持续发展委员会"正式在北京成立。格力电器董事长董明珠等具有广泛影响力的中国企业领袖成为委员会创始成员。董明珠担任可持续发展委员会首届轮值主席。这是继董明珠担任联合国"城市可持续发展项目宣传大使"之后，获得的又一联合国殊荣
	1月	格力电器成为首批进入国家工信部发布的"电器电子产品生产者责任延伸试点名单"的企业之一。 格力电器"基于双级增焓变频压缩机的空气源热泵技术"作为中国的十大节能技术之一被推荐到 IPEEC（中国国家发展改革委员会和澳大利亚工业部在国际能效合作伙伴关系），并成功获得 IPEEC 评选的"双十佳"（十大最佳节能技术和十大最佳节能实践）称号。 格力电器通过了国家工业和信息化部对于"2015 年国家级工业设计中心"的认定及复核，成为"国家级工业设计中心"
2015	10月	格力电器获批建设"空调设备及系统运行节能国家重点实验室"
	9月	格力光伏直驱变频离心机组获得英国 RAC 制冷行业大奖（RAC Cooling Industry Awards）——年度国际成就大奖，这是中国企业首次获此殊荣
	8月	由格力电器自主研发的"百万千瓦级核电水冷离心式冷水机组（定频）"被专家组鉴定为"国际先进"，实现我国自主品牌零的突破
	6月	格力光伏直驱变频离心机中标伊朗德黑兰大学空调项目，拿下海外第一单。 格力永磁同步变频离心机组击败众多国际品牌，成功中标人民大会堂项目，登上制冷行业高峰。 格力拿下国内 R290 环保冷媒空调首批订单，落户深圳大学，以实际行动推进了空调行业的环保进程

续表

时 间		大 事 记
年度	月日	
2015	5月	格力电器获得中国质量认证中心（CQC）颁发的家电行业首张 CCC 现场检测实验室证书，证明了格力电器的实验资源与质量处于行业领先水平。 格力电器大步挺进全球 500 强企业阵营，位居"福布斯全球2000强"第 385 名，排名家用电器类全球第一位
	2月	格力电器"新型高效磁阻电机的研发及其在变频压缩机和空调中的应用"项目获"2014 年度广东省科学技术奖"
	1月	格力电器光伏直驱变频多联机中标上海交大中意绿色能源楼的升级改造项目。 格力电器"基于掌握核心科技的自主创新工程体系建设"项目荣获国家科学技术进步奖
2014	12月	格力电器官方电商渠道"格力商城"正式上线
	9月	联合国开发计划署授予董明珠董事长"城市可持续发展项目宣传大使"荣誉，以表彰格力电器长期以来在技术创新、提高能源利用效率和保护环境方面所作出的不懈努力与贡献。 格力电器承诺，格力家用中央空调 6 年免费包修政策。这是迄今为止中央空调行业承诺的最长保修期
	7月	总投资近 4 亿元的格力康乐园二期员工公寓正式投入使用，标志着格力向一线员工"一人一居室"目标迈出实质性步伐
	4月	格力电器发布了 2013 年年度报告，报告期内，格力电器实现营业总收入 1200.43 亿元，净利润 108.71 亿元，纳税超过 102.70 亿元，是中国首家净利润、纳税双双超过百亿的家电企业
	3月	格力磁悬浮变频离心式制冷压缩机及冷水机组被鉴定为"国际领先"，该产品应用了磁悬浮轴承技术，使压缩机在无油状态下运行，克服了传统机械轴承式离心机能效受限、噪音大、启动电流大、维护费用高等一系列弊端，是一种更为节能、高效的中央空调产品
2013	12月	格力光伏直驱变频离心机系统鉴定为"全球首创、国际领先"，实现了中央空调能源自给自足、不用电费，开创了中央空调的零能耗时代
	4月	格力电器发布 2012 年年报。 2012 年格力电器实现营业总收入 1001.10 亿元，同比增长 19.87%；净利润 73.8 亿元，同比增长 40.92%，成为中国首家突破千亿的家电上市企业
2012	12月	格力"双级增焓变频压缩机的研发及应用"鉴定为"国际领先"，改写了空调行业百年历史，开创了双级变频新纪元。 格力电器环保贡献获联合国认可，成为中国家电行业首个获蒙特利尔多边基金的企业
	5月	董明珠升任格力电器董事长兼总裁，带领格力电器成为中国首家突破千亿的家电上市企业

续表

时 间		大 事 记
年度	月日	
2012	3月	格力形象片亮相美国纽约时代广场
	2月	格力电器率先承诺，格力变频空调两年免费包换。 国家科学技术奖励大会在北京举行，格力1赫兹变频技术荣获国家科技进步奖。格力电器成为该奖项设立以来唯一获奖的专业化空调企业
2011	12月	全球首台高效直流变频离心机组在格力电器下线，被鉴定为"国际领先"。机组综合能效比11.2，比普通离心式冷水机组节能40%以上，效率提升65%以上，是迄今为止最节能的大型中央空调
	7月	全球首条碳氢制冷剂R290(俗称"丙烷")分体式空调示范生产线在格力电器正式竣工，并被中德两国联合专家组一致鉴定为"国际领先"
2009	3月	经国家科技部批准"国家节能环保制冷设备工程技术研究中心"正式落户格力，这是中国制冷行业第一个，也是唯一的国家级工程技术研究中心
2006	9月	格力电器被国家质检总局授予空调行业唯一的"世界名牌"
2005	12月	格力家用空调产销量突破1000万台，跃居全球第一
	11月	全球第一台超低温热泵数码多联机组在格力电器下线，是1999—2005年原建设部科技评估中首个获"国际领先"认定的项目
	1月	格力电器率先推行全球最高标准的6年免费包修政策
2004	9月	格力电器收购集团旗下的凌达压缩机、新元电子、格力电工、小家电等子公司，进一步加强和完善了配套产业链，为冲刺世界冠军奠定了坚实的基础
2003	12月	投资达7亿元，总建筑面积达20万平方米的格力电器四期工程竣工投产，格力电器成为全球最大的专业化空调生产基地
2001	6月	投资2000万美元、年产空调达50万台的格力电器(巴西)有限公司投产，格力电器国际化迈出了关键性的一步
2001	12月	董明珠升任格力电器总裁，整顿干部队伍和工作作风，确立了"打造百年企业"的发展目标，格力电器开始进入高速发展的10年
1997	12月	格力电器首家区域性销售公司在湖北成立，开创了21世纪经济领域的全新营销模式
1996	11月	格力电器股票在深交所挂牌上市
1995	12月	经过董明珠系列内外部整肃，格力空调产销量跃居全国首位
1994	12月	格力销售人员"集体兵变"。董明珠临危受命，出任经营部部长，对内加强制度建设、财务管理，对外加强业务员监督，经销商管理，格力营销工作开始步入正轨。 格力电器在国内外市场开始统一使用"GREE"商标
1991	8月	"总公司"将"冠雄"和"海利"合并成立了"格力空调器厂"。11月18日，投资2亿元、占地10万平方米的格力电器一期工程在前山河畔开工奠基
1985	12月	珠海经济特区工业发展总公司(格力集团的前身)成立。随后，"总公司"相继成立了珠海经济特区冠雄塑胶有限公司和珠海海利空调器厂

资料来源：格力企业官网 http://gree.com/pczwb/gygl/fzlc/index.shtml.

<h1 style="text-align:center">第十节　启　事</h1>

启事，"启"有"陈述"之意，事即"事情"之意。启事是个人或单位向大众介绍或说明事项，以寻求支持与帮助或使公众周知的一种事务性文书。

一、启事类型简介

启事根据其内容差异大致可分为三种：征招类启事、声明类启事和寻找类启事。

1. 征招类启事

征招类启事内容主要有招生、招聘、招标、招领、征稿等。

2. 声明类启事

声明类启事主要用于遗失、作废、解聘、迁址、更名、更期、开业、停业、竞赛、讲座等事项的公布。

3. 寻找类启事

寻找类启事主要是寻人或寻物启事。

二、启事的构成及其内容

（一）标题确定

启事的标题一般可以直接以文种"启事""紧急启事"为标题；也可以由问题和文种组成或由发文单位和文种组成，如"招聘启事""北京德云社启事"；最完整的标题由发文单位、问题和文种组成，如"××××商厦开业启事"。

（二）正文内容

启事的正文一般包括启事目的、原因、具体事项、要求等内容。

不同类型的启事正文内容与重点也会有较大差异。如招聘启事，一般应写明招聘单位或岗位的基本情况、招聘对象、应聘条件、招聘待遇、应聘方法等内容；开业启事则应写明开业单位的名称、性质、概况、地点、经营业务和开业时间等内容；寻物启事应着重交代丢失物品的名称、特征、数量、时间、地点，失主的基本情况、联系方式以及交还办法、酬谢方式等。

如果正文内容较多，可以分条列项陈述，以便能够交代清楚。

（三）结语与落款

1. 结语

启事可以"此启""特此启事"作为结语。通常情况是省略结语不写。

2. 落款

在正文的右下方书写启事单位名称或个人姓名，注明日期。如果在正文中已经交代了单位名称和时间的，可以省略落款。启事发布者为机构组织时一般应加盖公章。

三、撰写启事注意事项

(1) 启事标题一定要简洁、醒目。

(2) 启事内容要清楚、完整。

(3) 启事用语要热情、文明，让公众产生信任感。

四、启事参考范例

【范例一】

招聘启事

为适应本商厦业务发展需要，经市人才服务中心批准，诚聘营业人员 25 名，具体情况如下。

基本要求：

女性，年龄在 18 ～ 35 岁；

初中以上学历，有商业零售企业工作经历者优先录用。

相貌端庄，勤快，责任心强。

基本待遇：

每月底薪 ×××× 元加业务效益奖金，公司为员工代上"五险一金"。

有意者请于本月 10 日至 15 日上午 9 点至下午 4 点，带齐本人身份证、贴有近期照片的个人简历到本商厦人力资源部面试。

×× 市 ×× 商厦（公章）

×××× 年 × 月 × 日

面试地址：本市 ×× 路 ×× 号 ×× 商厦 × 层 ××× 室

咨询电话：××××××

联 系 人：×××

【范例二】

××商厦开业启事

××市××商厦为知名商业上市企业××股份公司的第×家分店。经过半年的精心准备，兹定于8月8日上午9时举行盛大开业典礼，届时我们邀请全国知名××演出团体为顾客献上一台精彩的文艺演出，同时本商厦所有商品一律8折优惠，优惠期限为1个月。

本商厦日常营业时间为上午8:30—晚上9:00(节假日照常营业)，诚邀广大顾客届时惠顾。

××市××商厦(公章)

××××年×月×日

【范例三】

寻物启事

我公司财务人员于4月28日在本市长江路18号工商银行营业厅不慎丢失棕色鳄鱼牌皮包一个，内有主要物品如下：公司公章一枚，财务专用章一枚，商业普通发票一本、现金若干。

恳请失物捡拾者速与我们联系，公司愿以壹万元作为酬金。

我们的联系方式：

联系电话：×××××××

联系人：王女士 章先生

公司地址：××市××路××号××大厦A座××层××室

××××文化艺术有限公司(公章)

××××年×月×日

【范例四】

××商城招商启事

由××市商贸协会与××市工贸公司联合投资的××市××商城，位于××市繁华的商业黄金地段——××大街××号。

××商城是全市唯一一家经市工商行政管理部门批准以"××商城"注册命名，并在整个经营管理过程中贯穿"××进货、××销售、××服务"三位一体的新型商业贸易企业。首批招商将挑选30余家生产金银珠宝、化妆品、真皮制品、羊绒制品、羊毛制品、真丝制品及烟酒食品、家用电器的企业，欢迎来电来函洽谈。

联系地址：××市××街××号××商城招商办公室

邮政编码：××××××

联系电话：××××××　××××××

联系人：×××　×××

××市××商城招商办公室

××××年×月×日

【范例五】

<h2 align="center">迁址启事</h2>

××汽车修理有限公司于10月15日由原××省博物馆路2号迅驰大厦一层迁往新落成的××大厦××汽车城甲155号(××市××路××号)。

联络电话：××××××××　联系人：×××　×××

欢迎各界新老朋友光临。

××汽车修理有限公司

××××年×月×日

<h1 align="center">第十一节　招聘广告</h1>

招聘广告是用人单位为了招聘员工，通过报纸、网络等媒体，并消耗一定的费用，公开而广泛地向公众传递招聘信息的广告。

一个好的招聘广告，可以在较短的时间内，吸引更多符合本企业要求的求职者来应聘，获得满意的招聘效果。因此，写好招聘广告是整个招聘工作中的一项重要工作。

一、招聘广告的构成及其内容

（一）标题拟写

招聘广告首先吸引人的是标题，好的标题能在浩如烟海的广告中脱颖而出，令人耳目一新。

一般来说，招聘广告的标题格式如下。

(1) 招聘单位名称 + 招聘 (启事)。

(2) 招聘单位名称 + 招聘 + × × 人才 (启事)。

(3)(诚) 聘 + × × 人才 (启事)。

(4) 用反问句来抓住读者的视线。比如"你想成为国际项目工程师吗 ?""× × 公司是施展您才华的天地！"等。

（二）广告内容

招聘广告的内容要真实、合法、简练，主要应包括以下内容。

(1) 企业简况：包括企业名称、性质、规模、所在地等。

(2) 招聘职位与人数：包括职位名称、工作岗位 (工种)、招聘人数等。

(3) 招聘条件：包括应具备的专业、学历、学位、实际工作经验、性别、年龄等。

(4) 工资、福利待遇。

(5) 应聘方式：包括应提供的资料、证明、招聘地址、联系人、电话等。

二、撰写招聘广告注意事项

撰写招聘广告一般应遵循 AIDA 四条原则，即：

(1)A(Attention)——能引起求职者的注意。

(2)I(Interest)——能激发求职者的兴趣。

(3)D(Desire)——能激起求职者的愿望。

(4)A(Action)——能调动求职者的行动。

总之，要使招聘广告词达到过目不忘的效果，用语就要具有鼓动性、刺激性。只有如此，方能吸引广大求职者踊跃来应聘。

三、招聘广告参考范例

【范例】

诚　　聘

× × 网络科技有限公司是国内优秀的 INTERNET 软件开发商，主要从事网络安全软件产品开发及跨平台分布式异构网络环境下的软件开发。经 × × 市高新区人才交流服务中心批准，特诚招精英人士加盟。

1. 职位：

测试工程师：人数 4 名；工作地点：北京。

2. 任职资格：

(1) 计算机及相关专业本科以上学历。

(2) 全面的软件技术知识。

(3) 有较丰富的数据库及网络知识与经验。

(4) 参加过大型软件系统的开发。

(5) 两年以上软件开发／测试／支持／维护经验。

3. 工作职责：

(1) 编写测试计划及测试用例。

(2) 进行集成测试和全面测试。

(3) 为公司提供项目测试报告。

4. 人事政策：

(1) 资助攻读在职博士。

(2) 由公司提供住房信贷担保。

(3) 签订自由期限劳动合同。

(4) 员工持股计划。

(5) 提供优厚的福利保障。

有意者请将个人简介、学历证明复印件及其他能证明工作能力的资料送至（或 E-mail）公司人力资源部 (E-MAIL：　　　　)。有效期截止于 ×××× 年 8 月 15 日。

总部地址：　　　　电话：　　　　传真：

邮政编码：　　　　WEB：

第十二节　合作意向书

合作意向书，是双方或多方就合作项目在进入实质性谈判之前，根据初步接触所形成的表达原则性、意愿性的文书。在对对方的资信、技术、经营实力等未能充分了解前，合作双方先签订一个合作意向书，用以表达双方通过谈判而取得共识的一种形式。

一、合作意向书类型简介

合作意向书不具有强制性的法律效力，其作用主要是有利于双方进行下一步的实质性接触和谈判，并作为下一步实质性谈判的基本依据。

合作意向书的具体类别较多，但从合作双方的权利和义务角度来看，可分为两大类。

1. "双方契约"和"有偿合同"性质意向书

"双方契约"和"有偿合同"性质的意向书使签约双方或各方既享有一定的权利，也承担一定的义务。

2. "单方契约"和"无偿合同"性质意向书

"单方契约"和"无偿合同"性质的意向书则只明确其中一方单独承担的某些义务。

二、合作意向书的构成及其内容

（一）标题拟写

意向书常用标题有三种形式：一是文种式标题，即只写明"意向书"三个字即可，这种写法较少；二是简明式标题，由事由和文种两项组成，例如，"关于合作开展科研攻关的意向书"；三是完全式标题，一般由合作双方名称、合作项目和文种三项组成，如"××公司和 ××× 公司合作经营 ×× 度假村意向书"。

（二）正文内容

1. 导语

意向书导语通常要说明以下几层意思：①签订意向书的单位；②明确该意向书的指导思想、基本原则和政策依据等；③规定本意向书需要实现的总体目标，最好用承上启下的惯用语结束导语，导出正文。

2. 正文

正文是合作意向书所要实现的总体目标的具体化，一般都以分项条款的形式来表述。各项条款之间的界限要清楚，内容要相对完整，逻辑层次清楚，也不要过于琐碎，更不能有所疏漏。

3. 结尾

正文结尾一般以"未尽事宜，在正式签订合同或协议书时予以补充"作结语，以便留有余地。

（三）落款

在正文后空白处各方谈判代表签字、盖章，写明签订时间等。

三、撰写合作意向书注意事项

(1) 意向书仅仅是表明双方对某个项目合作的意愿和趋向，而不是对该项目的完全确认。因此，在拟写项目意向书时，己方对项目中关键问题的要求一般不必写入，以便在未来谈判中取得主动权。

(2) 在拟订项目意向书时必须谨慎从事，不可将不适当或本企业无法独自决策事项的承诺写入意向书。

(3) 注意意向书内容的合理性与合法性，不要写入超越该项目工作范围的意向条款，更不能约定与我国现行政策和法规相抵触的内容。

(4) 意向书只是一种导向性文书，只要说明合作意向与合作目标即可，不要求描述具体内容和步骤。

四、合作意向书参考范例

【范例】

关于建立战略合作伙伴关系意向书

××省×××对外贸易有限公司 (甲方) 与上海市××××有限公司 (乙方)，经双方协商决定，建立长期战略合作伙伴关系，以谋求互补优势、互惠互利，提升市场竞争优势。

一、双方合作项目与内容

1. 甲方授权乙方使用甲方商标品牌，为甲方提供贴牌加工产品，独家供应。

2. 甲方独家代理乙方自有品牌产品在北美市场的销售权。

3. 高新技术以及资金等方面的引进合作。

4.……

……

二、合作方式

双方本着互惠互利，风险共担，同一项目排斥第三方的原则，根据具体项目协商采用具体的多种合作方式，另行签订具体协议。

三、合作程序

由双方商定在适当时间，互派考察组，根据考察结果共同拟订合作项目、方式、内容、步骤等合作协议。

四、甲乙双方义务

1. 甲方负责提供海外订单，并定期通报海外市场信息资料。甲方按约定账期向乙方支付货款。

2. 乙方负责提供符合甲方要求的优质产品，保证按时按质按量供应。

3. 双方确定日常的联络工作机制，落实具体的联络部门和联络人员，进行定期的联络工作。

4.……

五、附则

此合作意向书双方加盖公章，法人代表签字生效，一式四份，各执两份。

甲方：	乙方：
法人代表：	法人代表：
联系人：	联系人：
电话：	电话：
传真：	传真：
联系地址：	联系地址：
邮政编码：	邮政编码：

××××年×月×日

第十三节　公司新闻消息稿

新闻，有广义和狭义之分。广义的新闻是报刊、广播、电视等大众传播媒介中常用的各种报道性体裁的总称，包括消息、通讯、特写、调查报告、报告文学、采访札记等。

狭义的新闻则专指消息这一种体裁，是用简洁明快的语言迅速及时地报道新近发生的事实的一种新闻体裁。本节主要介绍的是狭义的新闻——消息，而且是企业范围内的新闻消息。

一、新闻消息稿的构成及其内容

（一）标题拟写

标题是新闻的题目，是新闻内容的形象概括。标题的写作要求是既要概括新闻的主要内容，又要醒目、新颖、有趣味。这样才能引起读者注意，增强阅读兴趣。新闻的标题一般有三种形式。

1. 多行标题

多行标题由引题、正题、副题组成。它信息丰富，宣传声势大，常用来报道比较重大的新闻事实。

引题，又称眉题、肩题。其作用一般是介绍背景，烘托气氛，以引出正题或揭示新闻事实的意义，对正题起辅助作用。引题在正题之上（横排）或之前（竖排），字号都小于正题。引题不是新闻必备的标题。正题，又称主标题、主标、总题。其作用是概括介绍新闻的主要内容或点明新闻的中心思想。正题是标题结构中的主体，字号最大、最醒目。正题是新闻必备的标题。副题，又称子题、辅题。副题介绍与正题有关的情况，是对正题的补充、印证和注释，位于正题之下（横排）或之后（竖排），字号小于正题。它也不是新闻必备标题。

2. 双行标题

双行标题由引题、正题或正题、副题组成。新闻的正题一般都有实质性内容，因此又称实题；副题和引题一般是对气氛的烘托、对意义的阐述，因此又称虚题。

3. 单行标题

单行标题只有主题，简明、醒目，如"电话走进千家万户"。

（二）新闻导语

导语，是新闻开头的第一句话或第一个自然段的文字，主要概括介绍新闻的主要内容，提示新闻的主题。

导语的写法很多，常用的一般有以下几种。

(1) 叙述式。以直接叙述的方式把消息中最主要、最新鲜的事实，简要地叙述出来。

(2) 描写式。描写式导语是对某一个富有特色的事实和一个有意义的侧面，进行简洁而又富有特点的描绘，给读者以鲜明的印象和身临其境之感。

(3) 评论式。评论式导语是对报道的事实进行简洁、精辟的评论，以揭示事实的意义和目的。

(4) 结论式。结论式导语是将新闻事实的结论，在开头部分写出来。这种写法多用于报道实际工作和生产建设、科研取得新成就的消息。

(5) 提问式。这类导语是用提问的方式引出新闻报道中的关键问题，设置悬念，引起读者的注意和思考。

(6) 引语式。引语式导语常引用新闻人物有特点的或权威性的语言。

(7) 诗词式。在新闻消息的开头引用与新闻有关的诗句、格言或生动、隽永的话作导语，以增强生动性。

（三）新闻内容

新闻内容是新闻的主要部分，是对新闻事实作具体的报道和说明。这一部分要求用足够的、充分的、有说服力的具体材料来阐明新闻的主题。主体是导语内容的具体化，是对导语的解释、说明和补充。

新闻主体的结构一般有三种形式：时序结构，按照事件发生、发展的先后顺序安排层次；主次结构，把主体部分中最重要的内容放在前面，然后详细叙述；逻辑结构，根据事物之间的内在联系或逻辑关系安排结构。

新闻背景指的是衬托新闻事实的材料，如交代与事实有关的历史情况、地理环境等。

恰当地运用背景材料,可以突出新闻事实,衬托、强化主题,增强知识性、趣味性。

常见的背景材料,通常可分为说明性材料、对比性材料、注释性材料三种。

(1)说明性材料,是说明有关新闻事实的政治背景、历史演变、地理环境以及新闻人物的身份、经历、特长等。

(2)对比性材料,就是用过去的或反面的有关材料与新闻事实作对比,以衬托主题,加深读者对新闻事实的认识。

(3)注释性材料,是有关名词术语、产品性能与特色、科技知识等的注释。

背景不是消息结构的独立部分,而是从属部分。因此,背景在消息中没有固定位置,并且可以独立成段,也可以穿插在事实的叙述之中。

(四)结尾

结尾是新闻最后一句话或一段话。结尾的作用是收束全文,强化主题,加深读者对消息的感受。

二、公司新闻消息稿撰写注意事项

(1)新闻写作要真实。真实性是新闻写作的基本原则。新闻写作中反映的事实,包括人物、时间、地点、事件细节、数字等,所有信息均要求具体真实、准确无误。

(2)新闻写作要及时。新闻具有极强的时效性。要报道新情况、新经验、新问题。对国内外业界新发生的重要事件,对当前工作中出现的新形势、新动向、新问题,对企业发展过程中涌现出来的新人、新事、新风尚,要迅速反映,及时报道,不讲究时效,新闻就失去了新闻价值。

(3)要准确判断发生事件是否具有新闻性。新闻性包含三层意思:①从时间上说是"最近"发生的事;②从内容上说,事实必须给人以新意、新信息、新启发,是有所发展和创造的新事;③从常规来说,新闻报道的是不合常理、违背常规的事实。

(4)新闻消息要简短。应该用最简洁的语言,摆出事实,讲明道理。

三、公司新闻消息稿参考范例

【范例】

中国标准动车组定名"复兴号"将在
京沪高铁正式双向首发

2017年6月25日上午,由中国铁路总公司牵头,中车长客股份公司和四方股份研制的具有完全自主知识产权、达到世界先进水平的中国标准动车组被命名为"复兴号"。

中国铁路总公司党组书记、总经理陆东福代表铁路总公司党组宣布命名决定；陆东福和中国中车集团公司党委书记、董事长刘化龙共同为"复兴号"揭幕；中车长客股份公司"全国优秀共产党员"李万君等党员代表，分别就做好高铁技术创新、设备保障、运用维护、服务质量等工作表态发言。

该车有 CR400AF 和 CR400BF 两种型号，CR 是中国铁路总公司英文缩写，也是指覆盖不同速度等级的中国标准动车组系列化产品平台。型号中的 400 为速度等级代码，代表该型动车组试验速度可达 400km/h 及以上，持续运行速度为 350km/h；A 和 B 为企业标识代码，代表生产厂家；F 为技术类型代码，代表动力分散电动车组，其他还有 J 代表动力集中电动车组，N 代表动力集中内燃动车组。

6 月 26 日，"复兴号"将率先在京沪高铁两端的北京南站和上海虹桥站双向首发，分别担当 G123 次和 G124 次高速列车。下一步，"复兴号"中国标准动车组将批量生产，逐步扩大其在不同速度等级高铁线路上的运用，为人民群众出行提供更多的选择。

中国标准动车组的设计研制，遵循了安全可靠、简统化、系列化、经济性、节能环保等原则，在方便运用、环保、节能、降低全寿命周期成本、进一步提高安全冗余等方面加大了创新力度。研制期间，先后完成总体技术条件制定、方案设计、整车型式试验、科学实验、空载运行、模拟载荷试验等工作，在大西线开展了型式试验，在郑徐线开展了高速交会试验，在哈大、京广高铁进行了载客运行，各项考核指标全部符合标准规范和运用要求，安全性、舒适性及各项性能指标以及运用适应性、稳定性、可靠性、制造质量均达到设计要求，整车性能指标实现较大提升，设计寿命由 20 年提高到 30 年。2017 年 1 月 3 日，取得国家颁发的型号合格证和制造许可证。

中国标准动车组构建了体系完整、结构合理、先进科学的技术标准体系，涵盖了动车组基础通用、车体、走行装置、司机室布置及设备、牵引电气、制动及供风、列车网络标准、运用维修等十多个方面，达到国际先进水平。其大量采用中国国家标准、行业标准、中国铁路总公司企业标准等技术标准，同时采用了一批国际标准和国外先进标准，具有良好的兼容性能，在 254 项重要标准中，中国标准占 84%。中国标准动车组整体设计以及车体、转向架、牵引、制动、网络等关键技术都是我国自主研发，具有完全自主知识产权。

（资料来源：中国中车股份有限公司官网，http://www.crrcgc.cc）

第十四节　公司通讯稿

公司通讯稿是运用多种表现手法，对企业内近期出现的典型人物、重大事件所做的具体报道。公司通讯稿和消息一样，是企业文化建设与公关宣传常用的文体，是一种比消息更详细、更生动地报道客观事物或典型人物的常用体裁。

一、公司通讯稿的主要特点

公司通讯稿具有以下主要特点。

1. 新闻性

通讯是一种新闻文体，其内容也要求遵循真实、公正等新闻基本原则。

2. 评论性

通讯要对新闻事实进行议论、评价，在夹叙夹议中表明作者的倾向、态度。

3. 生动性

运用文学创作的手法，展开情节，描写人物，勾画场景，为读者提供鲜活的新闻材料。

二、公司通讯稿的类型及其内容

（一）主要类型

通讯一般可分为四大类，即人物通讯、事件通讯、工作通讯和概貌通讯。在企业中，经常使用的是前三种。

1. 人物通讯

人物通讯就是以报道新闻人物事迹和形象为主的新闻稿。通过报道人物的思想言行和事迹，揭示他们的精神境界，达到教育员工的目的。人物通讯可以写人物的一生，也可以写人物的生活片段。

2. 事件通讯

事件通讯是以记事为主，报道现实生活中带有倾向性和典型性事件发生、发展和结果的新闻稿。事件通讯可以完整、深入地报道一个新闻事件的发生、发展过程和结果，也可以突出描写其中的某一片段或某一侧面。

3. 工作通讯

工作通讯是报道先进工作经验、某项工作成就的新闻稿。它可以通过对工作的典型剖析，概括出具有规律性的东西。

上述分类只是按通讯内容的主次来划分的，而大多数通讯在写法和内容上常常是互相交融，无法截然分开的。

（二）通讯稿内容构成

1. 标题拟写

标题一般由正题和副题组成。正题，其作用主要是概括介绍通讯的主要内容，或点明中心思想。正题是通讯稿必备的标题。副题则主要介绍与正题有关的情况，是对正题的补充、印证和注释。有时副题可以省略。

2. 正文内容

通讯稿的内容可以根据不同类型，遵循新闻稿基本原则，运用文学创作手法，夹叙夹议地来报道企业内部的典型人物、重要事件和工作事项。

三、公司通讯稿撰写注意事项

(1) 要抓住描写对象的特征，选取典型材料表现主题和刻画人物。从内容和语言上注意稿件的可读性和趣味性，切忌写成文字枯燥的流水账。

(2) 精心设计通讯稿的结构，合理安排层次。

(3) 不同于一般行政性公文，就事说事；通讯稿要综合运用各种表现手法来表现主题。

四、公司通讯稿参考范例

【范例】

周勇：高铁调试的金蓝领专家

他扎根电气调试一线 28 年，凭借精湛的技艺，从一名普通工人成长为高速动车组电气调试的金蓝领专家。

身为中国第一代"高铁调试工人"，他和他的技术团队开拓性地建立了模块化、标准化的高速动车组调试作业体系，其编制的《高速动车组调试作业要领书》成为高速动车组调试"宝典"。从他和他的团队手中调试出的高速动车组，超过 800 列，安全运营超过 10 亿公里。

他被誉为"工人教授"，名师带徒传技艺，不仅授人以鱼，而且授人以渔。

他就是周勇，中车青岛四方机车车辆股份有限公司电工高级技师，全国劳动模范，"中华技能大奖"获得者。

"身怀绝技"的技能专家

周勇出身于火车世家。父亲在原四方机车车辆厂（中车四方股份公司的前身）工作了 40 多年，哥哥在济南铁路局青岛站工作了 30 个年头，而他从 18 岁进入原四方机车车辆厂当工人，一直干到了今年 46 岁。

受父辈们的影响，周勇从小就对火车有着浓厚的兴趣。"小时候最开心的就是每隔一段时间可以跟着父亲到厂里的澡堂洗澡。那时候就觉得火车这大家伙太神奇了。"周勇说，每次他都会偷偷爬上内燃机车的车头，看那蒸汽机车喷出的热气，感觉像给火车施了魔法一样。火车的汽笛声也好听，呜……那节奏，真带劲！那时候，小小的周勇心里就有了亲手造火车的"梦想"。

伴着汽笛声，时间来到 1987 年。从高中毕业后，18 岁的周勇子承父业，如愿以偿地进入四方机车车辆厂，从事机车车辆的"心脏"——柴油机的综合试验工作。

一进厂，周勇就铆足劲儿地钻研技术，下决心要练出一身"绝活"。1996 年，他第一次尝到技术"甜头"，编出了一套操作法——《柴油机及发电机组共性操作法》。应用这套操作法，厂里的柴油机做一次试验能节约成本 3 万元。

崭露头角的周勇稳扎稳打，先后参加青藏铁路高原客车、出口伊朗客车等一批重要项目的电气调试工作，因为技术出众，他成了公司的首席制造师。

2004 年，中车四方股份公司引进时速 200 公里高速动车组，与国际先进技术接轨，项目的重头戏——调试重担落在了周勇他们肩头。从这时起，周勇手里调试的列车，从普通的机车车辆换成了高速动车组。

调试是高速动车组在厂内的最后一道生产工序，如果把高速动车组比喻为一个人，一条条电气线路就是一根根血管和神经，周勇要做的就是让列车的血脉通畅起来。挑战似乎来自毫末之微，却又无比巨大。高速动车组是全新的领域，一列高速动车组，光与电气直接相关的部件就有上万个。"外方专家只会告诉你怎么调，但不会告诉你为什么这么调，而一旦涉及关键技术，更会守口如瓶。"周勇心里很不是滋味，在他看来，不搞清为什么等于没真正掌握技术。

为了尽快掌握高速动车组调试技术，周勇下起"狠"功夫，边学原理，边做试验，当时仅查阅的图纸和资料堆积起来就有两三米高，工作笔记达几十万字。在不到两个月的时间里，他和同事们就基本消化掌握了高速动车组调试技术，打破技术壁垒，外方专家都颇为惊叹。

现场解决问题更是周勇的拿手"绝活"。高速动车组引进初期，周勇多次发现外方技术图纸中存在的问题。诸如外方图纸错误引起高压系统接地保护、原装客室门电气连接器、司机室控制电路印刷板等出现故障，经过他的手，问题一次次"手到病除"。

高速动车组大批量制造后，原来的调试方法跟不上进度需求，周勇又带领同事结合不同车型的调试规律，摸索出一套模块化、标准化的高速动车组调试作业体系，以此为基础，周勇编制出了《高速动车组调试作业要领书》，这个要领书现场工人易操作，易理解，成为指导现场作业的标准性文件。

创新调试方法节约成本达千万元

2008 年，中车四方股份公司自主开发世界最高标准的时速高达 380 公里的 CRH380A 新一代高速动车组，周勇再担重任。

从时速 200 公里到时速 380 公里，简单的数字对比，却是横亘在周勇面前的一座技术高峰。"感受到从未有过的压力"，周勇说，高速动车组电机的电流每上升一个等级，电气调试难度、复杂程度就成几何倍数增加。

那段日子，周勇满脑子只有一件事——"CRH380A 调试"。在车间里，他一点点修改完善作业要领书，到厚达 105 页的 CRH380A 调试作业要领书出炉，整整"蹲"了两个月。

这本要领书实现了高速动车组调试技术的全面创新，CRH380A 高速动车组调试时，每列动车组的调试周期从原来的 14 天缩短到 5 天，单此一项，就为公司累计节约成本达 1030 万元。

记得有位专家说过，这个时代不缺聪明人，而是缺"笨功夫"，好的东西都是聪明人下笨功夫做出来的。周勇在不断的实践中肯下苦功夫，他的业余爱好就是"琢磨新的调试工作法"，他用看似"愚笨"的方法不断的创新着新的操作方法。

周勇在每个工作阶段，都下苦功夫总结先进操作法。满足首列高原客车调试的《青藏客车试验法》、适应城轨地铁车辆生产的《小批量多品种地铁产品的电气调试》、保证铁路行车安全的《城轨地铁车辆回送机理与利用分析》……一套套先进实用的操作法，不仅锻炼了周勇的"创新思维"，也使他成为名副其实的蓝领专家。

长期在一线调试，周勇意识到光解决调试中出现的问题还不够，必须从问题的根源器件和造成问题的根源故障两方面去超前分析，才能从根上杜绝问题的发生。在动车组和城轨地铁调试中，他根据车辆的结构和特点独创《电路各系统的静态阻值测量法》，不但减少了调试中发生问题的频率，而且使车辆上线前就能够满足质量要求，保证了车辆的安全运营。

名师带徒传技艺，成就知识型"工人教授"

在调试团队里，最让同事们佩服的除了周勇手头的"绝活"，还有他那一口流利的英语。

提起英语，1989 年的一件事对周勇的触动很大。当时厂里从国外引进一批机车，外方提供的资料以及机车上所有部件按钮的标识都是英语的，有的还是英语单词缩写。这令周勇犯了难，"不懂英语，别说将来产品走出国门，就是要学习别人的技术都没门。"

从那以后，周勇决心自学英语，"从 26 个字母开始"。他每天一忙完工作就一头扎进自己的英语世界，背单词、看英文专业书籍，日复一日，年复一年。如今他不仅能看懂英文技术图纸，还能和外方技术专家面对面用英语交流。同事们碰到看不懂的英语专业材料，周勇常常能用通俗易懂的语言翻译出来，因为这样，同事和徒弟们还给他封了个"工人教授"的名号。

事实上，这位"工人教授"名副其实。

作为中国中车"周勇技能大师工作室""周勇劳模创新工作室"、青岛市技师工作站（中车青岛四方股份公司分站）负责人、青岛市授牌的劳模创新工作室负责人，周勇的"头衔"很多——青岛市金蓝领培训老师、青岛市职业技术学院客座教授、中国中车技能鉴定高级考评员等等。

多年来，周勇一直致力于为社会和企业培养一支技能过硬的人才队伍。在讲授国家颁布的技能人才培训及职业技能鉴定教材外，将自己总结编写的《青藏铁路客车试验法》《新加坡地铁培训》《EMU、DMU 车辆电气系统简介》《EMU 电路分析》等培训教材进行无私传授。他带领团队主持完成课题攻关 120 余项，先进操作法六项，先后带徒 86 人，28 人成为高级技师、56 人成为技师，其中 12 人成为中国中车核心技能人才。

28 年来，凭借在调试领域的突出贡献，周勇获得了全国劳动模范、全国五一劳动奖章、中华技能大奖、全国技术能手、中央企业知识型先进职工、铁道部新长征突击手、山东省首席技师、山东省优秀共产党员、中国中车首席技能专家等荣誉。

当记者问周勇成功的秘诀时，周勇用"热爱＋学习＋实践＋再学习＋再实践"简单的加法道出了不简单的秘诀。

（资料来源：中国中车股份有限公司官网，http://www.crrcgc.cc，文字有变动）

第七章
企业会议文书写作与范例

　　召开会议是企业开展工作、实施管理的重要方式和手段，会议会形成会议通知、会议记录、会议纪要、会议开幕词、会议闭幕词等多种会议文件，在此将与会议相关的企业文书集中进行介绍。

第一节 会 议 通 知

会议通知属于通知文种的一类。会议通知是指用于由会议组织者在会前向与会者告知会议筹备和组织状况，以及正确与会所应知晓有关事项的文件。

一、会议通知的构成及其内容

（一）标题拟写

标题拟写，一般应用三项式，即完全式标题："发文单位＋事由＋文种"。这是一种较为正式、规范的标题拟写法。另一种拟写方法是省略式，在企业内部行文，可以省略发文单位。内容简单的通知也可以同时省略发文单位和事由，直接以"通知"为标题。

（二）抬头确定

会议通知大多是下发到下属单位或部门，因此，一般情况下应该明确写清受文单位或与会对象。如果是内部性会议通知，可以省略抬头。

（三）正文内容

会议通知的正文一般包括下述几部分。

(1) 召开会议的根据、目的或意义。

(2) 要告知对方的事项，即保证与会者能准时有效地参加会议所必需的信息。根据会议通知种类（召开会议的通知、报到通知等）的不同，会议规模、性质等方面的不同，事项的具体内容及其详略程度是不同的。概括起来这些事项不外乎为：会名、会期（天数）、开幕与闭幕的具体时间（年月日、星期、上下午、时、分）、会址、与会者范围、与会者资格条件、与会人数（总数与被通知单位的具体数）、食宿安排、经费来源、交通安排、入场凭证、需携带的文件物品、筹办会议者的名称、负责人、联系地址、电话号、电子邮件地址、传真号等。

（四）结尾与落款

通常以"特此通知"一词作结，有时则提出迎接或出席会议的一些要求，如"做好各种准备""上报有关文件材料""审核与会者条件并上报名单""函复有关事项"等作为结尾。

落款要注明日期，加盖发文单位公章。

二、撰写会议通知注意事项

(1) 事项必须完整没有遗漏，一切为与会者准时而有效地参加会议所必知的项目都要写出，并保证其齐全、正确。

(2) 项目务必准确、清晰，不能过于概括。如受文者同时就是与会者，就必须注明具体对象，不能笼统写成"有关同志""有关单位"。

(3) 会议通知也可以有各种附件，如会议座位次序安排、住宿安排、就餐安排、乘车证、编组名单等均可作为附件，同时发给受文者。

(4) 会议日程较长或会议内容较为丰富的，会议通知最好附有详细会议日程安排。

三、会议通知参考范例

【范例】

关于召开 20××年度

公司市场销售工作总结会议的通知

公司市场部、销售部、公关部、广告部、研发部：

为了总结本年度公司市场销售工作经验，有利于明年销售工作更好地开展，公司决定召开"××××年度公司市场销售工作总结会议"。具体事项通知如下：

会议时间：本月 25 日上午 8 点开始签到，会议 9 点正式开始。会期 2 天。

会议地点：本市开元大酒店第三会议室。

会议主要议题：总结××××年度市场销售工作情况，讨论××××年度市场销售计划。

参加人员：公司主管领导、各分公司经理、各部门经理，市场部、销售部、公关部、广告部、研发部全体员工。

请各相关单位，认真做好会议准备工作。

附件：会议具体日程安排

×× 集团公司（印章）

××××年×月×日

××集团公司年度市场销售会议日程安排

时间			内容		会议地点
11月4日	全天		会议代表报到		××大酒店大堂
	晚上	20:00～20:30	秘书处会议工作预备会		××大酒店202会议室
11月5日	上午	9:00～9:30	开幕式		天南大厦4层报告厅
		9:30～10:15	特邀报告一：××××××××		
		10:15～10:25	茶歇		
		10:25～11:10	特邀报告二：××××××××		
		11:10～12:00	特邀报告三：××××××××		
	午休				
	下午	14:00～14:25	主题报告一：×××	主讲人：×××	××大厦会议楼第七会议室
		14:25～14:50	主题报告二：×××	主讲人：×××	
		14:50～15:15	主题报告三：×××	主讲人：×××	
		15:15～15:40	主题报告四：×××	主讲人：××	
		15:40～15:50	茶歇		
		15:50～16:15	主题报告五：×××	主讲人：×××	××大厦会议楼第八会议室
		16:15～16:40	主题报告六：×××	主讲人：×××	
		16:40～17:05	主题报告七：×××	主讲人：×××	
		17:05～17:30	主题报告八：×××	主讲人：×××	
	晚上	17:30～19:30	晚宴		××大酒店中餐厅
		20:00～21:00	文艺联欢晚会		××大厦多功能厅
11月6日	上午	8:30～9:20	特邀报告四		××大厦4层报告厅
		9:20～10:05	特邀报告五		
		10:05～10:15	茶歇		
		10:15～11:00	特邀报告六		
		11:00～11:45	特邀报告七		
		11:45～12:00	闭幕式		
	午休				
	下午	13:30～17:50	滨海新区考察		滨海新区
		17:50～20:00	晚宴		××海鲜酒店
11月8日	离会，返程				

就餐时间：早餐7:00～8:30，午餐12:00～13:00，晚餐18:00～20:00

就餐地点：××大酒店 会务组房间：××大酒店808房 电话：××××××××

第二节　会议记录

在会议进行中完成的对会议组织状况和会议内容的原始记录，经履行必要的程序手续（整理、发言人或有关领导审阅签字、记录者签字等）后生成，会议记录可用于查证事实或指导工作。

一、会议记录主要类型

根据对内容记录详略程度的不同，会议记录可分为两种：摘要性记录与详细性记录。

1.摘要性记录

摘要性记录，只记录发言要点和议题、结论、决定决议、表决结果等，常用于一般性会议。

2.详细性记录

详细性记录是有言必录，不仅要求记录会议发言者原意，必要时需要记下原话，这种情况只适用于极其重要的会议。

二、会议记录的构成及其内容

标题拟写较为简单："单位名称＋会议名称＋会议记录"。企业内部经常直接以"××会议记录"为标题，省略单位名称。

会议记录一般有两个组成部分。

(1) 会议的组织状况，包括会议名称、会址、时间、出席情况、主持人、记录人等。

(2) 会议内容，主要包括会议议题、发言情况、决议决定的内容、表决结果等。

三、会议记录注意事项

做会议记录，要求记录者有较深厚的基本功，做到快、准、全、清。

(1)"快"，就是要有一定记录速度，能迅速感知发言内容并尽快转换成文字形式。

(2)"准"，就是记录准确，保证精确记录原意或原话。

(3)"全"，对详细性记录而言，就是力争不漏一字一句；对摘要性记录而言，就是不遗漏任何要点。同时，"全"还指要完整地履行使文件生效的程序手续。

(4)"清"，就是字迹清晰，整齐端正，段落层次分明。

四、会议记录参考范例

【范例】

××公司行政办公会会议记录

时间：××××年×月×日下午14：30—17：30

地点：××办公楼会议室

出席人：××总经理、×××副总经理、×××副总经理、×××办公室主任、×××办公室副主任、各科室主任、副主任等

主持人：周××

记录：王××　陈××

会议内容：（按发言顺序记录发言人发言要点）

主持人周××：

×××总经理：

主持人周××：

×××副总经理：

主持人周××：

×××副总经理：

主持人周××：

×××办公室主任：

主持人周××：

×××办公室副主任：

主持人周××：

×科室主任×××：

×科室主任×××：

×科室主任×××：

×副主任×××：

主持人周××：

×××总经理：

主持人周××：

第三节　会议纪要

会议纪要适用于记载、传达会议情况和议定事项。会议纪要应用较为广泛，既可以作为党政机关、人民团体、企事业等单位的内部文件使用，也可以作为一种正式的行政公文使用。会议纪要既可上呈，又可下达，其作用主要是沟通情况、交流经验、事件备忘和指导工作。

一、会议纪要的特点与分类

（一）会议纪要的特点

会议纪要具有如下特点。

1. 纪实性

要如实反映会议的基本内容和议定事项，未讨论议题不能写进会议纪要。

2. 纪要性

会议纪要对会议内容进行归纳、总结，记录主要事项、体现主要精神，而非有闻必录。

3. 约束性

会议纪要与其他行政公文一样，具有一定约束力。

（二）会议纪要的分类

会议纪要依据不同划分标准可以有多种划分方式。根据会议性质不同，可以划分为办公会议纪要和一般会议纪要；依据写法不同，可以划分为决议式纪要、概述式纪要和摘要式纪要三种；依据纪要内容的差别，可以区分为议决性纪要和消息性纪要两种。

议决性会议纪要是指带有议定事项的决议性会议纪要。消息性会议纪要是指没有议定事项，仅用于反映会议信息和情况的会议纪要。

二、会议纪要的构成及其内容

（一）标题拟写

会议纪要的标题拟写比较简单，一般由"会议名称＋纪要"所组成。如"××集团公司 ××××年度工作总结会议纪要"。

（二）正文内容

关于会议纪要的正文内容，下面分议决性会议纪要和消息性会议纪要分别加以介绍。

1. 议决性会议纪要

议决性会议纪要的正文内容包括导语和议决事项。导语部分简要介绍会议名称、目的、时间、地点、参加人员、报告人、会议议程、会议总体效果等会议的基本情况。议决事项的内容可能是与会各方或相关利益方的职责权利的划分与界定，或者是就某些问题达成的统一认识等，或者是会议提出的号召与要求，或者是提出执行议定事项的措施或要求。

2. 消息性会议纪要

消息性会议纪要的正文内容主要包括导语，与会各方就会议议题发表的认识和意见、会议提出的号召、希望和要求等。

（三）落款

会议纪要落款一般包括会议单位和成文时间。如果会议纪要在正文中已交代会议时间、会议单位、会议参加人员等内容，一般省略落款部分，不写成文时间与机构，不加盖公章，也不署名。

三、会议纪要撰写注意事项

(1) 会议纪要要注重突出会议重点和主题，不要事事记录。

(2) 要纪实，实事求是地反映情况，未讨论或未达成共识的事项一定不能写成议定事项。

(3) 行文语言表达应概括、简约、明白。

(4) 作为行政公文的会议纪要行文应该严肃、严谨，因为下级需要遵守执行。

(5) 注意许多会议的会议纪要虽有会议纪要之名，并非严格的行政公文，而是会议简报，只是用以通报会议情况。

四、会议纪要参考范例

【范例】

关于××公司被兼并财务处理会议纪要

时间：××××年11月20日上午8时至11时

地点：××市××公司第一会议室

主持人：××市中小企业管理局副局长沈××

参加单位：××市中小企业管理局、市经委、财政局、税务局、××市第一食品集团公司、××市××公司等有关部门负责人

会议对××市第一食品集团公司兼并××公司的财务处理及有关政策问题进行了充

分讨论，提出如下处理意见，特此纪要。

关于兼并后的并账依据、时间及财务处理问题：

鉴于原××公司因被兼并，其法人资格自行消失，在财务上需要并账。并账依据，是以交接之日（即××××年12月20日）的"资产负债表"经市财政局和市第一食品集团公司核定的余额。其中：

（1）资不抵债部分。由市财政局和市第一食品集团公司在核定利润指标时，减少部分数额。××公司弥补该部分亏损减少的利润，市财政局视同承包基数的完成。

（2）××××年12月20日正式兼并后，为使被兼并企业能够进行正常生产，所投入的生产经营设施维修费用，××××年12月底前转入市第一食品集团公司产品生产成本中。

原××公司所欠产品增值税问题：

截至××××年12月末，原企业所欠产品增值税，写出申请免交报告，呈请有关领导批准后，由市税务局给予免税处理。

其他方面的问题：

（1）为核定交接时的原企业资产与负债，责成由财政局、兼并两家企业，在近期内共同完成20××年12月末原企业资产负债表的编制审定工作。

（2）其他未尽事宜，如有必要，可及时研究解决，以保障兼并工作的顺利开展。

××市××公司

××××年×月×日

第四节　会议开幕词/闭幕词

开幕词是在大中型会议或重要会议开幕式上或会议开始时，由有关领导所发表的致辞。闭幕词则是由有关领导在会议闭幕式或会议结束时发表的会议致辞。

开幕词和闭幕词都是会议文书，两者的格式、结构和写法基本一致，差异在于内容上的差别：开幕词主要介绍会议举行的意义、内容、主办方的希望与愿望等；闭幕词则主要对会议的情况和效果做简要总结。

一、开幕词/闭幕词的构成及其内容

（一）标题拟写

开幕词/闭幕词的标题一般可以直接以"开幕词"或"闭幕词"为标题。但是，一些重要会议可以用"致辞者 + 会议名称 + 开幕词 / 闭幕词"作为标题，如"××× 在 ×× 会议开幕式上的讲话"。有时可以省略致辞者，以"会议名称 + 开幕词 / 闭幕词"作为标题，如"×× 集团总公司 ×××× 年度表彰大会闭幕词"。

（二）抬头确定

开幕词 / 闭幕词的称谓是对与会人员的称呼。根据具体情况，分别选择诸如"女士们、先生们""同志们""朋友们"等字样。如果在与会人中间有地位、身份特别尊贵的人员，一般在称谓中应特别写出，并放在一般称谓前。

（三）正文内容

开幕词 / 闭幕词的正文格式和写法基本一致，但注意两者的内容有所不同。

1. 开幕词

开幕词的正文部分主要包括：宣布会议开幕；简要介绍会议背景，与会单位、人员、人数等会议情况；介绍会议议程、会议目的、主要议题等会议内容；对与会者提出希望和要求；最后写祝愿语。

2. 闭幕词

闭幕词的正文，一般首先宣布会议闭幕，然后回顾会议任务的完成情况、会议成果，肯定会议的积极意义与参会者的努力等，继而向对会议作出贡献的单位或人员表示感谢，最后提出新任务、新的希望、号召和要求等。

（四）落款

开幕词 / 闭幕词的落款较为简单，一般写明日期即可。在标题后或正文中已经交代清楚会议开幕或闭幕的时间的，也可以省略落款。

二、开幕词 / 闭幕词撰写注意事项

(1) 开幕词 / 闭幕词需要营造热烈欢快气氛，注意用词效果。

(2) 开幕词 / 闭幕词不要篇幅过长，介绍情况要简练，最忌长篇大论。

(3) 行文口语化，通俗易懂，富于号召力和感染力。

(4) 开幕词 / 闭幕词的遣词造句要严格、准确，否则会损害致辞者和致辞单位的公关形象。

三、开幕词 / 闭幕词参考范例

【范例一】

××××药材有限公司总经理

在国际中药新产品博览会开幕式上的讲话

女士们，先生们，朋友们：

上午好！

我宣布由中国××行业协会主办，××××药材有限公司承办的"第×届国际中药新产品博览会"现在开幕！

我谨代表博览会组委会向各参展企事业单位和人员表示最热烈的欢迎！

本届博览会参展单位218家，推出中药新产品223种，与会人数将超过50000人次，是历届博览会中参展单位最多、参展新产品品种最多、与会人数最多的一届盛会。

国际中药新产品博览会是中药行业自我展示、商业交易的最佳平台。希望本次举办的博览会能够为科研单位、生产企业、流通企业架起一座合作桥梁，充分交流、相互合作、互补短长，使签约贸易额实现质的飞跃。

本公司作为全国规模最大的中草药生产集散地，我们愿意为弘扬祖国中药事业贡献自己的力量。办好博览会，为大家服务好。

最后，预祝"第×届国际中药新产品博览会"圆满成功！

××××年×月×日

【范例二】

中国作家协会第九次全国代表大会闭幕词

中国作协主席　铁凝

各位代表，同志们、朋友们：

在党中央亲切关怀和领导下，在全体代表共同努力下，中国作家协会第九次全国代表大会圆满完成各项议程，就要胜利闭幕了。这是一次高举旗帜、催人奋进的大会。习近平总书记在开幕式上的重要讲话，闪耀着马克思主义真理的光辉，充满了中华民族朝气蓬勃开创未来的豪情壮志，充分体现了对文艺规律的深刻把握，充分体现了对广大文艺工作者的期待和信赖。全体代表认真学习习近平总书记重要讲话，围绕坚持中国特色社会主义文学发展道路，推动中国文学更大繁荣进行了热烈的讨论，凝聚起坚强的共识，汇集起磅礴的力量。本届代表大会取得的丰硕成果，必将对中国文学产生重大深远的影响。

大会审议通过了钱小芊同志代表中国作协第八届全国委员会所作的工作报告。过去五年，对中国作家来说，是潜心创作、硕果累累的五年，对中国作家协会来说，是热诚服务作家、服务社会，各项工作取得新进展的五年。特别值得铭记的是，习近平总书记在文艺工作座谈会上和文联十代会、作协九代会开幕式上发表重要讲话，中国社会主义文学方向更加明确，道路无限宽广。本次大会上，我们以高举旗帜、改革创新、激发文学创造活力、推出无愧于时代的优秀作品为主线和中心，深入规划未来五年中国文学的发展和中国作协的工作。我们的使命光荣而重大，我们的任务艰巨而繁重，我们对未来充满信心，全国广大作家和文学工作者团结奋进，中国社会主义文学事业必将迎来生机勃勃的崭新局面，中国文学必将迎来群峰耸峙、气象万千的壮阔景象。

本次大会选出了作协新一届领导机构。在此，我谨代表中国作家协会第九届主席团和全委会向大家表示诚挚的感谢。广大会员、广大作家的信任和期望，是巨大的鼓励，更是郑重的嘱托。我们深知肩上的责任，我们将兢兢业业、全力以赴，深化改革、加强引领、加强联络、增强本领、加强沟通，为文学服务，为广大作家和文学工作者服务，为人民大众服务，使中国作家协会成为更温馨更有效的纽带、桥梁和家园。

此时此刻，在即将别离的时候，我想用一个词与大家共勉，这个词就是：创造。这几天在讨论中、在交谈中，很多朋友反复谈到习近平总书记在大会开幕式上的一席话，总书记说："文运同国运相牵，文脉同国脉相连。实现中华民族伟大复兴，是一场震古烁今的伟大事业，需要坚韧不拔的伟大精神，也需要振奋人心的伟大作品。"我想，我们大家都会从总书记的讲话中更加强烈地意识到个人的写作与时代和人民的深切联系，更加强烈地意识到我们正在用笔参与着中华民族创造历史的宏伟事业。当重新回到书桌前的时候，我们领受着一份沉甸甸的责任，我们充满了前行的力量，这责任和力量来自中国文学的光辉传统，来自时代给予我们的丰盛机遇和深刻挑战，来自党和人民的殷切期待。我们所要做的，就是创造，以真挚的热爱、聚精会神的探索和日复一日的辛勤劳作，触摸人民生活最深处的心跳和脉搏，让中国故事和中国精神在卓越的艺术创造中焕发璀璨的光芒，跨越国界、跨越时空，不懈地追求当代的和永恒的价值，把追求光明和正义、美好和幸福的人们从精神上紧密地团结在一起。

本次代表大会就要结束了。我相信，同志们、朋友们都会想到下一次代表大会，那是2021年，是中国共产党建党一百周年，也是中国全面建成小康社会的一年。在那一年，当新老作家再次相聚时，"两个一百年"的第一个奋斗目标已经胜利实现。我们比历史上任何时期都更接近中华民族伟大复兴的目标，比历史上任何时期都更有信心、有能力实现这个目标。在这伟大征程中，中国作家在人民中间，和人民一道前进，让我们高举习近平总书记系列重要讲话的旗帜，坚持中国特色社会主义文学的前进方向，创造无愧于时代、无愧于人民的作品，共同书写中华民族伟大复兴中国梦的壮丽史诗！

　　现在，我宣布，中国作家协会第九次全国代表大会闭幕！

　　谢谢大家！祝大家创作丰收、健康吉祥！

2016 年 12 月 3 日

（资料来源：2016 年 12 月 5 日《光明日报》）

第八章
企业公关礼仪文书写作与范例

　　企业公关礼仪文书是指企业在各种类型的公关活动、节日庆典、纪念性典礼或礼仪性商业交往等活动或场合中使用的应用性文书，这类文书不具有强制性和约束力。

　　这类文书主要有欢迎词、答谢词、祝酒词、感谢信、慰问信、倡议书、声明、请柬、悼词，等等。

第一节 感 谢 信

感谢信是机关、企事业单位等机构组织或个人在获得有关方面和人员的帮助、支持、慰问、馈赠后，为向对方表达感激之情的礼仪性书信。

感谢信在公务或商务活动中应用广泛，有着较为显著的公关作用。过去通信不便，在异地的企业或个人间的感激之情还需要书信传达。现在已完全转化成为一种公关礼仪文书，公开发表，表达感激之情，形式的意义更加突出。

一、感谢信的构成要素及其内容

1. 标题

感谢信的标题一般可以直接以"感谢信"为标题，也可以由受文单位和文种组成，如"致××公司的感谢信"。

2. 抬头

在标题下隔行顶格书写所要感谢的单位名称或个人姓名。如果是个人，姓名后应该加写如"同志""先生""小姐""主任"等尊称或职务名称。

3. 正文

感谢信的正文一般应该写明以下几个方面的内容。

(1) 简要叙述被感谢者的事迹，应该交代清楚人物、事件、时间、地点、原因和结果等要素。

(2) 说明事迹的良好社会效果，颂扬其品德。

(3) 表示衷心感谢，同时表明己方的学习态度。

按信函格式，书写"此致""敬礼"等专用敬语。

4. 落款

在正文结束的右下方书写感谢单位名称或个人姓名以及日期。

二、感谢信撰写注意事项

(1) 感谢信要感情真挚，避免流于敷衍、客套。

(2) 遵照严格的书信格式，以免显得不伦不类，自损形象。

(3) 行文要注意分寸，表扬适度；杜绝无限拔高，过度拔高反而会降低表扬效果。

三、感谢信参考范例

【范例】

<h2 style="text-align:center">感谢信</h2>

××公司：

　　我公司五名技术人员自今年3月份至6月份到贵公司接受为期三个月的新产品技术培训。在此期间，贵公司领导的热情关怀和技术部、客服部人员的悉心照顾，使他们顺利完成了学习任务。现在，这些技术人员业已在我公司的工作岗位上发挥重要作用，并承担起培养新入职员工的任务，创造了良好的经济效益。

　　为此，我们特向贵公司表示衷心的感谢！

　　　　此致

敬礼！

北京××××公司
××××年×月×日

第二节　慰　问　信

　　慰问信是机关、企事业单位、其他社会组织或个人向有关单位或人员表示安慰、问候、鼓励和致意的一种公关礼仪性书信。

　　慰问信主要用于对先进者、受难者的慰问，或者节日慰问。

一、慰问信的构成要素及其内容

1. 标题

　　慰问信的标题一般可以直接以"慰问信"为标题；也可以由受文单位和文种组成，如"致××公司的慰问信"；有时也可以由发文单位、受文单位和文种组成，如"××公司致×××的慰问信"。

2. 抬头

　　在标题下隔行顶格书写所要慰问的单位名称或个人姓名。

3. 正文

　　慰问信的正文，一般应该书写以下几个方面的内容。

(1) 简明扼要地交代慰问的背景或原因；较全面、具体地叙述被慰问对象遇到的困难或做出的事迹。

(2) 表示慰问或慰劳的行动和措施。

(3) 结语。

4. 落款

正文结束后，在右下方书写慰问单位名称或个人姓名以及日期。

二、慰问信撰写注意事项

(1) 慰问信用语要感情真挚。

(2) 语气要诚恳，避免流于敷衍、客套。

三、慰问信参考范例

【范例】

致 ×× 地震灾区人民的慰问信

亲爱的 ×× 灾区同胞们：

惊悉 ×× 省 ×× 县 × 月 × 日 × 时 × 分发生了 × 级特大地震灾害，给当地人民群众的生命财产造成了巨大损失，我们深感悲痛。灾情震惊了中华大地，震惊了世界，也牵动着我们 ×× 集团公司全体员工的心，为了支持灾区人民抗震救灾，帮助灾区群众顺利渡过难关，我公司决定为灾区捐款 500 万元，捐献价值 300 万元赈灾物资。

我公司全员动员，迅速行动，安排部署募捐活动。公司全体员工三天进行爱心捐款即达到 100 余万元。我们会以最快速度派出满载赈灾物资车辆赶赴灾区，为灾区人民献出我们的一份绵薄之力。

我们坚信，有党中央、国务院的坚强领导和亲切关怀，有全国人民众志成城的鼎力支持，灾区的人民一定能够早日走出悲痛，战胜困难，重建美好家园！

×××× 集 团 公 司

×××× 年 × 月 × 日

第三节　贺　　信

贺信是机关、团体、单位向取得重大胜利，有突出成绩或喜庆之事的有关单位及人员表示祝贺或庆贺的一种礼仪性文书。

一、贺信的主要作用

现在,贺信已成为表彰、赞扬、庆贺对方在某个方面所作贡献的形式,有的还用来表示慰问。

在当前的经济建设中,如某个单位或某个人作出了巨大贡献,某单位召开了重要会议,某工程竣工,某科研项目成功,某项重大任务保质保量地提前完成,某重要人物的寿辰等,都可以使用贺信的形式表示祝贺。重要的贺信往往对广大群众有很大的激励和教育作用。

二、贺信的构成要素及其内容

1. 标题

贺信一般就以"贺信"二字为标题,在第一行居中,也可以在"贺信"前写上谁给谁的贺信以及被祝贺的事由。

2. 抬头

顶格写接受贺信的单位或个人及称谓,后面加冒号。

3. 正文

贺信正文在称谓下另起一行,空两格写贺信的内容。

内容一般包括:对方取得的成绩和重大意义;表示热烈的祝贺和殷切的希望。如系会议要指出它的重要性;如系同级单位,除表示祝贺外,还应提出向对方学习的内容;如系下级单位给领导机关的贺信,除表示祝贺外,还应表示自己的决心和态度;如系给个人的贺信,应着重写明有供群众学习的品德和意义。

贺信一般以祝愿词结尾,如"谨祝取得新的成绩"。如正文中已有祝愿的内容,也可不用祝愿词结尾。

4. 落款

正文结束后,在右下方书写贺信单位名称或个人姓名以及日期。

三、贺信撰写注意事项

(1) 贺信一定要感情真挚、热烈,以真情动人。

(2) 贺信中的评价要恰当而有新意。行文文字简练,语言朴素,不堆砌华丽辞藻,不言过其实,避免陈词滥调,空喊口号。

(3) 行文规范,称谓合体。

四、贺信参考范例

【范例】

致××××有限公司成立10周年贺信

××××有限公司全体员工：

欣闻10月5日为贵公司成立10周年纪念日，谨此向你们表示真诚而热烈的祝贺！

10年来，贵公司在公司领导带领下，发扬自力更生、艰苦奋斗的精神，为开创我国的计算机事业作出了重大贡献。特别是在进入新世纪以来，贵公司锐意改革，积极引进国外先进技术，结合我国实际情况，研制了一批适合中国需求的居于国际先进水平的创新产品，为国家科技创新事业作出了重要贡献。

贵公司近年来在科技创新体制、人才引进、薪酬激励等方面的创新性举动，产生了极大的经济效益和社会效益，走在同行业企业的前面，并提供了可供借鉴的宝贵经验。我们为你们取得的重大成绩，再一次表示衷心的祝贺！

我们两个企业之间有着传统友谊。我们自创建初期，就得到了贵公司在人力、物力尤其是在技术人才方面的大力支持。这10年，是我们风雨同舟、患难与共、相互帮助、共同发展的难忘10年。希望我们的战略合作关系能够不断发展，迈向一个新高度！

最后，再次祝愿贵公司在新的征途中再创辉煌！

此致

敬礼

××××有限公司

××××年×月×日

第四节 倡 议 书

倡议书是党政机关、企事业单位、机构组织或有影响力的个人公开提出建议，希望有关单位、社会群体或公众群起响应，共同来完成某项任务或开展某项活动的一种告知性文书。

一、倡议书构成要素及其内容

1. 标题

倡议书的标题一般直接以"倡议书"为标题，也可以由事由和文种组成，如"抗震救灾捐款倡议书"。

在标题下隔行顶格书写倡议对象。如果倡议指向对象不特定或者在正文中将有交代，称谓一般可以省略不写。

2. 正文

倡议书的正文比较简单，一般包括以下几个方面的内容。

(1) 发起倡议的原因和背景。

(2) 倡议的依据、目的。

(3) 倡议的具体内容，可分条陈述。

(4) 表示决心、倡导行动或提出希望。

3. 落款

正文结束后，在右下方书写倡议单位名称或个人姓名以及日期。如果倡议者为多个，则按主次分列逐一书写。张贴宣传的倡议书落款处还应加盖公章。

二、倡议书撰写注意事项

(1) 分析该倡议是否符合倡议者身份，倡议者是否具有话语权和必要的影响力。

(2) 倡议书要条理清楚，内容切实可行。

(3) 倡议内容是提倡与号召，不具强制力，一定要避免一刀切的行政色彩语言。

三、倡议书参考范例

【范例】

为"5·12"地震灾区捐款倡议书

××××山东分公司广大团员青年：

5月12日14时28分，四川省汶川县发生7.8级地震，全国许多省区市均有震感。这场地震强度之大，波及之广，为几十年来所罕见。灾区人民生产生活遭受严重破坏。人民群众生命财产安全受到严重威胁。1万多人在地震中死亡，10万人被困大山，成千上万人被埋于废墟中，交通中断！通信中断！医疗告急！物资告急！救援告急！四川告急！！！

灾害牵动着党中央、国务院的心。地震发生后，胡锦涛总书记立即作出重要指示，要求尽快抢救伤员，确保灾区人民群众生命安全。温家宝总理当即赶赴灾区，现场指挥抗震救灾工作。当晚，中共中央政治局常委会召开会议，全面部署抗震救灾工作。中国地震局、国家减灾委、民政部、卫生部、公安部、解放军总参谋部、四川省委省政府、成都军区等有关方面紧急援助灾区抗震救灾。这一切，充分表明党中央十分关心灾区人民群众生命财产安全、高度重视抗震救灾工作，充分显示党和政府全力以赴抗震救灾的坚定决心，充分体现党和政府与灾区人民同呼吸、共命运、心连心。

灾情火急，人命关天。抗震救灾工作特别紧迫，责任特别重大，任务特别艰巨。震区的受灾同胞正遭受地震灾害带来的伤痛和苦难。一方有难，八方支援。中华民族素有积德行善、济贫扶危的传统美德。在突如其来的重大灾害面前，生活在同一片蓝天下的我们，每一个铁通青年，都肩负抗震救灾的使命和义务，都应当各尽所能，为抗震救灾捐一份钱、出一份力、奉献一份爱心。

××××山东分公司团委号召：全公司各级团组织和广大团员青年，认真贯彻落实党中央国务院的重要部署，以高度的政治责任感，紧急行动起来，积极投身到抗震救灾工作中去，尽最大努力把地震灾害造成的损失减少到最低程度。

日前，省公司党委已下发通知，在全公司范围内组织捐款。按照集团公司团委的相关要求，省公司团委号召广大团员青年积极行动起来，踊跃参加捐款活动！各级团组织也可以特殊团费等形式参与捐款。能力不分大小，捐款不分多少，善举不分先后，贵在有份爱心。有条件的地方可以参加当地组织的献血等爱心赈灾活动。同时号召广大团员青年在灾害面前坚定信心，不散布、传播谣言，积极主动地配合有关部门做好维护社会秩序和稳定的工作。

我们是中国人！我们是汶川人！我们相信，在党中央国务院的坚强领导下，全国人民万众一心、众志成城，迎难而上、百折不挠，就一定能够夺取抗震救灾斗争的胜利。

××××山东分公司团委
××××年五月十五日

（资料来源：http://unicom.sdinfo.net）

第五节　祝　　词

祝词是一类在重要仪式、集会、宴会上常用的典型礼仪文书，主要包括欢迎词、欢送词、祝酒词和致谢词等。

一、祝词主要类型

1. 欢迎词

欢迎词是在迎接重要宾客而举行的仪式、集会、宴会上，主人对宾客的光临表示热烈欢迎的一种礼仪性文书。

2. 欢送词

欢送词则是主人在欢送宾客的仪式、集会、宴会上发表的表达欢送之情的礼仪性文书。

3. 祝酒词

祝酒词主要是用于酒会场合的礼仪性应酬之辞。

4. 致谢词

致谢词则主要表达致辞者的谢意。

二、祝词的构成要素及其内容

1. 标题

祝词的标题一般是"集会 / 典礼 / 仪式等名称＋欢迎词 / 欢送词 / 祝酒词"等格式，如"在××典礼上的欢迎词"。也可以直接以"欢迎词""欢送词""祝酒词"作为标题。

2. 抬头

对被欢迎或欢送对象或致辞主要人物的称呼，称呼前可以增加"尊敬的""亲爱的"之类的修饰语，称呼之后一般应加职务名称或"先生""女士""夫人"等字样。如"尊敬的威尔顿总裁""亲爱的劳拉夫人"等。如果在客人中间有地位较高、身份特别尊贵的人员，一般在称谓中应特别写出，并放在一般称谓前。

3. 正文

(1) 欢迎词。欢迎词的正文，一般先写表示欢迎的话，接着介绍宾客来访的目的、意义和作用；在正文主体部分可以回顾交往的历史与友情，赞扬对方对我们的贡献或帮助以及双方的合作成果等；继而明确表示继续交往、合作的意愿与希望；最后写祝颂词，对客人的光临再次表示热烈的欢迎和美好的祝愿。

(2) 欢送词。正文的主要内容一般包括：首先对客人的辞行表示欢送；具体内容可以对客人的访问日期、行程、离别的安排作简要交代，叙述访问的行程及收获等；然后，表达对客人的希望与要求以及继续交往的意愿等；最后写祝颂词，再次对客人的离去表示欢送。

(3) 祝酒词或致谢词。一般都是先回顾彼此的友谊或对方对己方的帮助，然后表达自己的感谢之意，再陈述己方对于双方合作的期盼和愿望，最后是祝愿语或祝酒词。

4. 落款

落款在正文后，一般应该包括致辞的单位、致辞者、日期等。在标题或正文中已经交代清楚这些要素的可以不再落款。

三、祝词撰写注意事项

(1) 首先要对双方的交往历史、取得的主要成果等基本情况了解清楚，才能确保祝词有的放矢、言之有物，让客人感受到真情与温暖。

(2) 祝词一般需要营造欢快气氛，以往的过节或分歧意见一般不在这种文书中表现。

(3) 行文应该感情真切，注重礼貌，把握恰当分寸。既充分尊重对方、又要不卑不亢。

(4) 语言表达要适用于交际场合，适于诵读、演讲，避免使用很正式的书面语。

四、祝词参考范例

【范例一】

习近平主席在 APEC 欢迎宴会上致辞

(2014 年 11 月 10 日)

尊敬的各位同事，尊敬的各位来宾：

女士们、先生们，朋友们：

大家晚上好！

在亚太经合组织第二十二次领导人非正式会议召开之际，大家不远万里来到北京，用中国人的话来说，就是大家有缘分，有缘千里来相会。首先我代表中国政府和人民，代表我的夫人，也以我个人的名义对各位贵宾的到来表示热烈的欢迎！

刚才我在门口迎接大家，看到各位都穿上中国式服装，既充满了中国传统元素，又体现了现代气息，让我们更感亲近。中国老百姓看了以后，也会感到亲切，会感到各位就像到邻居家串门，来朋友家叙旧一样。特别是各位女士的服饰格外鲜丽，群芳荟萃、姹紫嫣红，为今天的晚宴增加了一道亮丽的风景线。我们现在所在的地方叫水立方，对面是鸟巢，这两个建筑一方一圆，这蕴含着天圆地方中国的哲学理念，形成了阴阳平衡的统一。中国举办 2008 年北京奥运会的时候，水上的项目比赛就在这里举行的，那一次共产生了 44 枚金牌，创造了 25 项世界纪录，很多来自在座的各成员的选手，在这里创造了超越自我的奇迹。今天在座的领导人，有的当年就参加了北京奥运会的开幕式。

这几天我每天早晨起来以后的第一件事，就是看看北京空气质量如何，希望雾霾小一些，以便让各位远方的客人到北京时感觉舒适一点。好在是人努力天帮忙啊，这几天北京空气质量总体好多了，不过我也担心我这个话说早了，但愿明天的天气也还好。这几天北京空气质量好，是我们有关地方和部门共同努力的结果，来之不易。我要感谢各位，也感谢这次会议，让我们下了更大的决心，来保护生态环境，有利于我们今后把生态环境保护工作做得更好。也有人说，现在北京的蓝天是 APEC 蓝，美好而短暂，过了这一阵就没了，我希望并相信通过不懈的努力，APEC 蓝能够保持下去。

我们正在全力进行污染治理，力度之大，前所未有，我希望北京乃至全中国都能够蓝天常在，青山常在，绿水常在，让孩子们都生活在良好的生态环境之中，这也是中国梦中很重要的内容。

各位同事，女士们、先生们、朋友们，我们之所以选择水立方来举行这个晚宴，是因为水在中国文化中具有重要的象征意义。2000多年前，老子说："上善若水，水利万物而不争"，意思就是说最高境界的善行就像水一样涓涓细流，泽被万物。亚太经合组织以太平洋之水结缘，我们有责任使太平洋成为太平之洋，友谊之洋，合作之洋，见证亚太地区和平、发展、繁荣、进步。

这是一个富有意义的夜晚，我们为亚太长远发展的共同使命而来，应该以此为契机，一起勾画亚太长远发展愿景，确定亚太未来合作方向。明天我们将相会在燕山脚下雁栖湖畔，正式拉开领导人会议的序幕。孔子说："智者乐水，仁者乐山"，那儿有山有水，大家可以智者见智，仁者见仁，共商亚太发展大计，共谋亚太合作愿景。

现在我提议，大家共同举杯，为亚太地区繁荣进步，为亚太经合组织蓬勃发展，为这次领导人非正式会议圆满成功，为各位嘉宾和家人的健康干杯！干杯！

（资料来源：2014年11月11日 06：52：05 央视新闻，格式有微调）

【范例二】

欢送词

尊敬的威尔逊总裁：

女士们、先生们：

一个星期以前，我们也是在这里欢聚一堂，热烈欢迎以威尔逊总裁为团长的M公司投资考察团来我公司进行合作考察。明天，威尔逊总裁以及M公司投资考察团成员就要离开上海，返回洛杉矶。今天，我们又与M公司投资考察团全体成员欢聚在一起，为他们设宴饯行，既感到非常高兴，又非常难舍。

在过去的一周中，考察团成员对我公司经营状况进行了认真细致的考察。团员们行程紧张，马不停蹄，在短短的六天内参观考察了我公司的三个下属工厂，召开座谈会十余次，座谈参加人员达到40余人，与我公司的五家供应商和三家销售代理商进行了密切接触。考察总体结果令人满意。M公司投资考察团的工作作风和敬业精神令我们深为感动、敬佩。

在M公司投资考察团离别之际，我们真诚希望在不久的将来能够与M公司建立平等合作关系，互补短长，共同开拓中国市场。借此机会，我代表我公司全体员工向威尔逊总裁，考察团全体成员致以亲切问候和崇高敬意的同时，表达我公司全体员工期盼与M公司合作之迫切心情。

最后，让我们举起酒杯，祝愿你们归国旅程一帆风顺，身体健康！

××××年3月18日晚

【范例三】

××总经理在集团公司成立20周年宴会上的祝酒词

女士们、先生们：

各位朋友们：

在××××年的这个夏天，我们迎来了我们集团公司成立20周年的喜庆日子。我谨代表××集团公司全体员工向各位嘉宾、各位同仁致以最诚挚的感谢，最热烈的欢迎！

20年来，我们集团公司在艰苦创业的前进道路上经历过许多艰难和挫折，承蒙有关政府部门、金融机构、科研单位，以及许多兄弟企业给予我们充分的信任和无私的支持与帮助，使我们集团公司由初创伊始的中小型企业逐步发展到今天这样宏大的规模。

饮水当思源，知恩应图报。我们谨向帮助过我们的所有单位的领导和同仁表示最衷心的感谢。今后，我们将一如既往，脚踏实地，勤勤恳恳，在21世纪同兄弟企业携手同进，为祖国经济建设作出我们应有的贡献。

最后，我提议：

为在座各位嘉宾的健康，

为了我们事业的兴旺发达，

为了我们更加愉快的进一步合作，

干杯！

【范例四】

答 谢 词

尊敬的××总经理先生，尊敬的××集团公司的朋友们：

首先，请允许我代表××新世纪公司代表团全体成员对××总经理及××集团公司对我们的盛情接待表示衷心的感谢！

我们××新世纪公司一行五人初次来贵地访问，此次来访时间虽短，但收获颇大。五天时间，我们对贵地的微电子产业有了比较全面的了解，并与贵公司签署了技术合作协议。这一切成果，都得益于主人的真诚合作和大力支持。对此，我们表示衷心的感谢。

微电子信息业是新兴的产业，蒸蒸日上，有着广阔的发展前景。贵公司拥有一支由信息技术和电子商务专家组成的精良队伍，技术力量雄厚，市场经验丰富。我们有幸与贵公司建立友好的技术合作关系，为我公司微电子产业的发展提供了新的契机，必将推动我公司微电子产业的市场拓展迈上一个新台阶。

最后我代表新世纪公司再次向××总经理、××集团公司表示感谢，并祝贵公司在××总经理带领下迅猛发展，再创辉煌。更希望我们彼此合作愉快，携手共进。

最后，我提议：

为我们之间正式建立友好合作关系，为今后我们之间的密切合作，

干杯！

第六节　声　明

声明是机关团体、企事业单位等社会组织或公民个人对某一事项或问题公开表明自己立场、态度或决定的一种公关性文书。

一、声明主要类型

声明根据其使用范围，可以分为政务性声明、事务性声明和公关性声明；根据内容可以分为维权声明和遗失作废声明两种。

1. 维权声明

维权声明是当自己的合法权益遭受侵害，为维护自己的合法权益，制止侵权方侵权行为而告知公众的一类文书。遗失作废声明则是指自己遗失了支票、证件、发票等重要凭据或文件，为防止假冒而发布作废信息的一类文书。

2. 公关性声明

公关宣传文书具有及时性、有效性的特点。企业在遇到信誉危机时，经常以此文书作为化解危机的重要公关手段。在媒体以声明形式来解释问题，说明情况，或者表明企业的立场和观点，或者就不当行为致歉等。这种声明可以看作是企业的一种公关宣传文书。

二、声明的构成要素及其内容

1. 标题

声明的标题一般可以直接以文种"声明"为标题，也可以在文种前加一些修饰词，如"紧急声明""郑重声明"等；标题也可以由问题和文种组成或由发文单位和文种组成，如"遗失声明""北京电视台声明"；最完整的标题由"声明单位＋问题＋文种"组成，如"××公司道歉声明"。

2. 正文

声明的正文内容，一般应首先简要交代时间或问题的事实情况，然后就此表明自己的立场、观点、态度和主张，最后提出将要采取的方法、措施等。

如果正文某一部分内容较多，可以分条列项陈述。

3. 结语

声明可以"特此声明"作为结语，有时也可以省略结语不写。

4. 落款

在正文的右下方书写声明单位名称或个人姓名及注明日期。声明发布者为正式机构组织时一般应加盖公章。

三、声明撰写注意事项

(1) 声明标题一定要简洁、醒目。

(2) 声明内容要确凿,有依有据。

(3) 维权声明要态度鲜明,是非分明,措辞严厉;其他声明用语要客观中性,事项要交代清楚。

(4) 公关声明一定要用词严谨,表达语气和缓,分寸掌握恰到好处。

四、声明参考范例

【范例一】

遗失声明

我公司近日不慎遗失农业银行 ×× 支行空白转账支票一本,号码为:××××001 至 ××××100,共计 100 张,印有我公司财务专用章。我公司业已向银行申请该本支票作废。

特此声明。

×××× 公司

×××× 年 × 月 × 日

【范例二】

严正声明

最近,在市场上流通一册假冒我社名义出版的名为《×××秘史》的图书,该图书内容粗俗不堪,印制质量低劣。这种违法盗版行为严重损害了我社的声誉和经济利益,同时扰乱了市场经济秩序,也给广大读者带来很大的物质和精神损失。

为此,本社严正声明:

(1)《×××秘史》(统一书号:ISBN7-100-××××-×)系盗用我社书号的非法出版物,广大消费者切勿上当。

(2) 非法印制者应立即停止非法印制活动,销毁已印制图书。

（3）各销售单位应立即停止销售该图书，并积极向执法机关提供非法供货商线索。

（4）本社保留按照国家相关法规追究非法印制和发行单位相关法律责任的权利。

执法举报电话：×××××××××

××××大学出版社有限责任公司

××××年×月×日

【范例三】

声　明

中国百胜高度重视关于上海福喜食品有限公司的相关媒体报道，已经要求旗下肯德基、必胜客餐厅即刻封存并停用由上海福喜公司提供的所有肉类食品原料。

百胜视食品安全为第一要务，绝不姑息供应商的任何违法违规行为。百胜已经即刻展开对上海福喜公司的调查，并将积极配合相关政府部门的工作。

停用上海福喜供应的肉类食品原料，将涉及肯德基部分餐厅的两款早餐产品：芝士猪柳蛋堡和香嫩烤肉堡。这两款产品会出现短期断货情况。而必胜客的岩烤德克萨斯风味牛肉也会出现临时断货情况。我们已经紧急调配其他供应商资源，尽快恢复供应。在此期间给消费者造成的不便，我们深表歉意。

中国百胜集团公司

2014 年 7 月 20 日

（事件背景：2014年7月，新华社中国网事发布微博称，有记者卧底麦当劳、肯德基供应商，发现上海福喜公司作为麦当劳、肯德基等公司的供应商，将过期8个月的、颜色发青的臭肉重新切片装进新包装，将"保质期"延长了1年。每天会有专人制作两套报表，以掩盖真实的生产日期。该事件一经报道，引起消费者群起声讨。中国百胜第一时间发布公关性声明，以求最大程度降低事件对企业的负面影响。）

第七节　聘　书

聘书，又称"聘请书"，一般是单位组织聘请某些有专业特长、名望或具有业界权威地位的人员参加某种活动或担任某种职务的凭证性文书。

一、聘书适用范围

一般来讲，聘书适用于院校科研单位、工商企业等组织在需要某方面有特长或有专业技能的人才时，向外部发出人才聘用的证书。

此外，社会团体或某些重要的活动为了达到提高自身的知名度和影响力等目的，也常常聘请一些有名望、社会地位的人士加盟或参与，以期更好地开展活动。如聘请名人做顾问，当指导、评委等。

二、聘书的构成要素及其内容

1. 标题

在正中写上"聘书"或"证书"等字样，也可以不写标题。

2. 抬头

聘请书上被聘者的姓名称呼可以在开头顶格写，然后再加冒号；也可以在正文中写明受聘人的姓名称呼。常见的印制好的聘书则大都在第一行空两格写"兹聘请 ×× 为……"。

3. 正文

正文一般要求包括以下一些内容。

(1) 聘请的原因和工作内容以及所要担任的职务等。

(2) 写明聘任期限。如"聘期两年""聘期自 ×××× 年 × 月 × 日至 ×××× 年 × 月 × 日"。

(3) 聘任待遇。聘任待遇要视情况而定，可直接写在聘书之上，也可另行约定。

(4) 正文还可以写对被聘者的要求和职责，但这个内容一般不写在聘书上。

4. 结语

聘书结尾一般写上表示敬意和祝颂的结束用语，如"此致敬礼""此聘"等，但结语要求必须正规。

5. 落款

落款要署上聘请单位名称或单位领导的姓名、职务，并署上发文日期，同时要加盖公章。

三、聘书撰写注意事项

(1) 聘书内容要明确、全面，对有关聘任的内容要交代清楚。

(2) 如果需要手写，最好延请具有较高书法水准的人员书写，聘书的字体要整洁、大方、美观。

(3) 聘书语言应使用规范书面语言，要简洁明了、准确严谨。

(4) 聘书语气应该郑重严肃，态度应该诚恳谦虚。

(5) 聘书是以单位名义发出的，所以必须加盖公章，方可视为有效。

四、聘书参考范例

【范例】

聘　　书

兹聘请×××同志为北京××××集团公司研发部首席顾问，聘期自××××年×月×日至××××年×月×日，聘期内享受集团公司首席专家全额工资待遇。

××××集团公司(章)

××××年×月×日

第八节　请　　柬

请柬，又称为请帖、柬帖，是为了邀请客人参加某项活动而发出的礼仪性书信。发请柬是为了表示对客人的尊敬，也表明邀请者的郑重态度，所以请柬在款式和装帧设计上应美观、大方、精致，使被邀请者体会到主人的热情与诚意，感受到喜悦和亲切。

一、请柬主要类型

现在通行的请柬形式有双柬帖与单柬帖两种。

1. 双柬帖

双柬帖即双帖，将一张纸折成两等分，对折后成长方形。

2. 单柬帖

单柬帖即单帖，用一张长方形纸做成。

无论双帖、单帖，帖文的书写或排版款式均有横排、竖排两种。

二、请柬的构成及其内容

1. 标题

双柬帖，一般封面已印有或写明"请柬"两字。单柬帖要在请柬纸顶部中间位置写明"请柬"两字。

2. 抬头

顶格书写被邀请单位名称或个人姓名，其后加冒号。个人姓名后要注明职务或职称，如"×××总裁先生""××女士"。

3. 正文

正文在称谓后另起一行，前空两格。要写明活动名称和内容，如开座谈会、联欢晚会、生日派对、国庆宴会、婚礼、寿诞等；同时要写明时间、地点、方式等。

若有其他要求也需注明，如"请准备发言""请准备祝词"等。

4. 结语

结尾一般以"（敬请）光临""此致敬礼"等作为结语。

5. 落款

署上邀请者（单位名称或个人姓名）和发柬日期。

三、请柬撰写注意事项

(1) 请柬用词要谦恭，要充分表现出邀请者的热忱与诚意。

(2) 语言要精练、准确，凡涉及时间、地点、人名等一些关键性词语，一定要核准、查实。

(3) 语言要得体、庄重，使人充分重视。

(4) 在文字书写、纸质、款式和装帧设计上，要注意艺术性，做到美观、大方。

第九节　讣告、唁函、悼词

工作中既有节日、典礼等喜庆之事，也会有事故伤亡、人员病逝等悲痛之事。对于人员离世的慰问或悲情表达，主要有讣告、唁函、悼词等文种。

一、讣告

（一）讣告简介

讣告是报丧的通知或文告，也叫讣文，一般由死者生前的工作单位或亲属等向有关单位、人员和死者亲友发出。

（二）讣告构成要素及内容

讣告主要由标题、正文、结语和落款等几部分组成。

1. 标题

第一行正中用较大字体写"讣告"两个字；或在讣告前面加上死者的姓名，写成"×××讣告"。

2. 正文

正文部分应首先写明死者的姓名、身份、职务，去世的原因、日期、地点及终年岁数等基本信息。如有必要，可另起一行，简要介绍死者的生平事迹。

3. 结语

写明举行追悼会或向遗体告别的时间、地点和其他要求等。

4. 落款

在讣告的右下方，写明发讣告的单位或个人的名称以及发布讣告的时间。

二、唁函

（一）唁函简介

唁函一般是对别国的政府首脑或著名人物的逝世表示哀悼、对其亲属表示慰问的信件。在企业中适用于本企业或企业主要领导者对合作企业领导人离世表达哀悼的礼节性文书。

（二）唁函构成要素及内容

唁函主要由标题、称谓、正文和落款等几部分组成。

1. 标题

标题可以直接以唁电、唁函为标题，也可以包括发函人、悼唁对象和文种。如"对××总裁不幸罹难致××企业集团公司唁电"。

2. 称谓

写遇丧者的亲属或继任者的姓名、职务等。

3. 正文

首先对逝世者表示哀悼，向家人表示慰问。其次，对逝世者的生平和社会价值表示肯定。最后，表达哀痛之情和勉励话语。

4. 落款

发函者署名，写明时间。

三、悼词

（一）悼词简介

悼词是对死者表示追悼、寄托哀思的一种专用文体。

（二）悼词构成要素及内容

1. 标题

悼词标题主要有两种写法：一是在第一行居中用较大字体直接写"悼词"二字；二是

活动仪式加文种，如"在×××同志骨灰安放仪式上的悼词"。

2.正文

悼词正文首先应写明所悼念死者的姓名、职务、职称、逝世原因、终年岁数。其次追述死者生前的主要经历和对国家、对人民或供职组织所作的贡献，并给予恰当的评价。最后勉励生者化悲痛为力量，学习死者的优秀品质。

3.结语

一般以"×××同志永垂不朽！"或"×××同志千古"为结束语。

4.署名和日期

写明发布悼词的单位名称或个人姓名以及悼词发布时间。

四、讣告、唁函、悼词参考范例

【范例一】

讣　告

我集团公司原总工程师×××同志因患肝癌，医治无效，不幸于20××年×月×日晚上8时39分病逝于北京××医院，享年86岁。

兹定于×月×日下午2时在八宝山公墓×号殡仪室举行遗体告别仪式。

谨此讣告。

××集团公司离退休干部处

××××年×月×日

【范例二】

法国总统希拉克吊唁钱钟书先生唁函

杨女士：

惊悉钱钟书先生的辞世，我感到十分沉痛。

在钱钟书先生的身上体现了中华民族最美好的品质：聪明、优雅、善良、开放和谦虚。

法国人民深知这位20世纪文豪对法国所作出的贡献。自30年代钱钟书先生就读于巴黎大学始，他就一直为法国文化带来荣誉并让读者分享他对于法国作家和哲学家的热爱。他极高的才情吸引了他的全部读者。正如您所知，钱先生作品的法文译本，无论是那些短篇小说、长篇巨著《围城》，还是其评论和研究作品都被我国广大的读者视为名著，受到他们的欢迎。

我向这位伟人鞠躬致意，他将以他的自由创作、审慎思想和全球意识被铭刻于文化历史中，并成为对未来绵绵不绝的灵感源泉。

杨女士，我希望在这一不幸中分担您的痛苦，请您接受法国人民和我个人的深切哀悼之情。

雅克·希拉克

1998 年 12 月 24 日于巴黎

【范例三】

在×××同志骨灰安放仪式上的悼词

我公司首席经济学家×××同志因病医治无效，于20××年12月19日逝世，享年75岁。

×××同志生于19××年3月，19××年9月至19××年8月在××××科技大学就读；19××年8月至19××年7月，大学毕业后在××××发展研究中心就职，从此开始了长达三十五年的科研生涯。

19××年12月，×××同志调入我公司担任首席经济学家。×××同志来公司后，随即会同其他同事一起，同甘共苦，全身心地投入到公司建设和未来发展研究工作之中。×××同志热爱党的科研事业，工作期间，他爱岗敬业，胸怀坦荡，明辨是非，勤勤恳恳，焚膏油以继晷，恒兀兀以穷年。始终保持着一丝不苟、精益求精的工作作风。他以企业为家，关心集体；培养年轻人，诲人不倦。他长期肩负着繁重的工作任务，勤奋探索，任劳任怨，博闻广识，目光敏锐，并以其丰富的学术经验，灵活的治学方式，形成了自己富有特色的研究体系，培养了一批又一批优秀学生，赢得了学生和同事们的尊敬。加入我公司16年来，×××同志研究硕果累累，为我公司的建设和发展作出了巨大贡献。

×××同志为学严谨，为人谦虚克己、廉洁自律，体现出对党、对人民、对事业高度负责和无私奉献的精神。×××同志虽然与世长辞了，但他的精神将长驻我们心中。

×××同志千古！

×××公司治丧委员会

××××年×月×日

第九章
企业日常规章制度写作与范例

　　企业日常规章制度是指企业日常管理工作中发布并执行的具有法定效力的政策文件、规章、规范、规则、程序等所有制度性文件的总和。

企业日常规章制度主要包括两大类：企业行政综合管理制度与企业专业性制度。

1. 企业行政综合管理制度

企业行政综合管理制度是解决企业例常性事务的基本制度，具有行政约束力。如企业章程、考勤管理制度、档案管理制度、办公用品与设备使用管理制度、会议管理制度、安全管理制度、卫生清洁制度、员工薪酬管理制度、公司员工日常行为规范、财务管理制度、公司公务差旅管理制度等。

2. 企业专业性制度

专业性制度是指专业部门和人员需要遵守和执行的具有一定专业性质的管理制度。专业性制度适用范围一般会限定在某些专业部门内。如企业新产品开发管理制度、专用设备操作规范、公司产品质量检测管理办法等。

第一节　会议管理制度

会议管理制度是企业对各种工作会议进行统筹安排，保证会议较高效率和良好效果，并且有效控制会议成本的制度性规定。

一、会议管理制度基本内容构成

一般单位，每年有大量例常性各种类型会议，这些会议的时间、地点、内容等与以往的会议大致相同。这些会议，单位较早就可以大致确定，因为其确定性也就使其安排有了一定优先性。另外一些临时性会议就可灵活安排。

1. 会议时间与地点安排

会议时间与地点安排是会议制度的一个重要内容。因为企业对不同会议安排在时间和地点上应该本着统筹规划、分清主次、合理安排的原则。以制度形式对会议安排问题加以规定，既可以提高效率，又可以避免部门间因会议冲突而产生矛盾。

2. 会议日程与议题

一些重要会议，往往需要较长的会议筹备期。需要相关筹备部门制订详尽的会议预案，对会议日程和主要议题等预先制订计划，然后报请有关领导批准。一些会议的程序和议题是法定的，不能轻易更改，如"职工代表大会"等。

3. 规模控制与成本预算

任何会议都需要进行规模控制，以确保所有有必要参加会议的人员能够参加，杜绝过多非必要人员参加会议。会议规模是会议费用产生的一个重要影响因素，任何会议都应该追求低成本、高效率的目标。

4. 会议事务安排

制度中关于会议接待、接送、食宿、会间服务等会议事务的规定。

二、会议管理制度拟写注意事项

(1) 会议管理制度从形式到内容因企业不同差异较大。

(2) 会议管理制度一般由综合行政部门制订，但文件起草者应广泛征求各部门意见，调研各部门实际会议情况，以便能够制订出切实可行的会议管理制度。

(3) 语言表达要规范、严谨，以免产生制度漏洞。

三、会议管理制度参考范例

【范例】

××××公司会议管理制度

为进一步规范公司会议管理，协调好各级各类会议安排，有效控制会议成本，保证会议效果，特制订本制度。

一、公司各类各级会议

(一) 公司级例行会议

1. 生产例会

时间：每月 5 日上午 9:30 召开，每月一次。

主持：生产部负责人。

地点：第四会议室。

会议议题：①汇报上月生产情况；②布置本月生产计划与任务；③其他生产事项。

参加人员：公司领导；生产部负责人、生产部各车间负责人；销售部主管、技术部主管、质监部主管、采购部主管及工程部、行政部、仓库等部门负责人以及其他相关人员。

2. 销售会议

时间：每月 30 日下午 3:00 召开，每月一次。

地点：第三会议室。

主持：销售部经理。

会议议题：①总结公司当月销售工作情况与问题；②对下一月度销售工作进行预测；③分析竞争对手销售状况及其对策；④其他销售事项。

参加人员：总经理、副总经理、销售部负责人、生产部负责人、技术部负责人、广告部负责人、品质部负责人、财务部负责人以及其他相关人员。

3. 质量与客户服务例会

时间：每周六下午 4:00。

地点：第二会议室。

主持：品质部经理/客户服务部经理。

会议议题：①回顾与总结本周产品质量状况；②汇报客户投诉及客户退货情况；③汇总影响质量的因素，检讨改善的手段与方法；④提出下周工作质量目标及完成目标的管理措施；⑤其他产品质量与客户服务问题研究。

参加人员：品质部、客户服务部全体员工。

4. 总经理办公会议

时间：一般每月一次，特定情况随机进行。

主持：总经理。

地点：第一会议室。

会议内容：①各部门报告本部门近期工作情况；②对照上次会议安排，逐条逐项检查落实完成情况；③安排和部署下步公司整体工作；④需要公司协调解决的问题；⑤其他突发性问题。

参加人员：总经理，生产部、品质部、销售部、技术部、财务部、采购部、人事行政部、工程部等各部门第一负责人。

5. 季度总结会议

……

6. 年度总结会议

……

(二) 公司级临时性会议

1. 重大安全事故处理会议

……

2. 各类迎接上级检查会议

……

(三) 部门会议

1. 部门例会

各部门每周须定期召开由部门负责人主持召开的专题会议，传达公司会议精神、讲评部门工作要点、落实各项管理措施。各部门要制订例会计划，主要包括会议时间、地点、议题、参加人员等内容，每季度末上报公司行政部。

2. 部门临时会议

上级布置或本部门决定召开的处理研究随机问题的会议。

二、会议要求

(1) 做好会议记录。公司会议记录要做到专人记录和管理，会议记录人应按照会议主持人的要求形成会议纪要，以使大家共同遵照执行。部门专题会议也要指定专门人员做好会议记录。会议记录应定期归档。

（2）保证会议质量。各级各类会议力求务实、高效，用数据说话，防止和杜绝空洞无物的泛泛而论。可开可不开的会议坚决不开。

（3）严格会议纪律。会议管理是保证会议质量的一项重要举措。与会人员应认真准备、准时参会。与会人员一般不得缺席或指定他人代表，确因个人紧急事务需要请假的，须向人事行政部或部门负责人事先请假，同时指定专人代为履行职责。公司会议由人事行政部进行考勤，部门会议由各部门自行考勤。

（4）……

……

三、会议准备

……

四、会议费用管理

……

五、附则

（1）公司将会议工作成绩和考勤情况纳入员工业绩考核范围之内，也是员工年度评优的重要依据之一。

（2）本制度解释权归于公司人事行政部。

（3）本制度自 ××××年1月1日起执行。

第二节　考勤管理制度

考勤管理制度是企业保持正常生产、办公等运营秩序的最基本的管理制度之一。考勤管理制度的根本目的是约束员工在正常工作时间处于在岗履职状态，保证刚性的工作时间要求。

一、考勤管理制度基本内容构成

1. 总则
总则的内容主要交代制订本制度的依据、目的和意义等。

2. 作息时间制度
作息时间制度主要规定企业正常的周工作时间、日工作时间以及季节工作时间。

3. 节假日制度
节假日制度具体规定了员工节假日如何休息。企业一般应按照国家法定节假日规定执行，如有变通及其补偿情况应该在制度中详细加以说明。

4. 考勤办法

考勤办法是该制度的主要内容。考勤办法主要是明确考勤范围、考勤种类设置及其标识符号、考勤具体记录方法等方面内容的规定。

5. 请假制度

请假制度也是考勤管理的一项重要内容。请假制度主要规定请假的条件、程序、批准人以及假期待遇等内容。

6. 加班制度

加班制度主要是预先规定需要加班的条件、要求以及加班的补偿待遇等内容。

7. 奖惩制度

这是考勤管理制度中不可缺少的内容，也是考勤制度贯彻执行的必要保证。奖惩制度的内容主要包括两方面：对于在考勤中表现良好人员和表现不佳人员分别给予一定奖励与惩处。

8. 附则

附则的主要内容应该包括对制度的补充解释，制度的执行时间、执行部门等。

二、考勤管理制度拟写注意事项

(1) 管理制度都是组织意志的集中体现，具有普遍约束力。因此，拟写管理制度的态度要严肃认真，语言表述要郑重、正式，避免口语化，以免降低制度的权威性。

(2) 考勤制度是一个非常具体的执行性管理制度，内容一定要切实可行，否则就会使制度形同虚设，不能执行。

(3) 符合国家相关法律法规规定应该是制度制订的最基本前提，如加班待遇问题，法定节假日的安排问题等。

(4) 制度的内容要符合企业的实际情况。

(5) 制度设计要合理、周到，既不能引起多数人不满或抵制，更不能出现漏洞。

三、考勤管理制度参考范例

【范例】

××××公司考勤管理制度

第一章 总 则

第一条 为加强考勤管理，维护工作秩序，提高工作效率，特制订本制度。

第二条 为使本制度切实有效地贯彻执行，各部门的考勤结果纳入公司员工年度业绩考评范围，与奖金效益挂钩。

第二章 公司作息制度

第三条 公司工作日时间为：

8:30 ～ 11:30，13:30 ～ 17:30(夏季)。

9:00 ～ 12:00，13:00 ～ 17:00(冬季)。

公司实行每周 5 天标准工作日制度，遵照国家双休日及法定节假日制度安排执行。特定情况，可以根据工作需要临时调整。

第四条 休息日与节假日：

1. 每周星期六、星期天，公休 2 日。

2. 国家法定节假日休息：

(1) 元旦，放假 1 日。

(2) 春节，放假 1 周。

(3) 清明节，放假 1 日。

(4) 五一国际劳动节，放假 1 日。

(5) 端午节，放假 1 日。

(6) 中秋节，放假 1 日。

(7) 十一国庆节，放假 1 周。

(8) 法律、法规规定的其他节假日，如妇女节、青年节，探亲假、生育假等，按照国家规定执行。

第三章 考勤办法

第五条 公司除总经理、副总经理和二级部门正副部长等高级职员外，所有员工均在考勤之列。

第六条 公司研发部门实行项目责任制，工作时间可弹性掌握，该部门考勤由研发部自行掌握；特殊情况，员工不参与考勤，须事先由本部门上报人力资源部备案。

第七条 公司采用考勤机打卡制度。任何员工不得委托或代理他人打卡或签到。

第八条 员工忘记打卡或签到时，须提交书面说明，经部门经理签字，留存考勤部门。

第九条 考勤类型及符号设置。

(1) 迟到。比预定上班时间晚到 2 小时内，记为 (△)。

(2) 早退。比预定下班时间早走 2 小时内，记为 (○)。

(3) 旷工。无故缺勤 2 ～ 4 小时，记旷工半天；超过 4 小时记旷工一天，记为 (×)。

(4) 事假。因个人私事请假，记为 (□)。

(5) 病假。因生病请假，记为 (⊙)。

(6) 外地出差，记为 (Φ)。

(7) 本地外勤、调休视同出勤，记为 (√)。

第十条 员工申请事假三日以内，须事先申请，经部门经理批准；三日以上事假在部门经理同意后须经部长签批；病假员工需提供正规医疗机构的正式病假条。

第十一条 考勤执行工作以及考勤结果统计分析等管理工作由人力资源部考核处负责，定期向各部门公布。

第四章 奖惩制度

第十二条 公司通过扣分法与现金处罚的方式评价每个员工的出勤情况。考勤具体奖惩办法如下。

1. 迟到。迟到1次扣绩效分2分，扣除当月效益工资10元。当月迟到超过3次，部门内通报批评。当月迟到超过5次，公司范围内通报批评。

2. 早退。早退1次扣绩效分2分，扣除当月效益工资10元。当月早退超过3次，部门内通报批评。当月早退超过5次，公司范围内通报批评。

3. 旷工。旷工1天扣绩效分20分，扣除当月效益工资200元。当月旷工超过2次，公司范围内通报批评。

4. 请假超期。请假超期一天扣绩效分10分，扣除当月效益工资100元。

第十三条 以100分为考勤基数分，考勤绩效分为五级。

优：100分；良好：90～99分；一般：80～89分；

中：60～79分；差：60分以下。

第十四条 考勤绩效分作为公司员工年度评优的依据之一。具体内容参见人力资源部的年度考核办法。

第五章 附则

第十五条 本制度由公司总经办会同人力资源部制订，经公司办公会议批准，自××××年7月1日起施行。

第十六条 本制度解释权归公司人力资源部。

第三节 公司印章管理制度

公司印章管理制度是企业为保证印鉴妥善保管、恰当使用，以保证公司行政权力有效运行的公司制度。

一般而言，公司层面的印章保存在行政综合部门，有关财务印鉴、领导人名章保存在财务部门，公司合同章一般保存在法务部门。

一、公司印章管理制度基本内容构成

1. 总则

主要介绍本制度制订的目的、印章管理基本原则、本公司印章管理的范围等。

2. 人员分工与职责

明确印章保管人员、使用人员和审批人员的责任与权力，纳入各个人员岗位职责。

3. 印章保管

印章保管主要包括印章保存、印章交接、授权代管等方面内容的规定。

4. 印章使用

印章使用主要包括印章使用范围、使用审批程序、印章使用方法、使用登记等内容。

5. 附则

附则主要包括制度的解释权归属、违反本制度责任追究和罚则以及制度生效时间等内容。

二、公司印章管理制度拟写注意事项

(1) 明确保管人、审批者、使用人的不同责任，流程清楚、合理。

(2) 制度规定事项要全面、具体，具有可操作性，无管理漏洞。

(3) 要根据企业规模和部门设置的实际情况设计制度内容，因企制宜。

三、公司印章管理制度参考范例

【范例】

××公司印章管理制度

(一) 总则

第一条　目的

公司印章是公司权力的象征，代表着公司信用。为保证公司公章使用的合法性、严肃性，杜绝违法违纪行为，维护公司利益，特制订本管理制度。

第二条　适用范围

本制度中所指的印章是指公司印章、法人代表印章、合同专用章、财务专用章、发票专用章等代表公司层面具有法律效力的印章。

本制度适用于总公司及其子公司。

第三条　印章管理基本原则

公司印章实行保管、审批和使用分离基本原则，纳入不同工作人员岗位职责。

(二) 印章的刻制和启用

第四条　印章的刻制

(1) 公司印章的刻制均须报请公司主要负责人批准，由公司行政人资部或子公司综合办开具介绍信，到公安机关相关部门依法办理刻制手续。

(2) 印章的形体和规格，严格按国家有关规定执行。

第五条 印章的启用

(1) 新印章启用前要做好戳记，并留样保存，以便备查。

(2) 印章启用应报公司主要负责人批准，并下发启用通知，通知中要有印章戳记，注明启用日期、发放单位和使用范围等。

（三）印章的保管、交接和停用

第六条 印章的保管

(1) 公司公章由公司主要负责人指定总裁办专人保管；合同专用公章由公司法务部门负责人指定专人保管；财务专用章、法人代表人私章、发票专用章由财务部门指定两人分别保管。

(2) 各部门印章由各部门指定专人专柜保管。各印章保管人员名单须报公司行政人资部或子公司综合办备案。

(3) 印章保管须有记录，注明公章名称、颁发部门、枚数、收到日期、启用日期、领取人、保管人、批准人、图样等信息。

(4) 严禁员工私自将公司印章带出公司使用。若因工作需要，确需将印章带出使用的，由用印人填写《印鉴使用签批单》，征得其部门主管同意，并经公司主要负责人批准，由印章保管人陪同前往办理。如确因印章保管人不便陪同的，由借用人填写借据，经公司主要负责人批准，方可带离公司。印章外出期间，借用人只可将印章用于申请事由，并对印章的使用后果承担一切责任。

(5) 印章保管人因事离岗时，须由部门主管指定人员暂时代管，以免贻误工作。

(6) 印章保管必须安全可靠，加锁保存，不可私自委托他人代管。

(7) 印章保管发现有异常现象或遗失，应保护现场，立即汇报，配合查处。

第七条 印章移交须办理手续，签署移交证明，注明移交人、接收人、监交人、移交时间、图样等信息。

第八条 出现下列情况，公司相关印章须停用：

(1) 公司名称、领导人变动。

(2) 印章使用损坏。

(3) 印章遗失或被窃，声明作废。

(4) 政府主管部门要求更换印章等。

第九条 印章停用时须经公司主要负责人批准，及时将停用印章送公司行政人资部或子公司综合办封存或销毁，建立印章上交、存档、销毁的登记档案。

（四）印章的使用

第十条 公司印章使用范围：

(1) 凡属以公司名义对外发文、开具介绍信、报送报表等一律加盖公司公章。

(2) 凡属部门业务范围内的内部文件加盖部门章。

(3) 凡属对外合同类的文件加盖公司用合同专用章。

(4) 凡属财务会计业务的文件加盖财务专用章。

第十一条　公司印章审批与使用：

(1) 公司业务合同、项目协议、授权书、承诺书等用印都须先经部门主管审核、公司分管领导批准，填写《印鉴使用审批单》后方可用印，同时需将用印文件的复印件交印章保管部门备案。

(2) 印章使用必须建立用章登记制度，严格审批手续，不符合规定的和不经主管领导签发的文件、合同等，印章管理人有权拒印。

(3) 印章保管员应将《印章使用审批单》保存好，每年年底交相关行政部门汇总存档。

(4) 严禁在空白合同、协议、证明及介绍信上用印。因工作特殊确需用印时，须经公司领导签字同意方可；待工作结束后，必须及时向公司签字用印的领导汇报用印空白文件的使用情况，未使用的必须立即收回作废，已使用的合同协议类文件须报印章管理部门备案。

(五) 附则

第十二条　违纪处理。违反以上规定者，公司将追究相关人员的责任，若给公司造成经济损失或不良社会影响者，公司将追究其法律责任。

第十三条　本制度由公司行政综合部负责制定、修订与解释。

第十四条　本制度由总经理办公会通过，自×××年×月×日起执行。

附件1：

印章保管人员交接单

交接印章名称		印章留样
印章保管部门		
印章性质		
交接说明	1.本人将管理印章期间的全部用印档案资料连同印章一并移交新印章保管人。 2.在此之前产生的与印章使用相关的责任归于前任保管人员。 3.本印章自　年　月　日起，其保管责任和用印责任均由印章接收人负责	
印章移交人签字		日期　　　年　月　日
印章接收人签字		日期　　　年　月　日
部门负责人签字		日期　　　年　月　日
备注		

附件2：

印章使用申请单

申请人姓名		用章部门		盖章时间	
用章类别		印章名称			
文件名称与编号					
申请理由					
经办人		部门主管 意 见		批准人签字 日 期	

附件3：

印章使用登记表

序号	时间	申请部门	文件名称及发文号	印章类别	用章次数	批准部门与批准人	经办人签字	印章管理人签字	备注

第四节 办公设备用品管理制度

办公用品与设备使用管理制度是企业日常办公工作最基本的管理制度之一。该制度的根本目的在于约束与规范员工使用企业办公用品和设备的行为，保证企业的资源得以充分利用，设备得以保护和正常使用，杜绝浪费现象。

一、办公设备用品管理制度基本内容构成

1.总则
总则的内容，主要说明制订本制度的依据、目的和意义等。

2.办公用品及耗材使用规定
这部分内容主要包括：企业日常办公用品、耗材的使用申请、采购审批、采购、分发、保管以及使用情况监督等内容。

3.办公设备使用规定
关于办公设备使用规定主要包括电话机、传真机、复印机、空调机、电脑、互联网络等办公设备使用的内容。

4.办公家具使用规定
办公家具主要是办公桌椅，一般纳入单位固定资产管理范围，经常以台账形式进行管理。

5.交通工具使用规定
交通工具的管理是企业日常行政综合管理的重要内容，交通工具的管理主要是对机动车辆的使用与控制管理。因为交通工具的使用不仅涉及交通费用，还涉及交通安全问题，责任重大。

6.附则
制度附则的内容主要是说明规定的生效时间、监督管理部门等。有时附则的内容已在正文中交代，因此也不一定以单独部分出现。

二、办公设备用品管理制度拟写注意事项

(1) 管理制度规定内容要周到，不能遗漏内容，否则会造成制度缺陷。

(2) 该管理制度是一个组合式制度，涉及多项内容，企业应该视具体情况而决定形成一个综合性制度还是多个专门性制度。

(3) 该制度是一个非常具体的执行性管理制度，内容规定一定要符合企业的具体情况，可操作性强。制度规定的内容还要体现责权对称原则。

(4) 语言表达要规范，语气要郑重，以体现制度的权威性。

(5) 当企业规模较小时，办公用品与设备使用制度就相对简单，应该根据企业办公用品和设备的实际情况来决定制度的内容。

三、办公设备用品管理制度参考范例

【范例一】

×× 公司办公用品管理制度

为进一步有效规范公司办公用品的采购、使用与保管等各个环节，保证办公设备正常运转，节约成本，并明确相关人员责任分工，特制订本制度。

一、办公用品管理

(1) 本制度所指办公用品是指员工日常办公所使用的纸张、笔墨等一般文具，办公文印设备所需用的耗材 (包括光盘、磁盘、色带、墨盒等) 以及其他设备的配件等。

(2) 办公用品管理统一由公司行政综合部负责。每年年末行政综合部根据各部门办公用品需求计划和员工办公经费标准制定统一的办公用品购置预算，并报经主管领导批准。如遇特殊情况，经主管领导批准后可临时提出购置计划。

(3) 公司行政综合部根据购置计划和临时购置计划每季进行一次采购，各部门原则上不得自行采购。如有特殊情况，各部门确需自行采购办公用品，要事先提出书面申请，报请主管领导审批同意后，方准自行采购，但事后应到公司行政综合部办理入库、出库手续，然后到财务部门报销。

(4) 办公用品的购置、保管和发放由行政综合部实行专人负责、分开管理的原则。

(5) 领取办公用品，领用人要填写办公用品领用单，写明品名、数量和领用人姓名，由部门负责人签字后，方可领取，保管人员根据领用单进行台账登记。

(6) 已购置办公用品由专人保管，行政综合部落实保管责任到人，保持库房整洁、摆放有序。

(7) 全体员工要爱护办公用品，不浪费，损坏照价赔偿。

(8) 办公用品按规定手续购入后，由采购人员将所购物品、发票交财务部会计人员验收、签字，填写办公用品入库单，登记入账，然后由采购人员将所购物品和入库单交给本部门保管人员，保管员核实物账入库。

(9) 每年末，保管人员和发放人员共同盘库，并将盘库情况报公司行政综合部主管人员。

二、办公设备管理

(一) 复印机使用管理

(1) 为确保复印机的安全运转，复印机由专人保管使用，其他人员不得自行开机。

(2) 复印一般性资料要办理登记手续，详细填写复印资料名称、时间、份数等项目，经本部门主管批准签字后送行政综合部复印。

(3) 复印公司重要文件或机密文件资料，需填写机密文件复印申请单，详细填写复印时间、保密等级、份数和理由，经部门负责人签字同意后，报请公司主管领导签字批准。

(4) 任何人不得擅自复印私人资料。

（二）传真机、电话机使用管理

(1) 传真机主要用于公司公务电文、传真函件的发送与接收。

(2) 传真机一般一个办公室配备一部传真机，每部传真机指定专人保管使用。

(3) 以单位名义对外发送的传真文件，应该履行文件审批手续。部门文件由部门负责人签字批准；公司名义文件由公司主管领导签字批准。

(4) 任何人不得擅自利用公司传真机收发私人函件。

(5) 电话机是公司开展公务活动的重要通讯工具，严禁利用公司电话打私人电话。

（三）计算机与互联网管理

(1) 各办公室计算机及附属设备属于公司固定资产，任何个人不得将设备据为己有或挪作他用。

(2) 员工应该爱护计算机设备，使用设备前，严格按规范操作。

(3) 上班时间不准在电脑上玩游戏，播放娱乐性 VCD、DVD 和观看网上电影等与工作无关的内容。

(4) 电脑设备损坏应查明原因，分清责任，因违规操作所造成的设备损坏，由操作人员负责赔偿。

(5) 公司重要文件必须在电脑非系统运行磁盘上备份保存，复制文件应该办理审批手续。

(6) 定期给杀毒软件升级，定期查杀计算机病毒，所有软盘、光盘、优盘等即插性设备必须确保无病毒才能使用。

(7) 增强安全意识，注意防火防盗，下班时必须关好门窗、切断电源，盖好机套。

三、附则

(1) 本制度解释权归公司行政综合部。

(2) 本制度自 ×××× 年 9 月 1 日起执行。

【范例二】

×× 公司车辆管理制度

（一）总则

(1) 为加强车辆有效调度和使用，保证安全，最大限度地满足公司业务用车要求，促进公司经济效益的提高，特制订本制度。

(2) 本制度适用于本公司所有机动车辆和机动车辆司机。

（二）车辆使用管理

(1) 公司机动车辆各种证照的保管，车辆年审、车辆保险、养路费缴纳等事务办理统一由行政部负责。

(2) 公司机动车辆由行政部分别指派专人负责车辆保养、维修、检验、清洁工作等。

(3) 本公司人员因公用车须凭本部门负责人签批的用车单，事前向行政部经理申请调派；行政部依事项时间与重要性顺序派车。不按规定申请，不得派车。

(4) 车辆驾驶人必须具有相应车辆的驾照，方能驾驶相应车辆。

(5) 未经公司领导批准，任何人不得将公司车辆借给非本公司的任何人员使用。任何司机不得将机动车辆交予不具有相应车辆驾照人员驾驶。

(6) 非工作时间因工作之需用车须由行政部同意后安排专职司机接送。

(7) 公务派车，下班前须返回公司，并将车钥匙上缴车辆管理负责人统一保管。特殊情况，必须提前通知车辆管理负责人征得同意，并尽早返回。

（三）车辆费用管理

(1) 车辆维修、清洗、保养等应由车辆使用人填写"车辆维修申请单"，注明行驶里程，经行政部车辆管理负责人核准后方可送修。

(2) 机动车费用报销：公务车油料统一到行政部领用油票，外出购油及维修须经行政部经理批准后，凭发票实报实销。

(3) 所有车辆在本市内维修应到行政部指定特约修理厂维修，否则，所有费用一律不准报销。可自行修复的，报销购买材料、零件费用。

(4) 车辆在外地于行驶途中发生故障或其他耗损急需修复时，可视实际需要进行修理，但无迫切需要或修理费超过 2000 元时，应征得行政部经理的批准。

（四）车辆违规与事故处理

(1) 在无照驾驶、未经许可将车借予他人使用而违反交通规则或发生事故，由驾驶人员承担损失，并予以警告、罚款、记过、开除留用察看、开除等处分。

(2) 违反交通规则罚款由驾驶司机自行负担。

(3) 各种车辆在公务途中发生交通事故，应先急救伤员，同时向附近公安机关报案，并立即与行政部负责人联络，请求协助处理。

(4) 发生责任事故造成经济损失时，应按国家相关交通法规处理。如需向受害当事人赔偿经济损失的，在扣除保险金额后，其差额视具体责任处理。

（五）驾驶岗位责任

(1) 在行政部车辆管理负责人领导下，认真做好对公司领导和各业务部门的驾驶服务。

(2) 工作积极主动，服从领导工作分配，凭用车申请单出车，未经领导批准不得利用公车办私事。

(3) 司机有事应提前请假，不得无故迟到、缺勤、早退。

(4) 坚持安全原则，行车前要坚持检查机油、汽油、刹车油、冷却水是否备齐；轮胎气压、制动转向、喇叭、灯光是否完好；确保车辆处于安全、正常状态。

(5) 公司员工不得利用公车学习汽车驾驶，否则，一切后果及损失由车辆保管者负责赔偿。

(6) 如因驾驶员使用不当或车管专人疏于保养，致使车辆损坏或出现机械故障，其所需要的维护费，应依情节轻重，由公司与驾驶人或车管负责专人分担。

(7) 司机因故需离开车辆时，必须锁死车门；车中放有贵重物品或文件资料，司机又必须离开时，应将其放于后行李箱后加锁保管。

(8) 司机在出发前，应根据目的地，选择最佳的行车路线；收车后，应填写包括目的地、用车人、行车人、行车时间、行车距离等项目内容的行车记录，完成后上交行政部车辆管理负责人。

(9) 司机需保持良好的个人形象，保持仪表整洁。

(10) 司机应该每天对所负责机动车辆进行打扫、清洗，保证车内车身卫生整洁。

（六）附则

(1) 本制度由公司行政部制订并负责解释。

(2) 本制度自××××年1月1日起执行。

第五节　安全管理制度

安全管理制度是企业为保证生产经营管理活动安全运行、物资财产的安全，对部门和员工作出的安全要求与规定。

安全管理制度是任何企业必不可少的规章制度，其根本目的在于减少安全事故隐患，杜绝安全事故发生；同时对相关人员起到预先控制作用，进行安全意识教育，明晰安全责任。

一、安全管理制度基本内容构成

1. 安全组织设置

大中型企业单位，往往设有由分管安全工作的主要领导担任组长的安全工作领导小组，对企业安全保卫工作统一规划、统一领导。当遇有安全事故时，该组织全力及时处理。在各个部门也设有专门负责安全的分支组织或专门人员，直接对上级安全组织负责。

2. 安全教育

安全管理的主旨在于预防安全事故的发生，而非事后处理。因此，对全体员工的安全教育，提高全员的安全意识是防患于未然的重要措施。安全教育应该制度化，定期和不定期进行，以确保企业的安全运行。

3. 安全问题及其防范

一般企业单位的安全问题可能会有以下几类：生产安全操作问题、防火防爆问题、防盗防破坏问题、安全警卫问题、预防自然灾害问题等。

生产安全操作问题主要包括遵守生产安全操作规程，如有毒物品的取放、存储，安全用电，重要设备的安全操作程序等，以防发生财产和人身安全事故。防火防爆问题是企业安全工作的日常性工作内容，对一些易燃易爆产品、半成品、原材料要制订严格的安全管理措施。防盗防破坏安全问题也是企业重要的安全工作内容，在安全管理制度中应该加强对企业重要设备物资、高价值产品的安全防盗防破坏工作的制度规定。安全警卫问题的内容主要包括企业人员车辆出入管理，重要地点的监控，安全执勤值班，安全巡逻等内容。

在安全制度中，还要注意对自然灾害的安全预防内容，如对台风、暴雨、洪水、地震等自然灾害采取的安全防范措施和应对预案等。

4. 安全责任

对安全责任的明确也是安全管理制度不可缺少的内容。只有做到安全责任明确，落实到具体部门和个人，并且规定明确的奖惩措施，才能真正使安全制度发挥作用，预防安全问题于未然。

5. 安全事故处理

企业对于安全事故的处理应该制度化，不能因人因事随意处理，否则既不利于安全措施的后续管理，也容易在员工中产生不公平感，同时降低了管理层和制度的权威性。安全管理制度在安全事故处理方面应该具备解决事故处理的一般程序，事故善后措施和相关人员的处理等内容。

6. 附则

制度附则的内容主要是注明规定的生效时间、监督管理部门等。

二、安全管理制度拟写注意事项

(1) 不同企业安全问题的内容和重要性会有所差异，注意要紧密结合自己企业的具体安全问题拟写制度。

(2) 安全无小事，安全管理制度要周延，不能遗漏任何安全问题死角，从安全隐患到安全责任都要明确，落实到位。

(3) 安全问题奖罚要分明，措施要超出员工一般预期，才能使制度发挥作用，杜绝安全事故。

(4) 安全管理制度会涉及一些专业领域，专业安全部分应该由专业部门或人员先行草拟，然后由综合行政部门汇总，最后确定纳入总制度。

三、安全管理制度参考范例

【范例】

××市××公司安全保卫管理制度

(××××年1月1日修订施行)

第一章　总　则

第一条　为了加强本公司的安全防范工作，保护企业财产和员工生命安全，保障各项工作顺利进行，特制订本制度。

第二条　本公司以"安全、稳定，保证正常生产经营"为原则，组织实施安全管理。

第二章　组织领导

第三条　公司成立安全领导小组，统一负责领导本公司的安全保卫工作。

组长：×××(总经理)

常务副组长：×××(总经办主任)

成员：……(各部门经理，每个部门一名安全工作专员)

第四条　安全领导小组承担公司安全工作第一责任，各部门经理为部门安全工作第一责任人，各部门应严格执行公司安全管理制度，定期开展安全检查工作。

第五条　公司发生安全事故，由部门和公司安全负责领导处理，按制度规定进行。

第六条　公司将每年各部门安全工作成绩作为部门年度评优的依据之一，任何部门发生一次安全事故，即取消该部门年度评优资格。

第三章　安全教育

第七条　安全教育范围为公司全体员工。

第八条　安全教育的主要内容：

(1)思想教育。定期和不定期进行。

定期安全意识教育：主要是正面宣传安全经营的重要性，选取典型事故，从事故的社会影响、经济损失、个人伤害后果等几个方面进行安全意识教育。

不定期安全教育：在同行业企业或本企业发生重大或典型性安全事故时，及时进行全员安全教育。

(2)安全法规教育。学习国家、行业主管部门有关安全管理法律法规，以及本企业的安全规章制度。定期进行，每月保证半个工作日进行安全法规教育学习。

(3)安全技术教育培训。定期进行，每季度进行1～3次包括生产技术、一般安全技术的教育和专业安全技术的训练与学习。

安全技术教育培训内容主要是本公司安全技术知识、工业卫生知识和消防知识。具体内容包括：本部门动力特点、危险地点和设备安全防护注意事项；电器安全技术和触电预防；安全急救知识；高温、粉尘、有毒、有害作业的防护；职业病原因和预防知识；运输安全知识；劳动保护用品的发放、管理和正确使用知识等等。

第四章 安全技术与安全检查

第九条 防火管理。

(1) 加强各种可燃物质的管理，大宗燃料应按品种堆放，不得混入硫化物和其他杂质；对酒精、丙酮、油类、甲醇、油漆等易燃物质要妥善保存，不得靠近火源。

(2) 采取防火技术措施，设计建筑物和选用设备应采用阻燃或不燃材料；油库和油缸周围应设置防火墙等。

(3) 配备消防设施，厂区要按规定配备消火栓、消防水源、消防车等。生产车间应配备必须消防用具，如沙箱、干粉、二氧化碳灭火器或泡沫灭火器等。灭火器材要经常检查、定期更换，使之处于良好状态。

(4) 开展群众性消防活动，既要依靠专业消防队，也要建立公司群众性防火灭火消防队伍，并通过学习和实地演习，提高灭火技能。

第十条 预防触电管理。

预防触电的主要措施是加强管理、严禁违章作业。

(1) 各类电器设备，包括电焊机、照明、家用电器等的选用和安装要符合安全技术规定，保证设备的保护性接地或保护性接零良好。

(2) 电器设备要定期检修，并作好检修记录；及时更换老化或裸露的电线；及时拆除临时和废弃线路等；待接线头要包扎绝缘。

(3) 建立健全电器设备安全操作规章和责任制度，严禁违章作业，严禁非专业人员擅自操作或修理电器设备。

(4) 对电器设备进行修理作业，要拉断电源和穿戴绝缘衣物。

(5) 组织员工训练，掌握对触电者的急救措施和技术。

第十一条 地震灾害预防。（略）

第十二条 生产经营过程中存在主要安全隐患：

(1) 生产设备、仪器的防护、保险及信号等装置缺乏或不良。

(2) 设备、仪器、工具及附件或材料等有缺陷；无总电源、总气阀。

(3) 生产工艺本身缺乏充分的安全保障，工艺规程有缺陷。

(4) 生产组织和劳动组织不合理。

(5) 个人劳动保护用品缺乏或不良。

(6) 事故隐患未暴露或还未被发现等。

第十三条 工作环境的安全隐患：

(1) 工作地通道不好，材料、半成品、成品混堆，工作场所过分拥挤或布置不当，地面不平，有障碍物存在或地面过滑。

(2) 厂房或车间平面或立体布置不合理，未提供紧急出口，或出口不足。

(3) 工作地光线不足或光线太强，可能由视觉失误引起动作失措。

(4) 工作地有超标准噪声，引起员工情绪烦躁，无法安心工作；温度、湿度、空气清洁度不符合标准。

(5) 有毒、有害物品超定额存放或保管不当，无急救或保险措施。

第十四条 安全巡查的主要内容：

(1) 查有无进行安全教育。

(2) 查安全操作规程是否公开张挂或放置。

(3) 查在布置生产任务时有无布置安全工作。

(4) 查安全防护、保险、报警、急救装置或器材是否完备。

(5) 查个人劳动防护用品是否齐备及正确使用。

(6) 查工作衔接配合是否合理。

(7) 查事故隐患是否存在。

(8) 查安全计划措施是否落实和实施。

……

第十五条 安全检查形式：

安全检查的方法有：经常性检查（如月查、周查、日查和抽查等）、专业性检查（如防寒保暖、防暑降温、防火防爆、制度规章、防护装置、电器保安等专业检查等），还有节假日前的例行检查和安全月、安全日大检查。

第十六条 自我安全检查要点：

(1) 检查工作区域的安全性：注意周围环境卫生、工作通道畅通、梯架台稳固、地面和工作台面平整。

(2) 检查使用材料的安全性：注意堆放或储藏方式、装卸地方大小、材料有无断裂、毛刺、毒性、污染或特殊要求，运输、起吊、搬运手段的信号装置是否清晰等。

(3) 检查工具的安全性：注意是否齐全、清洁，有无损坏，有何特殊使用规定、操作方法等。

(4) 检查设备的安全性：注意防护、保险、报警装置、控制机关的完好情况。

(5) 其他检查：通风、防暑降温、保暖情况；防护用品是否齐备，是否正确使用；衣服鞋袜及头发是否合适；有无消防和急救物品等。

第五章 安全保卫制度

本部分内容主要包括企业员工与外来人员出入、车辆出入管理，重要地点的监控，执勤值班，安全巡逻等方面内容。（具体内容省略）

第六章 安全责任

第××条 负责安全工作内容的员工，如出现以下情况之一，按情节轻重，给予批评教育、警告、罚款、记过处分。如果造成安全事故，将追究安全责任。

(1) 未很好地学习操作方法、技巧和规程，未按规程操作或工作技术不熟练。

(2) 未使用劳动保护用品或使用不适当。

(3) 生产时注意力不集中或情绪不稳定。

(4) 工作责任心不强，自由散漫，工作时闲谈或不认真。

(5) 不遵守劳动纪律，工作时打闹、嬉戏。

(6) 没有注意劳逸结合，过度疲劳，长期加班，精力不集中。

……

第××条 个人负责安全工作内容的员工因渎职造成安全事故者，按情节轻重，给予警告、罚款、记过、开除留用察看、开除处分。如果构成违法犯罪，将依法追究其法律责任。

……

第七章 事故处理

第××条 事故处理是包括事故发生后的紧急处理、报告有关部门、进行调查分析和统计、采取措施及处分有关单位和人员等一系列工作的总称。

第××条 事故发生后的紧急事故处理往往具有突然性，因此在事故发生后要保持头脑清醒，切勿惊慌失措、处理失当，一般按如下顺序处理。

(1) 首先切断有关动力来源，如气源、电源、火源、水源等。

(2) 救出受伤人员，对重伤员进行急救包扎。

(3) 大致估计事故的原因及影响范围。

(4) 在报告和请求援助的同时，抢移易燃易爆、剧毒等物品，防止事故扩大和减少损失。

(5) 采取灭火、堵水、导流、防爆、降温等措施，使事故尽快终止。

(6) 事故被终止后，要保护好现场。

第××条 事故的调查、分析和处理。

对伤亡事故进行调查分析和处理的基本目的是：找出原因，查明责任，采取措施，消除隐患，吸取教训，改进工作。

部门的责任是协助有关部门或人员，搞好调查分析和处理工作。一般事故调查、分析和处理工作由公司安全领导小组负责；遇有重大安全事故，公司成立专门事故处理小组负责处理。

第六节　卫生清洁制度

卫生清洁制度是企业为保证生产、办公或公共区域的基本卫生条件，为员工创造一个舒适、干净的工作环境而设定的公司制度。

一、卫生清洁制度基本内容构成

关于卫生清洁制度的内容，不同性质和规模的企业几乎没有差异。但是，企业是自行负责全部区域清洁卫生工作，还是将卫生清洁工作外包给专业清洁公司或物业公司，其制度内容应有较大差异。一般而言，公司卫生清洁制度的内容应该包括卫生清洁标准、责任人职责、责任区域划分、奖惩制度等内容。

卫生清洁标准是卫生责任人履行其职责的基本工作标准，也是上级检查卫生工作的依据；制度中还应该明确卫生清洁工作人员的工作职责和内容，责任区域的责任人也需要落实；此外，对于不能或未按标准履行职责的部门或人员应有一定的处罚措施。其他内容与其他一般制度没有太大差异。

二、卫生清洁制度拟写注意事项

(1) 不同企业卫生清洁制度，注意要紧密结合自己企业的具体卫生问题着手制订。

(2) 卫生清洁制度要具体详细，责任要明确到部门和个人，落实到位。泛泛的制度规定形同虚设。

(3) 为了使制度能够贯彻执行，要有奖有罚，奖罚要分明。

三、卫生清洁制度参考范例

【范例】

××××公司卫生清洁管理制度

为创造与保持一个舒适、优美、整洁的工作环境，树立公司的良好形象，特制订本制度。

（一）

(1) 公司室外卫生责任区由公司行政综合部以书面形式统一划定"卫生责任区"，落实到各部门；室内厕所、走廊、楼梯等公共卫生区域的卫生保洁工作由物业公司保洁人员负责，各部门负责监督检查；各部门室内卫生清洁工作由各部门自行安排卫生值日人员时间表，明确职责。

(2) 公司各部门室内卫生清洁工作应该在公司上班前彻底清理完毕。

(3) 公司公共区域的卫生保洁工作必须在公司上班前15分钟结束。

（二）

(1) 卫生清洁标准：

①地面标准：无尘土、沙粒、纸屑，无污水、泥浆、痰迹等。

②绿化区标准：无杂草、杂物、无落叶。

③窗户标准：玻璃光亮透明、无污点，窗台无灰尘，窗角无灰挂。窗户在风、雪、雨、雾天过后，要及时抹拭，保持标准要求。

④墙壁标准：无蜘蛛网，墙角无灰挂，墙壁无残痕、无污染等。

⑤室内物品标准：桌面整齐无杂物、无灰尘；日光灯无灰尘；卫生工具整齐地摆放在隐蔽位置；纸篓、报夹、椅子等物品摆放整齐有序。

⑥水池、便池标准：无污垢、尿锈、无异味，水龙头、水阀不跑、冒、漏、滴水。

⑦花卉树木平时须加强管理，浇花时如将水洒到盆外应立即拖干。花草摆放要定位、严禁空缺，不得摆有影响美化布局和环境的花卉。

剪草机剪过后的边角高草，必须剪完后12小时内用大剪刀清剪净。夏天7天左右、春秋15天左右连续不下雨，必须浇一次水。

⑧室外卫生清洁，大面积用扫帚清扫，小面积特别是边角处用笤帚清扫，以保持地面卫生标准。

⑨雪天，各部门首先清理本部门卫生区积雪，清理时，将积雪均匀地铺到绿化带内（以不压坏花木为标准）。清理完毕，应保证地面无浮雪，不打滑。本部门责任区积雪清理完毕后，应积极帮助其他部门清理。

（三）

(5) 清洁厕所、洗涮间及室外卫生工作要求：

① 清擦厕所、洗涮间墙壁和隔板时用拧干水的半湿抹布，禁止直接用水冲洗。对于重点部位，可用毛刷用力擦洗（如已干结的便渍、痰渍、污渍等）。厕所、洗涮间在清扫完毕前，必须用干拖把将地面的水渍拖干。

② 打扫各办公楼内厕所、洗涮间内的卫生时，用洗涮干净的半湿拖把拖地（半湿拖把以拧干提着走 10 ~ 15 米不滴水为标准）。

③ 在洗涮间洗涮物品时，必须先将杂物倒入洗涮间设置的杂物桶内，严禁倒入水池，堵塞管道；洗涮完毕后，将水池擦拭干净，并随手将水龙头关妥当，以不滴漏为准。

④ 到厕所大小便后，一定将便盆冲洗干净，然后把水龙头关好，以不滴漏为准。

⑤ 洗涮间、厕所内一切设施，人人有责爱护，谁损坏谁赔偿，如查不出损坏人，由当天清理负责人赔偿或负责修复。

⑥ 提倡使用卫生纸上厕所，禁止使用报纸等容易堵塞厕所和影响人身健康的纸张。

⑦ 负责打扫厕所和洗涮间的部门如发现管道堵塞、设施损坏，由负责清理部门立即组织疏通或维修。

(6) 清理卫生水桶、拖把等用具、物品用完后要定位存放：拖把放在制作的拖把架上，并在用完之后放好；毛刷、水管等物品挂在洗涮间的墙上，水桶放在下水道口处，笤帚挂在各室部的门后墙上，大扫帚放在楼梯底处；厕所用的水管放在各厕所一角墙上。

（四）

（7）公司成立爱国卫生运动领导小组，统一负责领导本公司的卫生清洁工作。

组长：×××（副总经理）

常务副组长：×××（总经办主任）

成员：……（各部门负责人1名，每个部门一名卫生工作专员）

（8）公司每月第一个星期五下午为大扫除日，由卫生领导小组组织检查，评定各部门卫生等级：优、良、合格、不合格，并将检查结果张贴公布。

（9）公司员工个人违反以上制度，每人每次罚款10元；属于物业公司保洁范围的，每次对物业公司罚款50元。

（10）公司将每年各部门卫生清洁工作成绩作为部门年度评优的依据之一。

（五）

（11）本制度自××××年10月1日起执行。

（12）本制度解释权归于公司后勤卫生领导小组。

第七节　公司员工日常行为规范

公司员工日常行为规范文书是企业对员工仪表仪容、工作行为和个人自身修养等方面作出明确规定的说明性文书。公司员工日常行为规范既是企业对于员工日常表现和行为的约束性标准，更是企业员工进行自我形象管理的重要依据。

科学、合理的员工行为规范有利于规范员工工作期间的日常行为，养成良好的行为习惯，也有利于树立企业的良好形象。员工形象即是企业形象，加强对员工日常行为的规范管理对树立企业形象有着重要作用。

一、员工日常行为规范基本内容构成

不同企业员工行为规范管理文书名称或许有所差异，其内容可以包括在员工手册、员工守则、企业礼仪制度等文书中。

公司员工日常行为规范一般应包括以下几个方面内容。

总则、员工仪容仪表要求、语言文明与礼貌要求、工作时间行为规范以及特定工作岗位的工作流程与要求等。其中，总则是对该行为规范制订目的和目标的解释与说明。

具体内容，不同企业会有差异，也会以不同内容模块来安排整体结构和排版形式，但基本内容应该差异不大。

二、员工日常行为规范拟写注意事项

（1）公司员工日常行为规范属于公司细则式管理制度，制订该规范应该考虑全面，公司认为有必要规范员工行为的方面均应纳入其内,以免造成制度的缺陷或部分内容缺失。

(2) 公司员工日常行为规范内容应该尽量具体,切实可行,切忌只作出原则性规定,或者说法含糊其辞,这样的制度就会流于形式。

(3) 公司员工日常行为规范可以同时规定严重违反行为规范的处罚措施,或者与企业的激励奖惩制度挂钩,否则就难以执行到位或使制度流于形式。

三、员工日常行为规范参考范例

【范例】

××××公司员工日常行为规范细则

一、总则

为了规范企业员工的日常个人和职务行为,保证企业运营的良好运转,塑造卓越企业文化,提升企业公众形象,特制订本细则。

二、工作行为规范

(一) 从上班到下班

1. 上班规范

1.1 严格遵守上班时间。因故迟到和请假的时候,必须事先通知,突发事件方可用电话通知。

1.2 上班前 5 分钟到岗,做好工作前的准备。

1.3 打开计算机,传阅文件,网上查看邮件。

2. 岗位工作

2.1 工作要做到有计划、有步骤、按时进行。遇有上级紧急工作部署,应立即行动。

2.2 在办公室内保持安静,不要在走廊内大声喧哗。

2.3 工作中不扯闲话;不打私人电话;不从事与本职工作无关的私人事务。

2.4 工作中不要随便离开自己的岗位;离开自己的座位时要整理桌子,椅子半位,以示主人未远离;长时间离开岗位时,可能会有电话或客人,事先应拜托给上司或同事。椅子全部推入,以示主人外出。

3. 办公用品和文件的保管

3.1 办公室内实施定置管理。

3.2 办公用品和文件必须妥善保管,使用后马上归还到指定保管场所。

3.3 办公用品和文件不得带回家,需要带走时必须得到领导许可。

3.4 文件保管不能自己随意处理,或者遗忘在桌上、书柜中。

3.5 重要的记录、证据等文件必须保存到规定的期限。

3.6 处理完的文件,根据公司文件档案管理规定及时归档。

4. 下班规范

4.1 下班时,文件、文具、用纸等要整理好,整洁桌面,椅子归位。

4.2 考虑好第二天的任务,并记录在工作日志本上。

4.3 关好门窗,检查处理电脑和电源等安全事宜。

4.4 需要加班时,应事先通知主管领导和物业管理部门。

4.5 交班时,应与接班同事交接完毕,再行离开。

(二)工作基本方法

1. 接受指示时

1.1 接受上级指示时,要注意正确领会意图。

1.2 虚心听取领导指示。

1.3 听取工作指导时,必要时应作好记录。

1.4 有疑点必须当场提问,把工作内容搞清楚。

1.5 重要或复杂工作,需要重复被指示的内容。

1.6 当上级指示重复的时候,首先从最高上司的指示开始执行。

2. 执行上级指示时

2.1 充分理解工作内容。

2.2 遵守上司指示的方法和顺序完成工作。

2.3 实行决策方案时,如需要其他部门协助时,要事先进行联络。

2.4 备齐必要的工作器具和材料。

2.5 工作经过和结果须同时向上司报告。

2.6 工作到了期限不能完成时,要马上向上司报告,请求指示。

2.7 任务实施时,遇到疑问和困难应立即向上请示。

2.8 任务完成,检查工作内容和结果是否与被指示的内容一致。

3. 汇报工作时

3.1 工作完毕后,应立即向主管领导报告。

3.2 先从结论开始报告。

3.3 根据需要,简要总结要点。

3.4 根据实际情况,提出自己的意见。

3.5 最后撰写报告文书。

4. 工作受挫时

4.1 首先及时报告。

4.2 虚心接受意见和批评。

4.3 认真总结,避免相同的失败出现第二次。

4.4 不能失去信心。

4.5 不逃避责任。

（三）创造愉快的工作氛围

1. 打招呼

1.1 早上上班时，见面要问"早上好"；晚上下班说"再见"。

1.2 在公司内外，应主动与客人、上司、同事打招呼。

2. 努力愉快地工作

2.1 工作中自己思想要保持活跃。

2.2 为顾客服务，与同事合作，愉快工作。

2.3 同事间相互理解、信任，建立和睦关系，通过工作使自己得到成长锻炼。

3. 健康管理

3.1 保证睡眠，消除疲劳。

3.2 为了消除体力疲劳，缓解工作压力，应适量参加体育活动。

（四）因公外出

1. 因公外出按规定逐级办理请假手续，无特殊原因不可电话、口头捎话请假。

2. 因公外出时需向同事或者上司交代工作事宜，保证工作衔接。

3. 因公在外期间应保持与公司的联系。

4. 外出归来及时销假，向上司汇报外出工作情况。

5. 外出归来一周内报销旅差费。

（五）工作餐

1. 按规定时间用餐，在规定时间内用餐完毕。

2. 遵守秩序，不急不躁，排队取餐，轮流等候。

3. 厉行节约，反对浪费，按需取餐，吃多少盛多少。

4. 食品应在餐厅食用，不得随意带出餐厅。

5. 就餐期间，不大声喧哗，文明就餐。

6. 就餐完毕，自觉清理桌面，桌椅归位，餐盘碗筷送回洗碗间。

三、仪容仪表形象规范

1. 着装正式、整洁、得体

1.1 服装正规、整洁、完好、协调、无污渍，扣子齐全，不漏扣、错扣。

1.2 在左胸前佩戴好统一编号的员工证。

1.3 上班时必须穿工作服。

1.4 衬衣下摆束入裤腰和裙腰内，袖口扣好，内衣不外露。

1.5 着西装时，打好领带，扣好领扣。上衣袋少装东西，裤袋不装东西，并做到不挽袖口和裤脚。

1.6 鞋、袜保持干净、卫生，鞋面洁净，在工作场所不赤脚，不穿拖鞋，不穿短裤。

2. 仪容自然、大方、端庄

2.1 头发梳理整齐，不染彩色头发，不戴夸张的饰物。

2.2 男职工修饰得当，头发长不覆额、侧不掩耳、后不触领，不留胡须。

2.3 女职工淡妆上岗，修饰文雅，且与年龄、身份相符。工作时间不能当众化妆。

2.4 颜面和手臂保持清洁，不留长指甲，不染彩色指甲。

2.5 保持口腔清洁，工作前忌食葱、蒜等具有刺激性气味的食品。

3. 举止文雅、礼貌、精神

3.1 精神饱满，注意力集中，无疲劳状、忧郁状和不满状。

3.2 保持微笑，目光平和，不左顾右盼、心不在焉。

3.3 坐姿良好。上身自然挺直，两肩平衡放松，后背与椅背保持一定间隙，不用手托腮。

3.4 不跷二郎腿，不抖动腿，椅子过低时，女员工双膝并拢侧向一边。

3.5 避免在他人面前打哈欠、伸懒腰、打喷嚏、抠鼻孔、挖耳朵等行为。难以控制时，应侧面回避。

3.6 不能在他人面前双手抱胸，尽量减少不必要的手势动作。

3.7 站姿端正。抬头、挺胸、收腹、双手下垂置于大腿外侧或双手交叠自然下垂；双脚并拢，脚跟相靠，脚尖微开。

3.8 走路步伐有力，步幅适当，节奏适宜。

四、语言沟通规范

1. 会话亲切、诚恳、谦虚

1.1 语音清晰、语气诚恳、语速适中、语调平和、语意明确。

1.2 提倡讲普通话。

1.3 与他人交谈，要专心致志，面带微笑，不能心不在焉，反应冷漠。

1.4 不要随意打断别人的话。

1.5 用谦虚态度倾听。

1.6 适时的搭话，确认和领会对方谈话内容、目的。

1.7 尽量少用生僻的专业术语，以免影响与他人交流效果。

1.8 重要事件要具体确定。

2. 自我介绍

2.1 公司名称、工作岗位和自己的姓名。

2.2 公司外的人可递送名片。

2.3 根据情况介绍自己的简历。

3. 文明用语

3.1 严禁说脏话、忌语。

3.2 使用"您好""谢谢""不客气""再见""不远送""您走好"等文明用语。

五、社交礼仪规范

1. 接待来访，微笑、热情、真诚、周全

1.1 接待来访热情周到，做到来有迎声，去有送声，有问必答，百问不厌。

1.2 迎送来访，主动问好或话别，设置有专门接待地点的，接待来宾至少要迎三步、送三步。

1.3 来访办理的事情不论是否对口，不能说"不知道""不清楚"。要认真倾听，热心引导，快速衔接，并为来访者提供准确的联系人、联系电话和地址。或引导到要去的部门。

2. 访问他人

2.1 要事先预约，一般用电话预约。

2.2 遵守访问时间，预约时间 5 分钟前到。

2.3 如果因故迟到，提前用电话与对方联络，并致歉。

2.4 访问领导，进入办公室要敲门，得到允许方可入内。

2.5 用电话访问，铃声响三次未接，过一段时间再打。

3. 使用电话

3.1 接电话时，要先说"您好"，然后自我介绍公司名称、工作部门和自己姓名。

3.2 电话交谈应简洁明了，不聊无关话题。

3.3 不要用电话闲聊天。

3.4 使用他人办公室的电话要征得同意。

4. 交换名片

4.1 名片代表客人，用双手递接名片。

4.2 看名片时要确定姓名。

4.3 拿名片的手不要放在腰以下。

4.4 不要忘记简单的寒暄。

4.5 接过名片后确定姓名正确的读法。

5. 商业秘密

5.1 员工有履行保守公司商业秘密的义务。

5.2 不与家人及工作无关的人谈论公司商业秘密。

5.3 使用资料、文件，必须爱惜，保证整洁，严禁涂改，注意安全和保密。

5.4 不得擅自复印、抄录、转借公司资料、文件。如确属工作需要摘录和复制，凡属保密级文件，需经公司领导批准。

六、会议规范

1. 事先阅读会议通知。

2. 按会议通知要求，在会议开始前 5 分钟进场；遵从主持人的指示与安排。

3. 事先阅读会议材料或做好准备，针对会议议题汇报工作或发表自己的意见。

4. 开会期间关掉手机、个人电脑，不会客，不从事与会议无关的活动，如剪指甲、交头接耳等。

5. 须得到主持人的许可后，方可发言；发言简洁明了，条理清晰。

6. 认真听别人的发言并记录；不得随意打断他人的发言。

7. 会议完毕后及时向上司报告，按要求传达。

8. 妥善保存会议资料，以备留存查阅。

9. 保持会场肃静。

七、安全卫生环境

1. 安全工作环境

1.1 工作时既要注意自身安全，又要营造安全的工作环境。

1.2 爱护公司公物，所用设备、设施要定期维修保养，节约用水、用电、易耗品。

1.3 学习并掌握相关安全知识，提高个人发生事故和意外时的紧急处理和自救能力。

1.4 应急电话，市内伤病急救 120；市内火警 119；公司火警 111；市内匪警 110。

2. 卫生环境

2.1 员工有维护良好卫生环境和制止他人不文明行为的义务。

2.2 养成良好的个人卫生习惯，不随地吐痰，不乱丢纸屑、杂物，不流动吸烟。办公室内不得吸烟。

2.3 如在公共场所发现纸屑、杂物等，随时捡起放入垃圾桶，保护公司的清洁。

2.4 定期清理办公场所和个人卫生区域。有必要的物品依规定放置管理，没有必要的废物清除掉。

八、互联网使用规定

1. 在工作时间不得在网上进行与工作无关的活动。

2. 不得利用国际互联网危害国家安全，泄露国家机密，不得侵犯国家的、社会的、集体的利益和公民的合法权益，不得从事违法犯罪活动。

3. 不得利用互联网制作、复制、查阅违反宪法和法律、行政规定的以及不健康的信息。

4. 不得从事下列危害计算机网络安全的活动。

4.1 对计算机信息网络功能进行删除、修改或者增加。

4.2 对计算机信息网络中储存、处理或者传输的数据和应用程序进行删除、修改或者增加。

4.3 制作传播计算机病毒等破坏程序。

九、人际关系处理

1. 上下关系：尊重上级，不搞个人崇拜，平等对待下级，营造相互信赖的工作气氛。

2.同事关系：对待同事抛弃偏见，关心同事，营造"同欢乐，共追求"的工作氛围。尊重他人，肯定、赞扬他人的长处和业绩，对他人短处和不足，进行忠告、鼓励，营造明快和睦的气氛。相互合作，在意见和主张不一致时，应理解相互的立场，寻找能共同合作的方案。

3.禁止搞小团体，人为形成派别，不允许在工作岗位上以地缘、血缘、学员组成派别。

十、心灵沟通

1.虚心接受他人的工作建议或意见。

2.不要感情用事，理智对待工作和同事；工作不掺杂个人情绪。

3.工作出现失误，不要解释和否定错误，全力及时采取补救措施。

4.真诚地对待他人。对他人有意见应选择合适的时机和场合当面说清，不要背后乱发议论。

5.不嘲笑他人，在公众场合出现他人有碍体面，有违公司规定的行为时应及时善意地提醒。

6.对领导的决策和指示要坚决执行。有意见的，保留并择机反映，但在领导改变决策之前，不能消极应付。

7.不随便评议领导、同事或下级，更不能恶语伤人。

8.公司内部设有政务公开栏、公告栏以及公司在局域网上开辟有政务公开、金点子及公司建设等栏目，定期发布各种公司动态、业务活动、规章制度等信息，以让员工及时了解公司的业务发展和变化情况，并提出意见和建议。

十一、附则

1.本规范为试行，不妥或不全面之处有待修改或补充。解释权归公司综合部。

2.本规范自发布之日起执行。

第八节　公司公务差旅管理制度

公司公务差旅管理制度是企业为了加强出差事务管理，保证出差活动的有效性，节省不必要的出差费用及严格有关出差组织纪律而制订的行政性管理制度。它要求全体员工共同遵守，从而加强对企业出差活动的有效管理和监督。

一、公务差旅制度基本内容构成

公司公务差旅管理制度一般应包括以下几个方面内容。

总则、公务差旅流程及管理、员工差旅费用标准和使用管理等。其中，总则是对该制度制订目的和目标的解释与说明。

关于差旅管理制度的具体内容，不同企业会有较大差异，但基本内容框架结构差异不大。不同企业的公务差旅管理制度表现形式或名称不尽相同。一般大中型企业，公务差旅活动频繁，需要制订单独的公务差旅管理制度。而中小型企业则往往将这部分内容放置在行政办公制度或财务管理制度当中。与该制度配套使用的企业差旅管理制度文书还包括出差申请书、出差通知书、差旅费支付说明书、差旅费用开支标准说明书和差旅费报销项目明细表等。

二、公务差旅制度拟写注意事项

(1) 公司公务差旅管理制度属于综合公司行政管理和财务制度内容的管理制度，制订该制度应该全面规划，有必要吸纳行政综合部门主管领导和财务主管领导及专业人员参加，以免造成制度的缺陷或部分条款违反国家相关财经纪律。

(2) 公司公务差旅管理制度内容应该尽量具体、全面，切实可行，以免公司员工在执行时遭遇制度障碍。

(3) 公司应该对差旅例外性事件规定处理原则、处理权限和权利归属等内容。

三、公务差旅制度参考范例

【范例一】

××公司国内出差管理办法

第一条　为适应本公司业务需要，更好地规范员工差旅行为，实现公司经营目标，公司特此制订本办法。全体员工遵照执行。

第二条　员工出差程序：

1. 出差前应填具"出差申请单"。出差期限由派遣主管视情况需要，事先予以核定。出差申请单填写完毕后，送交有核决权限领导审核批准。

2. 凭核准的"出差申请单"向财务部暂支取相应数额的差旅费，但须于返程后一周内填具"出差旅费报告单"并结清暂付款；其未于一周内报销者，财务部应从其当月薪资中先予扣回，等报销时再行核付。

第三条　出差的核决权限规定如下：

国内出差：1日以内由(副)经理核准，1日以上由(副)总经理核准。(副)经理(含高专)以上人员一律由(副)总经理核准。

第四条　出差行程视为正常工作时间，不得报支加班费，但假日出差，按假日天数予以加倍计薪。

第五条　出差中途除因病或遭逢意外灾害或因实际需要由主管指示延时外，不得因私事或借故延长差期，否则除不予报销差旅费外，并依情节轻重扣减当季度奖金。

第六条　出差旅费分为交通费、住宿费、膳费、杂费及特别费（因公需要的邮电、交际等费用），其给付标准如下：

项目花费　　费用/元　　　职位	总经理	副总经理	（副）经理	主任	主任以下
交通费	实支	实支	实支	实支	实支
每日住宿费	实支	500	300	200	160
每日早餐费	实支	50	30	20	20
每日午、晚餐费	实支	100	50	30	30
每日通信杂费	实支	50	50	40	30
特别费	实支	实支	实支	实支	实支
合计					

说明：

(1) 交通费需以单据认定，无法取得凭证者核实认定，使用公司交通工具者不支交通费。

(2) 住宿费需要凭证于给付标准内认定，但本公司备有住宿场所时不支住宿费。

(3) 膳费依给付标准报支，但有公司供应餐食或已报支交际费者，不支餐费。

(4) 杂费依第八条规定于给付标准内支付。

(5) 特别费依凭证核支。

第七条　出差返回超过午夜12时者，可以另支餐费70元。

第八条　杂费及膳费计算标准：

1. 出差杂费按日数支给，但于上午出发或下午销差者，当日应支2/3，下午出发或午前销差者，当日支1/3。

2. 上午7时前出差者，可以报支早餐，于下午1时后销差者报支午餐，于晚上7时以后销差报支晚餐。

3. 出差1日者不受上项标准限制。

第九条　低阶人员随同高阶人员同行出差时，其膳、宿费可比照高阶人员的出差旅费给付标准，但每日杂费仍照规定支付。

第十条　乘火车、汽车旅程超过20小时，或时间急迫或合理成本考虑而需乘飞机时，须总经理批准。

第十一条　因时间急迫或交通不便或业务需要得以计程车代步时，须报经理核准，经理应对计程车费严加管理限制。

第十二条　本办法解释权归公司行政综合部。

【范例二】

××公司国外差旅费支付规定

1.公司管理人员与职工因公司业务赴国外出差时，均按本规定执行。公司顾问、特约人员赴国外出差时，亦适用于本规定。

2.国外差旅费包括飞机、船舶和火车等交通工具票费，出差补助，住宿费和准备费四种。

3.交通费

(1)票费按顺路（或按实际经过路线）支付实际费用.

(2)乘坐火车时，含卧铺费。

(3)各类人员乘坐交通工具的级别标准如下表所列：

分类	飞机	船舶	火车	市内车费
代表董事	实费	特等或1等	软座	实费
常务董事	实费	特等或1等	软座	实费
其他董事	实费	1等	软座	实费
部长、副部长、分店长	实费	1等	普通	实费
科长级	实费	1等	普通	实费
其他	实费	2等	普通	实费

(4)出差人利用何种交通工具，事先必须经过公司行政主管部门批准，在不得已情况下，本人决定后，须及时向公司报告。

(5)在无法利用飞机、船舶、火车等交通工具时，可利用汽车或出租车，其费用按实费支付。

4.住宿费

(1)出差中住宿费按下表标准支付。

(2)在火车上过夜时，支付住宿费的50%。如在车中过夜二天以上，第二天后的住宿费按2/3支付。

(3)在船舶、飞机上过夜时，不论天数多长，均以半额支付住宿费。

住宿费与补助

区分	补助/美元			住宿费		
	A地区	B地区	C地区	A地区	B地区	C地区
总裁				实费	实费	实费
专务董事				实费	实费	实费
常务董事				实费	实费	实费

区分	补助 / 美元			住宿费		
	A 地区	B 地区	C 地区	A 地区	B 地区	C 地区
其他董事				实费	实费	实费
部长、副部长				定额元	定额元	定额元
分店长				定额元	定额元	定额元
科长级				定额元	定额元	定额元
其他				定额元	定额元	定额元

5. 补助费支付按出差天数和地区支付，支付标准如上表所列。船舶、飞机旅行中的补助同出差地补助。

6. 准备费

(1) 对出差者支付的准备费如下表所列。但可根据出差天数和出差地区追加。

(2) 当出差人在两年内再次出差时，不再支付准备费。

(3) 因公司指令、本人死亡或疾病等原因，取消出差时，不再退还准备费。

准备费 / 地区 / 身份	A 地区	B 地区	C 地区
总裁			
专务董事			
常务董事			
其他董事			
部长、副部长			
分店长			
科长级			
其他			

注：准备费以人民币支付。

7. 本规定中的地区分类为：

A 地区　　韩国、我国台湾地区

B 地区　　除 A 地区以外的亚洲地区

C 地区　　欧洲、澳大利亚、美洲

8. 在国外出差过程中，国内旅费按国内出差费标准支付差旅费。

9. 对国外出差人员，由公司支付费用投保意外伤害保险，详见下表。

分类	保险额 / 元
总裁	
专务董事	
常务董事	
其他董事	
部长、副部长	
分店长	
科长级	
其他	

保险契约人和保险费所有者为公司。

10. 本规定未涉及事项，适用于国内出差规定。

11. 本规定自 ×××× 年 1 月 1 日起实施。

第九节　员工绩效考核管理制度

绩效考核管理是指收集、分析有关员工在其工作岗位上的工作行为表现和工作效果方面的信息情况的过程。绩效考核管理制度即是对绩效考评过程和结果应用整个过程进行指导的规范性文件。

一、员工绩效考核管理制度基本内容构成

员工绩效考核管理制度一般包括以下几个方面内容：总则、考核范围、考核原则、考核目的、考核时间、考核内容、考核形式和办法、考核程序、特殊考核、考核结果及效力、附则等。

总则和附则是管理制度的格式要求，是对制度分别进行总体说明和补充说明；特殊考核是对几种特殊情况的考核进行说明，如试用期考核；考核结果及效力是对考核的效力进行说明，以此保证考核的权威性。

二、员工绩效考核管理制度拟写注意事项

(1) 明确员工绩效考核制度的目的、适用范围、原则等，这些方面必须交代清楚，不能含糊。

(2) 需要阐述考核内容和方法的要义。对专业性强的考核术语要给出通俗的解释，要把考核的内容、考核方法的操作层面分别交代清楚。

(3) 应该说明考核结果的应用及效力。考核管理结果必须和晋升、薪酬挂钩，否则就会缺乏实际的效用。因此，必须表明考核的结果怎样应用。

三、员工绩效考核管理制度参考范例

【范例】

<h1 style="text-align:center">××公司员工绩效考核管理制度</h1>

第一章 总 则

第一条 为全面了解、评估员工工作绩效，发现优秀人才，提高公司工作效率，特制定本办法。

第二章 考核范围

第二条 凡公司全体员工均需考核，适用本办法。

第三章 考核原则

第三条 通过考核，全面评价员工的各项工作表现，使员工了解自己的工作表现与取得报酬，待遇的关系，获得努力向上改善工作的动力。

第四条 使员工有机会参与公司管理程序，发表自己的意见。

第五条 考核目的，考核对象，考核时间，考核指标体系，考核形式相匹配。

第六条 以岗位职责为主要依据，坚持上下结合，左右结合。定性与定量考核相结合。

第四章 考核目的

第七条 各类考核目的：

(1)获得晋升，调配岗位的依据，重点在工作能力及发挥，工作表现考核；

(2)获得确定工资，奖金的依据，重点在工作成绩(绩效)考核；

(3)获得潜能开发和培训教育的依据，重点在工作和能力适应性考核。

第五章 考核时间

第八条 公司定期考核，可分为月度，季度，半年，年度考核，月度考核以考勤为主。

第九条 公司因为特别事件可以举行不定期专项考核。

第六章 考核内容

第十条 公司考核员工的内容见公司员工考评表，共有4大类18个指标组成考核指标体系。

第十一条 公司员工考评表给出了各类指标的权重体系。该权重为参考性的，对不同考核对象，目标应有调整(各公司依据自身企业特点，生成各类权重表)。

第七章 考核形式和办法

第十二条 各类考核形式有：

(1)上级评议；(2)同级同事评议；(3)自我鉴定；(4)下级评议；(5)外部客户评议。

各种考核形式各有优缺点，在考核中宜分别选择或综合运用。

第十三条 考核形式简化为三类：

即普通员工，部门经理，公司领导的评议。

第十四条 各类考核办法有：

(1) 查询记录法：对员工工作记录档案，文件，出勤情况进行整理统计；

(2) 书面报告法：部门，员工提供总结报告；

(3) 重大事件法。

所有考核办法最终反映在考核表上。

第八章 考核程序

第十五条 人事部根据工作计划，发出员工考核通知，说明考核目的、对象、方式以及考核进度安排。

第十六条 考核对象准备自我总结，其他有关的各级主管，下级员工准备考评意见。

第十七条 各考评人的意见，评语汇总到人事部。根据公司要求，该意见可与或不与考评对象见面。

第十八条 人事部依考核办法使用考评标准量化打分，填写考核表，统计出考评对象的总分。

第十九条 该总分在 1～100 分之间，依此可划分优，良，好，中等，一般，差等定性评语。

第二十条 人事部之考核结果首先与考评对象见面，征求员工对考核的意见，并需其签写书面意见，然后请其主管过目签字。

第二十一条 考核结果分别存入人事部，员工档案，考核对象部门。

第二十二条 考核之后，还需征求考核对象的意见：

(1) 个人工作表现与相似岗位人员比较；

(2) 需要改善的方面；

(3) 岗位计划与具体措施，未来 6 个月至 1 年的工作目标；

(4) 对公司发展的建议。

第九章 特殊考核

第二十三条 试用考核。

(1) 对试用期届满的员工均需考核，以决定是否正式录用；

(2) 对试用优秀者，可推荐提前转正；

(3) 该项考核主办为试用员工部门经理，并会同人事部考核定案。

第二十四条 后进员工考核。

(1) 对认定为后进的员工可因工作表现随时提出考核和改进意见；

(2) 对留职察看期的后进员工表现，作出考核决定；

(3) 该项考核主办为后进员工主管，并会同人事部共同考核定案。

第二十五条 个案考核。

(1) 对员工日常工作的重大事件即时提出考核意见，决定奖励或处罚；

(2) 该项考核主办为员工主管和人事部；

(3) 该项考核可使用专案报告形式。

第二十六条 调配考核。

(1) 人事部门考虑调配人员候选资格时，该部门可提出考评意见；

(2) 人事部门确认调配事项后，该部门提出当事人在本部门工作评语供新主管参考；

(3) 该项考核主办为员工部门经理。

第二十七条 离职考核。

(1) 员工离职时，须对其在本公司工作情况作出书面考核；

(2) 该项考核须在员工离职前完成；

(3) 公司可为离职员工出具工作履历证明和工作绩效意见；

(4) 该项考核由人事部主办，并需部门主管协办。

第十章 考核结果及效力

第二十八条 考核结果一般情况要向本人公开，并留存于员工档案。

第二十九条 考核结果具有的效力：

(1) 决定员工职位升降的主要依据；

(2) 与员工工资奖金挂钩；

(3) 与福利 (住房，培训，休假) 等待遇相关；

(4) 决定对员工的奖励与惩罚；

(5) 决定对员工的解聘。

第十一章 附 则

第三十条 本办法由人事部解释、补充，经公司总经理办公会议通过后颁布生效。

第十节 员工奖惩办法

员工奖惩办法，也称员工奖惩制度，是在对员工进行工作绩效考核的基础上，对绩效考核优秀的员工进行精神或物质奖励或对绩效考核差的员工进行处罚的一系列措施规定，是公司管理层集体制订的章程或文件。

一、员工奖惩办法基本内容构成

员工奖惩办法一般包括总则、管理职责、奖励、处罚、奖惩程序、附则等内容。

(1) 总则和附则是对办法的格式要求，并对办法的目的和特殊事项等进行说明；

(2) 管理职责是对办法的修订和执行等相关部门的职责进行说明；

(3) 奖励和处罚则是对员工奖惩相关的内容进行说明，是办法制订的重点；

(4) 奖惩程序是对奖惩的步骤进行规定与说明。

二、员工奖惩办法拟写注意事项

(1) 确定制度实施的目的和范围 (一般在总则中体现)。
(2) 明确奖惩的方式方法。
(3) 注明奖惩实施的程序。
(4) 规定实施日期。

三、员工奖惩办法参考范例

【范例】

×× 公司员工奖惩办法

第一章　总　则

为了维护本公司正常的工作秩序，使全公司员工尽心尽责，自觉遵守本公司的各项规章制度和岗位职责，实现行为规范，保证生产过程中的各个环节有效运行，特制定本规定。

本办法规定员工奖励和处分的原则、分类、范围和等级等事项，坚持把思想政治工作同行政管理、经济奖惩相结合，实行奖惩严明原则。

本办法本着与总公司规定相一致的原则，是各项奖惩规定制订的依据。

本规定适用于本公司全体在册员工、劳务工及外单位来公司工作、实习人员。

第二章　管理职责

第 1 条　综合人力资源部负责组织《员工奖惩办法》的制订和修改，并督促职能部门执行、考核。

第 2 条　综合管理部负责制订和修改《员工奖惩办法》，监督、协调各部门实施。

第 3 条　生产技术部根据本办法，细化有关工艺、设备、安全、现场的奖惩细则，并监督实施。

第 4 条　各部门负责组织贯彻执行本公司各项规定，并做好考核记录，及时与有关部门联系，并协助相关部门实施奖惩措施。

第三章　奖　励

第 5 条　对于表现杰出或在工作任务等方面有显著成绩的员工将分别酌情给予奖金、书面嘉奖、记功、记大功、晋级等荣誉，并以书面形式在公告栏公告。

第 6 条　员工有下列情形之一者，给予现金奖励，每次 5 ～ 50 元，并以书面形式在公告栏公告：(具体条文略)。

第 7 条　员工有下列情形之一者，给予书面嘉奖一次，含奖金 100 元，并以书面形式进行公告；三次书面嘉奖等同一次记功：(具体条文略)。

第8条 员工有下列情形之一者,给予记功一次,含奖金300元,并以书面形式进行公告,三次记功等同一次记大功:(具体条文略)。

第9条 员工有下列情形之一者,给予记大功一次,含奖金500元,并以书面形式进行公告,三次记大功自动晋升一级工资:(具体条文略)。

第10条 员工有下列情形之一者,给予晋级奖励,并以书面形式进行公告:(具体条文略)。

第四章 处 罚

第11条 员工有下列情形之一者,给予罚款处罚。每次5～50元,并以书面形式进行公告:(具体条文略)。

第12条 员工有下列情形之一者,给予书面警告一次,含罚款50元,并以书面形式进行公告,三次书面警告等同一次记过:(具体条文略)。

第13条 员工有下列情形之一者,给予记过一次,含罚款100元,并以书面形式进行公告;三次记过等同一次记大过:(具体条文略)。

第14条 员工有下列情形之一者,给予记大过一次,含罚款300元,并以书面形式进行公告;累计三次记大过者予以遣退:(具体条文略)。

第15条 员工有下列情形之一者,给予降级处罚,若该员工职级已属最低级别,则给予该员工辞退处罚,并以书面形式进行公告:(具体条文略)。

第16条 员工有下列情形之一者,给予待岗1～3个月处罚,情节严重的给予遣退处罚,并以书面形式进行公告(本办法所指的"遣退"是指将人员遣送回劳务输入单位,属本公司身份的员工,则遣送回公司人力资源部)(具体条文略)。

第17条 待岗期间的工作安排及待遇(具体条文略)。

第18条 在处罚员工违纪事件时,应遵照教育为主,惩罚为辅的原则;以事实为依据,以本办法为准绳。

第19条 员工被处罚时,根据其上级领导责任大小,必要时将追究上级领导责任,给予连带责任惩罚。

第五章 奖惩程序

第20条 各部门需对员工进行奖惩时,须先填写《奖惩通知单》,并经相关主管及相关部门负责人及厂长批准;所有奖惩均需以公告为准。

(1) 生产技术部、综合管理部管理人员填写《奖惩通知单》→部门主管签署意见→综合管理部签署意见→厂长签署意见→综合管理部定期(每周一次)进行公告;

(2) 生产车间班组管理人员填写《奖惩通知单》→车间主任签署意见→生产技术部、综合管理部签署意见→厂长签署意见→综合管理部定期(每周一次)进行公告;

(3) 非本部门人员的奖惩,可由各管理人员【备注:须班长级以上(含)人员】填写《奖惩通知单》→生产技术部、综合管理部签署意见→被奖惩人员所在部门主管签署意见→厂长签署意见→综合管理部定期(每周一次)进行公告。

第六章　附　则

第21条　同一责任人或单位在一次违纪中同时违反多项条款的以处罚程度最重的条款执行。必要时可追加累积经济损失10%～20%的赔款。

第22条　受奖励的个人或单位，如同时获得几个级别的奖励，以执行最高层次奖励为主。

第23条　各部门根据本办法及各自的职权范围和生产管理特点，制订相应的实施细则，报厂部批准后实施。

第24条　如遇所发生的情况不适用本规定时，按上级有关文件办理。

第25条　本办法报请公司审核备案后，自下发之日起执行。

第十一节　员工薪酬管理制度

员工薪酬管理是组织针对所有员工提供的服务来确定他们应当得到的报酬总额以及报酬结构和报酬形式的一个过程。

在这个过程中，企业就薪酬水平、薪酬体系、薪酬结构、薪酬构成以及特殊员工群体的薪酬作出决策，在此基础上不断予以完善、规范员工薪酬确定、发放及调整办法等有关事项的规章制度。

一、员工薪酬管理制度基本内容构成

员工薪酬管理制度主要包括以下内容。

(1) 薪酬制度总则。包括制定本制度的目的、原则、相关说明等。

(2) 企业薪酬结构说明。包括薪酬构成、薪酬等级、定级标准、扣减项目等内容的说明。

(3) 薪资调整规则。即员工出现转正、升职等情形时的工资调整规则。

(4) 薪酬发放情况。包括发放时间、发放形式、离职员工薪酬发放程序等。

(5) 特殊员工（如试用期员工）的薪资规定。

(6) 有关薪资的其他规定。

二、员工薪酬管理制度参考范例

【范例】

××公司员工薪酬管理制度

第一章　总　则

第一条　目的

本制度旨在建立适合公司成长与发展的工资报酬体系和工资报酬政策，规范工资报酬管理，构筑有集团特色的价值分配机制和内在激励机制，实现公司的可持续成长与发展。

第二条　基本原则

工资报酬制度的设计与运作，所遵循的基本原则是：

(1) 业绩导向原则。

把绩效考核的结果作为确定工资报酬的直接依据，员工工资的增长与业绩考核的结果直接挂钩。鼓励员工在提高工作效率和为公司作出持续贡献的同时，享受人事待遇上的好处。

(2) 效率优先，兼顾公平原则。

公司不在价值分配上搞平均主义，工资报酬必须向为公司持续创造价值的员工倾斜，向公司的关键职位族和关键职位倾斜，对员工所创造的业绩予以合理的回报。

(3) 可持续发展原则。

工资报酬的确定必须与公司的发展战略相适应，必须与公司的整体效益的提高相适应。通过工资报酬来吸引人才，留住关键人才，激活人力资源，提高集团的核心竞争力。

第三条　分配比例

公司将依据企业的发展和外界环境的变化，确定工资、奖金和福利等经济报酬的内部动态比例。在员工收入中，工资与奖金的比例原则上应保持在 7∶3。

公司依据不同职位的性质和绩效考核的特点，灵活地确定不同的工资结构。

对于业绩可直接定量衡量的职位或职位族，采用"固定工资＋绩效工资＋奖金"的工资结构。

对于业绩不能直接定量衡量的职位或职位族，采用"固定工资＋奖金"的工资结构。

对于直接参与项目组运作的员工，在合同执行期间，其工资收入根据其与公司签订的有关合同执行。

第四条　管理体制

为了保证人力资源政策的统一性和完整性，公司实行集中统一的工资报酬管理体制。人力资源部为工资报酬管理政策的提出者和组织实施者，各部门和分支机构都必须严格地执行公司的工资报酬政策。

第二章　工资等级

第五条　工资等级确定

员工工资等级的确定依据是职位等级，即各类职位对公司战略目标实现的"相对价值"，职位等级越高，相对价值越大，工资等级越高。

第六条　职位族划分

公司所有职位中，划分管理、工程、专业和行政等四个职位族，各职位族包括的职务或岗位的范围为：

管理族：公司领导、高层管理者、各职能部门和业务部门主管、项目经理等。

工程族：土建、电气给排水等专业工程师，项目报批主管、项目设计主管，物资采购员。

专业族：策划、预决算、审计、律师、成本核算、资金管理、资债管理、成本费用、税务、出纳、电算化、合同、催款、服务、办证、市场调查分析、销售、按揭、贷款、综合服务等人员。

事务族：人力资源文秘、办公室、接待、行政事务、档案、总务、车辆、保安等人员。

第七条　职位等级

依据职位评价要素，划分不同的职位类别，形成职位族，对各类职位的价值进行评价，确定各类职位的"职等"。各职等内部的职位序列，形成"职级"。

公司的各类职位共分八个职等，不同的职位族中形成不同的职级，具体划分结果详见表1（略）。

第八条　工资等级

职位等级确定工资等级。依据职位等级的划分，公司的工资等级共划分为九个薪等，每个薪等中包含15个薪级。

第九条　工资等级区间

根据职位等级的划分以及各职位族的价值，确定各职等对应的薪等区间。薪等区间确定的是该职级工资的最高和最低标准，即各职等的薪等进入标准。如Ⅴ职等（包括工程四级和专业四级）的最高薪等为七等，最低为五等，详见表2（略）。

第十条　等级进入

员工进入新工资制度的工资等级时，必须对其职位进行评估，确认其是否能在现任职位发挥应有的价值，进而确定其职位等级，根据职位等级序列确定其工资等级。

第十一条　工资等级表

为职等和职级设计对应的固定的薪值，形成了工资等级表（参见表3（略））。薪值在各职等和各职级之间保持着一定的等差和级差，职等越高，等差和级差越大。（工资等级表略）

第十二条　工资等级进入基准

新进员工（含应届毕业生）试用期结束后，其工资等级的确定程序为：首先确定其职位族，然后按照职位评价标准确定其职等，最后根据其能力、经验和学历等要素确定其薪等和薪级。

非应届毕业生进入公司时，主要根据其所应聘职务（岗位）的性质和工作经验，在制度规定的工资等级区间内，以协商的方式决定其薪等和薪级。

第十三条　工资等级调整

(1) 员工工资每年年末调整一次。

(2) 工资调整与同期绩效考核结果直接挂钩，即绩效考核档次直接决定工资等级的提高或降低。

(3) 员工工资的调整程序是，依据本年度绩效考核的结果，确定其工资等级的升降 (等级升降标准参见《人事考核制度》)；进而确定其新的工资等级，工资等级所对应的薪值，即为新的工资水平。

第十四条　薪级调整基准

绩效考核的结果的累计分值决定薪级的晋升或降低，具体的调整标准如表 4 所示 (表格略)。

第十五条　工资等级调整

工资等级于每年年末调整，先调整薪级，当其薪级达到本薪等的最高级 (15 级) 时，在上一个薪等找对应的薪值，该薪值所对应的工资等级即为新的工资等级。

第十六条　工资结构

(1) 对于业绩可直接定量衡量的职位或职位族，其 "固定工资＋绩效工资＋奖金" 的工资结构中，工资等级中的薪值 70% 为固定工资，按月支付。其余 30% 为绩效工资，年终根据绩效考核结果支付系数确定支付额。

绩效考核结果与支付系数的关系如表 5 所示。

表 5　考核结果与支付系数

考核结果	3分以下	>3分	>4分	>5分	>6分	6分以上
支付系数	0.5	0.6	0.8	1	1.2	1.4

(2) 对于业绩不能直接定量衡量的职位或职位族，采用 "固定工资＋奖金" 的工资结构。

第十七条　自动降薪

当公司或部门经营业绩出现大幅度下降时，为了避免大规模的裁减员工，公司可随时启动整体的 (全公司范围) 或部分的 (某一部门或职位族) 自动降薪机制。自动降薪通过降低停止晋升薪级或降低薪级实现。

自动降薪的实施方案由公司总经理办公会议决定。

第十八条　工资扣减

员工因私旷工、病假、缺勤的工资扣减依照公司的有关规定处理，但扣减额的核算必须以新的工资等级为基数。

第十九条　税费处理

公司在向员工支付工资前，如符合税费缴纳规定时，需由公司统一扣除个人所得税及地方政府规定的有关个人的税费。

第二十条　工资支付

员工工资的支付时间和支付方式遵照公司的原有规定办理。

第三章　奖金

第二十一条　依据和分类

奖金是对员工所贡献业绩的回报，其确定的依据是职位等级、绩效考核结果和公司的整体经营效益状况。

公司的奖金分为季度业绩奖、年度业绩奖和特殊贡献奖。

第二十二条　季度业绩奖

季度业绩奖是对员工本季度工作业绩的回报，其确定依据是本人的月平均工资水平和本季度的个人绩效考核结果。

季度业绩奖的计算方法为：

季度业绩奖＝月平均工资 ×4× 季度奖金系数 × 奖金系数

季度奖金系数是指公司季度奖金总额占季度工资总额的比例，该比例原则上不高于15%，具体比例由公司人力资源委员会决定。

奖金系数根据不同的绩效考核结果设定，如表6所示。

表6　季度绩效考核结果与奖金系数

考核结果	A	B	C	D	E
奖金系数	1.5	1.3	1	0.8	0

第二十三条　年度业绩奖

年度业绩奖是对员工本年度工作业绩的回报，其确定是在参考公司当年经营效益的基础上，与本年度个人绩效考核结果直接挂钩。

年度业绩奖的确定方法是：

年度业绩奖＝月平均工资 ×12× 年终奖金系数 × 年度绩效考核档次系数

其中：

年终奖金系数：为年终奖金额占全年工资总额的比例，原则上不超过15% 具体比例由公司人力资源委员会决定。

年度绩效考核档次系数：为本年度不同档次的人事考核结果设定的奖金系数，如表7所示。

表7　年度绩效考核结果与奖金系数

考核结果	A	B	C	D	E
奖金系数	1.4	1.2	1.0	0.7	0.4

第二十四条　特殊贡献奖

特殊贡献奖是对本年度为公司作出突出贡献的员工的一种特殊的奖励。

凡符合下列条件的，可由各部门提出申报，公司人力资源委员会审议，总经理决定。

(1) 对公司工程项目开发设计有重大改进；

(2) 为公司工程项目开发的顺利进行解决重大问题；

(3) 在个人职责范围之外，提出新建议并获得重大效益；

(4) 在个人职责范围之外, 提出新建议并避免重大损失;

(5) 公司总经理认定的特殊贡献。

第二十五条 责任者

公司的奖金分配方案由公司人力资源委员会审议, 最终决定权归总经理及总经理办公会议。

公司人力资源部负责制订奖金发放方案, 并审定各部门的奖金分配方案及有关咨询工作。

第二十六条 例外

(1) 凡没有季度或年度绩效考核结果者, 原则上不发放业绩奖和年终奖。新进员工只发放实际工作的业绩奖和部分年终奖。

(2) 凡因绩效考核不合格, 下岗者不发放奖金。

(3) 凡因个人原因, 给公司造成重大损失者不发放季度奖金和年度奖金。

第四章 其他

第二十七条 福利制度

公司的福利制度是为了回报员工的累积贡献, 为员工提供生活安全的需要, 提高员工的生活质量, 补充社会公共福利的不足。凡是应当和能够由社会或员工承担的福利支出, 一律由社会或员工个人承担。

公司将根据实际情况, 在适当的时机, 有计划地实施内部福利项目, 目前仍实行现行的福利项目。

第二十八条 津贴

公司对特殊岗位发放一定津贴, 对津贴(含补贴)的种类、发放范围和数额, 由人力资源委员会审议后, 报总经理批准执行。

第二十九条 附则

(1) 本制度的解释说明权属人力资源部。

(2) 本制度的未尽事宜经授权后, 由人力资源部补充。

(3) 本制度的最终决定、修改和废除权属公司总经理。

(4) 本制度的实施时间为 ××××年×月×日。

第十二节　财务管理制度

财务管理制度是针对财务管理工作的规则、方法和程序所制订的规范性文件。

一、制订财务管理制度应遵循的基本原则

1. 合规性原则

企业财务管理制度的设计要符合国家、行业相关法律、法规和政策。

2. 整体性原则

企业财务管理制度的设计要全面规范企业的财务活动。

3. 适应性原则

企业财务管理制度的设计要不断适应企业生产经营的需要，同时紧跟国家发展的要求。

4. 效益性原则

企业财务管理制度的设计要兼顾成本与效益原则，达到制度科学化，效益最大化。

5. 一贯性原则

企业财务管理制度的设计要具有一定的稳定性，不能朝令夕改。

二、财务管理制度基本内容构成

企业制订财务管理制度，原则上应包含企业内部财务体制、财务预算、资金筹集、所有者权益、流动资产、往来结算、固定资产和无形资产及递延资产、对外投资、成本和费用及税务、营业收入和利润及利润分配、外汇业务、财务报告、财务分析、财务监督和会计档案管理等方面内容的设计与规定。

具体内容可参见财务管理制度参考范例内容。

三、财务管理制度拟写注意事项

(1) 财务管理制度作为公司的一项重要制度，在写作过程中要严格遵循现行相关的会计制度及相应准则。

(2) 用词要准确、规范；分项写作，每一项要相应细化，不留任何漏洞。

(3) 写作过程中要注意明确相应的权利和义务以及相关的控制措施。

四、财务管理制度参考范例

【范例】

<h1 style="text-align:center">××股份有限公司财务管理制度</h1>

第一章 总则

第一条　为了规范××股份有限公司（以下简称"股份公司"）及股份公司下属控股子公司的财务管理工作，达到财务管理工作的制度化、规范化，按照现代企业制度要求，根据中华人民共和国财政部颁发的《企业会计制度》及相关准则，结合本公司情况制订本财务管理制度。

第二条　财务管理的目标是：充分发挥公司的整体优势，以合理的成本、资金投入，优化的资源配置，达到盈利目标最大化，资本运营最优化，获利能力和股东财富最大化。

第三条　公司财务管理制度依据国家颁布的财经法规和公司内部各项管理制度，通过财务管理制度的实施来合理组织会计核算，真实、完整地反映财务状况和经营成果，提高公司财务管理水平，保证公司资产的安全性、完整性。

第二章　财务管理体制

第四条　为了体现以产权为依托的母子公司关系，股份公司实行"会计政策统一制定，经济业务独立核算"的财务管理体制。凡是股份公司全资、控股及有实际控制权的参股企业，其财务管理均纳入股份公司财务管理体系，执行《企业会计制度》及会计准则和《××股份有限公司财务会计制度》，同时符合上市公司信息披露的规范和要求。

第五条　职责和权限划分

（一）属于股份公司统一管理的权限

投资管理：对外投资的审批权限在股份公司。对外投资须按规定程序审批同意后组织实施，投资行为包括直接投资如设立分、子公司等。

贷款信用担保管理：股份公司严格执行财政部和证监会有关规定，控制对外担保。除经股份公司董事会同意，下属公司不得对外提供任何形式的担保。

赞助和捐赠管理：股份公司对外赞助、捐赠由董事长或董事长授权代理人统一审批。

产品价格管理：产品价格由股份公司市场部负责制定，财务部协助管理。

内部审计管理：股份公司采用定期检查、专项审计等形式对下属控股子公司及分公司进行检查，专项审计包括财务制度的执行情况以及其他经济业务事项的检查。内审工作由股份公司审计部门组织，公司财务部门配合进行，如有必要也可聘请外部会计师事务所审计。

（二）下属公司的财务管理权限

会计核算管理与财务管理：真实完整地反映资产质量状况、财务营运状况、经营成果，保证资产的安全、完整。结合自身具体情况制定财务会计管理实施细则，加强会计基础工作，提高财务管理水平。

资金管理：合理筹集资金，有效使用资金。

预算管理：做好财务收支预测、跟踪预算执行情况、分析原因，为公司完成经营指标和公司决策提供信息。

税务管理：对公司的各项经济活动正确计税、依法纳税。

财务监督：督促财务制度的严格执行，保证财会信息正确真实，纠正可能存在的工作失误。

第三章　会计核算管理

第六条　股份公司及下属控股子公司应按照《企业会计制度》相关的会计准则和《××股份有限公司会计制度》的规范要求，组织会计核算，保证会计信息真实、完整。

第七条　货币资金管理

(1) 股份公司及下属控股子公司的财务对外结算，应严格按照《会计基础工作规范》的要求运作。

(2) 现金和银行存款的收、付款业务应在会计事项发生的当日编制会计凭证，登记账簿，做到日清月结。月末须将公司银行日记账与银行对账单进行核对，未达款项应查明原因并编制银行存款余额调节表。

(3) 转账支票等结算票据由专人保管；银行印鉴由两人分别保管；建立现金支票、转账支票申领和使用审批和签收登记制度，内容至少应包括票据编号、领用人、收款单位、金额。

(4) 支付款项按相关业务授权和公司规定程序办理。

(5) 不准用白条抵库。

第八条　应收款项管理

(1) 应收账款的日常管理。

定期进行应收账款账龄分析，建立对账制度，并督促相关部门清理和催收，有效控制经营风险。

(2) 应收票据的管理。

收到的应收票据应在"应收票据"科目内核算。设置"应收票据明细账"，票据办理贴现时需经财务负责人批准，贴现息计入财务费用。

第九条　存货款项管理

(1) 本制度存货的含义为：材料采购、原材料、包装物、低值易耗品、委托加工材料、自制半成品、产成品、库存商品。

(2) 存货采购一般必须签订购货合同，并实行审批制度。

(3) 大宗材料的采购实行招标形式。

(4) 存货的入库必须严格履行验收制度，对名称、规格、型号、数量、质量等要逐项核对，并及时入账。

(5) 存货的发出必须按规定办理，及时登记仓库账，并与会计记录核对。

(6) 存货的采购、验收、保管、运输、付款等职责必须严格分离。

(7) 低值易耗品采用一次摊销法。

(8) 存货的日常核算，要做到及时、准确，要能及时反映存货的流转动态。存货实行永续盘存制，建立定期盘点制度，发生的盘盈、盘亏、毁损、报废要及时按规定程序审批和处理。

第十条　投资管理

(1) 将本公司的现金、实物和无形资产，转移到工商局批准开业且具有独立法人资格的经营实体中，列作长期投资进行核算。

(2) 长期投资地核算方法必须执行现行财务会计制度规定并及时正确处理相关投资

收益。

(3) 根据股东大会或董事会的决议及投资合同、协议等有关文件办理财产转移的账务处理。对投资金额占被投资企业资本总额在50%以上或投资不足50%，但具有重大影响的，其经营状况应纳入本公司的合并报表范围。

(4) 按时收取被投资企业的财务报表，发现问题及时联系，每年对被投资企业的经营状况要进行实地检查，并就其财务活动提出书面的检查及整改意见。

第十一条 固定资产管理

(1) 编制旨在预测与控制固定资产规模和合理运用资金的年度预算，对实际支出与预算之间的差异以及未列入预算的特殊事项，要履行特别的审批手续。

(2) 严格控制经批准的技改、大修、更新等项目预算。参与工程项目的财务可行性报告。

(3) 除固定资产总账外，还必须设置固定资产明细账和登记卡，按固定资产类别、使用部门和每项固定资产进行明细分类核算，固定资产的增减变化均应有原始凭证。固定资产折旧的折旧方法、折旧年限确定、残值率均应根据公司会计制度执行，报主管财税局备案。

(4) 严格区分资本性支出和收益性支出。凡不属于资本性支出的应作收益性支出并计入当期损益。

(5) 固定资产的处置，包括投资转出、报废、出售等要按国家规定和公司制度办理申请报批手续。

(6) 固定资产每年定期盘点，验证各项资产的真实存在。

(7) 固定资产建立维护保养制度，以防止各种自然和人为的因素而遭受损失，建立日常维护和定期检修制度，以保证其使用寿命。

第十二条 负债管理

(1) 应付账款的核算制度：公司采用权责发生制，发生采购业务通过本科目核算。本科目按客户设立明细账，暂估入账的隔月应原数冲回。

(2) 应付工资的核算制度：按公司计税工资标准核算，公司实行代扣代交个人调节税并列入计税工资额。

(3) 应付福利费的核算制度：本科目核算范围内容较多，财务部要严格把关，原始凭证和自制凭证签核手续齐全，严格执行现金报销制度。年末若出现借方余额，则全额结转到管理费用。

(4) 预提费用核算：借款利息的计提。

(5) 应付利润：根据公司经董事会利润分配方案的分配决议，计入本科目贷方，支付时计入借方。

第十三条 收入和成本管理

(1) 营业收入的确定符合法定要求，营业成本和费用与营业收入相配比。同样，其他业务收入与其他业务成本相配比。

（2）为了正确地核算产品成本，对成本进行有效的控制，股份公司及下属控股子公司分公司根据本公司特点建立健全成本核算方法和控制制度，将生产控制和成本核算有机结合起来。

① 建立健全原始记录，严格执行计量验收和物资收发制度。

② 按照权责发生制的原则确定成本、费用的开支，不能任意预提和摊销。

③ 各成本项目的核算、制造费用的归集与分配、结转遵循一贯性原则。

（3）成本资料是公司的机密资料，未经公司总经理批准，不得对其他单位、部门提供。

（4）费用开支范围和标准须符合公司会计制度规定，发生的费用按股份公司规定的科目进行分类和归集。

第四章 资金管理

第十四条　资金管理目标是：充分发挥股份公司整体优势，支持业务发展；控制资金风险，降低融资成本，提高资金使用效率。

第十五条　资金管理应体现效益优先和有偿使用原则。

第五章 财务预算管理

第十六条　根据股份公司全面预算管理要求，各公司编制年度销售收入成本费用计划，财务部对预算进行跟踪，将预算执行情况报告总经理。

编制预算的目的是加强股份公司的财务预算管理，提高整体经济效益。

第十七条　股份公司及下属控股子公司根据董事会确定的经营规模和利润目标，分别确定销售预算、生产预算、费用预算、资金预算等，并据以编制预算利润表和预算资产负债表和预算现金流量表。各职能部门根据各自的职能，基于节约费用的要求，编制部门的费用支出预算。

第十八条　上报的预算均需经上报公司（部门）负责人签名。

第十九条　股份公司财务部负责掌握和分析预算的执行情况，根据需要对预算执行情况进行不定期检查，并向董事长、总经理、分管经理报告。

第六章 税务管理

第二十条　依法纳税是企业的义务。企业财务人员要熟练掌握有关税务政策，积极参与公司的投资、资产重组、股权转让等经济业务的税收筹划。

第二十一条　财务部门应加强与税务部门的联系，及时足额履行纳税申报义务

第七章 财务监督

第二十二条　财务监督的目的是保证国家财经纪律和股份公司财务制度的严格执行，保证财会信息正确性、真实性，提高财务管理水平。

第二十三条　财务监督的对象是生产、经营、管理活动的全过程，以及反映该活动信息的财务会计资料和其他有关资料。其主要内容为：

（1）执行财务制度情况；

(2) 会计基础工作水平；

(3) 财务风险分析。

第二十四条 财务监督的方式分定期检查、专项检查审计等。定期检查即每年一至二次对下属控股子公司进行检查，专项检查内容包括财务制度、会计制度的执行情况以及对其他经济活动会计事项的检查。

第二十五条 检查工作股份公司审计部门组织，公司财务部配合进行，如有必要也可聘请外部会计师事务所进行。

第二十六条 检查人员有权要求被查单位负责人、财务负责人或其他有关人员说明情况、提供资料，上述人员不配合或阻碍检查的，由单位负责人承担责任。

第二十七条 检查过程和结果必须形成书面报告。检查结果必须向被查单位负责人和财务负责人通报，限期整改。

第二十八条 对检查中发现的违反财经纪律和财务制度的现象，按政府规章制度和股份公司有关规定，分别对企业负责人和财务负责人做出处罚。

第二十九条 检查人员做到客观、公正、廉洁。不得向无关人员任意扩散检查目的、内容和结果。

第八章 会计交接、会计档案管理

第三十条 会计交接制度

(1) 会计人员工作调动或者因故离职必须将本人所管的会计工作全部移交给接替人员，没有办理交接手续者不予办理调动手续。

(2) 会计人员在办理移交手续前必须及时办理完毕未了的会计事项，包括：对已经受理的经济业务尚未填制会计凭证的，应当填制完毕；尚未登记的账目，应当登记完毕并在最后一笔余额后加盖经办人员印章；整理应该移交的各项资料，对未了事项写出书面证明等。同时编制移交清册，列明应当移交的会计凭证、会计账簿、会计报表、现金、有价证券，印章以及其他会计用品等。

会计机构负责人，会计主管人员移交时还应将全部财务会计工作、重大财务收支问题和会计人员的情况等向接替人员介绍清楚；需要移交的一切问题应当写出书面材料。

(3) 交接双方要按照移交清册逐项移交。其中：现金要根据会计账簿记录余额清点，不得短缺；有价证券的数量要与会计账簿记录一致，面值不一致的数量(张数)要点交清楚；银行存款余额要与对账单核对，各种财产物资和债权债务的明细账余额要与总账有关账户余额核对。

实行会计电算化的企业要将财务电子数据及操作情况移交清楚。交接双方和监交人员要在移交清册上签名或盖章。同时，移交清册由交接双方以及单位各执一份，以供备查。

(4) 出纳人员工作调动时更换保险箱密码。

(5) 在办理会计工作交接手续时要有专人负责监交，以保证交接工作的顺利进行。

(6) 移交人对自己移交的会计资料的合法性、真实性要承担相应责任。

第三十一条　会计档案管理

(1) 会计档案指会计凭证、会计账簿、会计报表。

(2) 每年形成的会计档案，都应由财务会计部门按照档案管理的要求，负责整理立卷装订成册。当年会计档案，在会计年度终了后，可暂由财务部门保管一年后再送交公司档案部门保管。

(3) 对会计档案做到妥善保管、存放有序、查找方便。同时，严格执行安全和保密制度。不得随意堆放，严防毁损、散失和泄密。

(4) 会计档案不得出借，如有特殊需要，需经领导批准，不得拆散原卷并应及时归还。本单位非财务人员不得调阅会计档案。

(5) 各种会计档案的保管期限，根据财政部门要求规定如下：

① 原始凭证、记账凭证 15 年；

② 银行存款余额调节表 5 年；

③ 现金、银行存款日记账 25 年；

④ 明细账 15 年；

⑤ 总账 15 年；

⑥ 涉外账簿永久；

⑦ 月、季报表 5 年；

⑧ 年度会计报表永久；

⑨ 银行对账单 5 年；

⑩ 会计移交清册 15 年；

⑪ 会计档案保管清册永久；

⑫ 会计档案销毁清册永久。

(6) 会计档案保管期满需要销毁时，档案部门提出销毁意见，财务部门鉴定，严格审查编造会计档案销毁清册。经主管财政部门批准后才能销毁。

(7) 销毁会计档案时，应由主管财税部门、公司档案部门和财务部门共同监销。

第九章　附则

第三十二条　本制度未尽事宜，按国家有关法律、法规和公司章程的规定执行。

第三十三条　本制度制定、解释、修改权归公司董事会。

第三十四条　本制度经公司董事会审议通过之日起生效并实施。

第十三节　公司档案管理制度

档案管理制度是企业管理制度的重要组成部分。文件与档案是企业的宝贵资产，是企业信息资源的有形载体。档案管理制度的根本目的是保存保护档案文件，以便充分利用档案文件，发挥其价值。

当企业规模较小时，档案管理制度内容也就相对简单，制度形式往往以一个层次的条项式来编排内容。当企业文件或档案数量较大时，内容也相对具体、丰富，制度内容层次会在两个以上。档案文件管理属于特定的专业管理，其管理制度的制订应该由企业文秘部门和档案管理部门的专业人员制订，然后以企业名义颁布实施。

一、档案管理制度基本内容构成

1. 总则

总则的内容主要交代制定本制度的依据、目的和意义等。

2. 文件处理流程

文件处理是各个部门职权履行的过程，具有严格程序性和规定性。这部分内容一般应规定文件处理的程序、规则以及各部门的职责和任务等。该部分内容在档案管理制度中并非必备内容，有些企业会另行规定。

3. 管理组织

文件处理与档案管理部门的设置一般在企业组织设置中已经包括，在此应该是档案部门内部组织的设置与具体职责和管理任务的界定，以保证文件档案管理工作顺利开展。但是，有些企业在组织设置的基本制度中已有明确具体规定的，在该制度中可以省略此部分内容。

4. 档案实体管理办法

档案实体管理办法是该制度的主要内容。档案实体管理办法主要应明确档案收集、档案实体管理和档案利用的基本工作内容和要求。

(1) 档案收集。档案收集部分包括归档范围、立卷要求、移交程序和时间等内容，这部分工作是文件处理部门和档案部门的交汇点，制度应该明确职责分工，以免互相扯皮。

(2) 档案实体管理。档案实体管理的基本内容包括档案编目、密级确定、保管期限划分、档案实体存放与保护、档案鉴定与销毁等。这是档案部门的基本工作内容规范，可以保证档案实体管理工作正常运行。

(3) 档案利用。档案利用是档案管理价值的最终体现。档案利用一般包括各部门的档案资料借阅和档案部门根据现有档案资料进行的编研成果。同时制度应该对档案资料的利用进行严格的程序和权限规定。

5. 附则

附则一般是对制度的补充解释和执行时间、执行部门的说明等。

二、档案管理制度拟写注意事项

(1) 管理制度都是组织意志的集中体现，具有普遍约束力。制度设计要合理、周延，对于有关文件档案使用的责权要明确。文件档案是组织的重要信息资源，如果出现丢失、损毁、泄漏等问题，要明确追究责任。

(2) 文件档案管理制度是具体的执行性管理制度，内容一定要切实可行，制度的内容要符合企业的实际情况，以有利于档案文件保护和再利用。

(3) 符合国家公文和档案管理相关法律法规规定，企业制度规定不能与国家或行业法律法规相抵触。

三、档案管理制度参考范例

【范例】

××××公司档案管理制度

(××××年3月1日颁布实施)

第一章　总则

第一条　为了加强本公司文件档案管理，保证文件档案资料的有效保护和利用，根据国家有关企业档案管理法律法规，制订本办法。

第二条　公司档案是指公司本部和下属各单位在生产经营及管理活动中直接形成的，对具有一定查考利用价值的各种文字、图表、声像及实物等不同形式和载体的历史记录。

第二章　管理组织及职责

第三条　公司办公室在主管副总经理领导下，归口负责领导、检查、监督档案管理工作，负责对各部门文件材料立卷、归档工作进行总体检查和考核。

第四条　公司设立综合档案室，归属办公室领导，负责统一管理和指导公司档案工作。各部门设立兼职档案员，组成档案工作管理网络。

第五条　档案工作是我公司管理工作的重要组成部分。各部门必须将文件材料立卷归档工作纳入本单位和有关人员的职责范围，并作为考核干部实绩的内容之一。

第六条　承办立卷人的职责：

(一) 本职工作任务，在完成或告一段落后，承办人员应将所形成的文件材料按照归档范围、保管期限和密级划分加以系统整理并归档。

(二) 根据自己的职责范围和工作中可能形成的文件材料协助兼职档案员编制当年的案卷类目。

（三）来往文、电中的外文材料，承办人员应在原文上译出中文文件标题、单位名称或个人姓名及文件日期。

第七条 兼职档案员的职责：

（一）会同承办人员编制当年的案卷类目，组织承办人员进行预立卷，发现类目与实际形成的文件不符时，及时纠正。

（二）负责检查承办人员立卷和移交的文件材料的系统、齐全、完整情况，发现问题及时修改、补充。

（三）编写案卷标题，并将案卷按永久、长期、短期分别进行统一排列，编制移交目录，送交档案室。

第八条 档案部门的职责：

（一）贯彻执行国家档案工作的方针、政策、法规，结合本公司情况，制定档案工作管理制度。

（二）参加各部门工作任务验收、科研成果鉴定、仪器设备开箱等的文件材料验收工作，检查验收应当归档的文件材料是否合乎归档要求，未经档案部门验收和经检查不合要求的不能通过鉴定、验收。

（三）培训、指导和监督兼职档案员、承办人员的立卷归档工作；协助兼职档案员编制或修改案卷类目。

（四）在案卷装订之前，对各部门的案卷质量进行复查。

（五）接收各单位移交的档案，负责全站档案的分类编目、排架、统一保管、借阅和开发利用。

第三章 立卷归档

第九条 档案文件材料的形成要与立卷归档工作实行"四同步"管理，即：下达任务与提出文件材料的形成、积累、整理和归档同步；检查工作进度与检查文件材料的形成、积累、整理和归档同步；鉴定、验收科技成果与鉴定、验收科技文件材料的立卷和归档同步；上报登记和评审奖励科技成果与档案机构出具证明材料同步。

第十条 归档范围：

凡是反映本公司科研、生产、销售及管理（包括外事、财务、人事、党政工团、安全、保卫、宣传、教育等）工作活动，具有查考利用价值的各种门类和载体的文件材料（包括文字材料、图表、照片、录音（像）带、计算机磁盘等），均属立卷归档范围（详见附件《文件材料立卷归档实施细则》）。

重份文件，没有查考价值的文件材料不需归档。

第十一条 立卷归档时间：

（一）文书档案由承办单位或承办人员在次年四月底以前移交档案室。

（二）会计档案在会计年度终了后，可暂由本单位财务会计部门保管一年，期满后的次年四月底以前移交档案室。

（三）科研或工程建设档案，由任务下达部门督促承担单位在成果鉴定或验收后两个月内移交档案室，周期过长的可以按形成阶段分期归档。

（四）重要工作会议、专项活动、专业性技术会议和学术会议的文件材料在活动或会议结束后一个月内整理、立卷并移交档案室。

（五）带有密级的文件材料，应由承办单位随时形成随时归档。

第四章　档案实体管理

第十二条　案卷接收

案卷归档时，各单位将案卷连同案卷目录（一式两份）一并移交档案室，由档案室清点验收，合格者由交接双方在案卷目录上签字。案卷目录一份留档案室，一份由立卷单位存查。不合格者由原立卷单位负责重新整理。

第十三条　编目

档案室根据《××档案分类大纲》进行档案的分类标引，编写目录和分类目录。进行档案实体的分类整理和排架。

第十四条　保管期限

档案保管期限分为永久、长期、短期三种。凡在工作查考、经验总结、科学研究、基本建设等方面具有长远利用价值的，应永久保存；凡在一定时期内具有利用价值的，应短期（15年以内）保存；凡介于以上两种保管期限之间的，应长期（15～50年）保存。

第十五条　统计

做好档案的统计工作，对档案的收进、移出、保管利用等工作及时进行统计，并按规定报送档案工作统计年报。

第十六条　补充与修改

(1) 需补充的文件材料，承办人经整理后向档案部门补充归档。档案部门对补充归档的文件材料应及时整理编目，归档材料不多的可归入相关案卷内，并填写案卷目录；归档材料较多的，可单独组卷、编目、并根据规定及时调整案卷的保管期限。

(2) 严禁修改已归档的档案，对已归档的案卷确需修改时，必须经有关主管负责人批准后，将修改后的文件材料补充归入案卷，并在备考表中注明原因。

第十七条　安全与修复

档案保管设有专用库房，必须保证防盗、防火、防晒、防虫、防潮、防鼠、防腐蚀等安全设施完好。定期检查档案保管状况，有破损或变质的档案，要及时修复。

第十八条　鉴定与销毁

定期对档案的保存价值进行鉴定。对保管期限变动、密级调整和需销毁的档案，由档案与产生部门的人员组成专门的鉴定小组，在主管负责人领导下进行鉴定工作。对失去保存价值的档案，按有关规定和程序进行销毁。

......

第五章 档案的开发利用

第××条 档案室负责编制必要的检索工具。搞好档案信息资源加工，积极主动开展档案的开发利用工作。

第××条 建立、健全提供档案利用的各种制度。借阅、复制档案要有一定的批准手续，提供密级档案要严格按照保密规定执行。

第××条 借用档案者必须严格遵守档案室各项规定，不得擅自转借、拆折、剪贴、涂改等。

......

第六章 附 则

第××条 本办法由公司办公室综合档案室负责解释并制定实施细则。

第××条 本办法未尽事宜按国家档案局和行业主管部门的有关档案规定执行。

第××条 本办法自发布之日起施行。

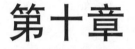

第十章
员工职业生涯常用文书写作与范例

　　企业员工在其职业生涯过程中经常需要使用与工作、职业相关的个人文书，主要包括求职信、个人简历、申请书、工作总结、工作建议、述职报告、辞职信等。此外，在各种工作场合，员工还有可能被邀请作演讲或即兴发言等。

<h1 style="text-align:center">第一节　求　职　信</h1>

　　求职信是求职者主动向用人单位或单位主管领导介绍自己的个人资历和实际才能，表达自己就业愿望的一种书信式文体。

一、求职信基本内容与写法

1. 称谓

　　称谓即对受信者的称呼，要顶格写在第一行，可以是受信者单位名称，也可以是个人姓名。单位名称后可加"负责同志""主管领导"等；个人姓名后可加"先生""女士""同志"等称呼。

　　求职信不同于一般私人书信，受信人未曾见过面，所以称谓要恰当而正式。

2. 正文

　　正文要另起一行，空两格开始写求职信的内容。如果正文内容较多，要分段写，主要包括以下几方面的内容。

　　(1) 首先简要介绍自己的自然情况，如：姓名、年龄、性别、民族、毕业院校、专业特长等。

　　(2) 应该简要说明求职的原因和愿望。首先可以直截了当地说明从何渠道得到有关招聘信息，然后对应招聘条件简要说明自己求职的动机和原因，明确应聘职位或职务。行文应郑重而简明，重点突出，文字应具吸引力，切勿流于套话或现抄袭之嫌。

　　(3) 写出对所谋求职位的基本认识以及对自己的能力与学识作出客观公允的评价，这也是求职信的关键内容。要着重介绍自己应聘的有利条件，特别要突出自己的优势和"闪光点"，以使对方信服。这段内容，语言要中肯，恰到好处；既要态度谦虚诚恳，又要表现出充分的自信；要给受信者留下深刻印象。总之，这段文字要有目标、有重点，极具说服力。

　　(4) 明确提出自己的希望和要求。向受信者提出希望和要求要明确清晰，不要苛求对方。

3. 结语

　　另起一行，空两格，写表示敬祝的话。如"此致""敬礼"，或"祝工作顺利""祝事业发达"等较正式、通用的祝颂词语。这两行均不加标点符号，不必过多寒暄，以免画蛇添足。

4. 附件

有说服力的附件是对求职者应聘资格鉴定的凭证。所以求职信的附件是重要的却经常被忽视的部分。但如无恰当附件材料也不必勉强凑集。附件可在信的结尾处注明。如：附件1.××××××；2.××××××；3.××××××……最后将附件的复印件按顺序单独装订在一起随信寄出。附件不需太多，但必须有分量，应足以证明你的经验和专业能力。

5. 落款

求职者的姓名和成文日期写在信的右下方。姓名写在上面，成文日期写在姓名下面。姓名前面不必加任何谦称的限定语。成文日期要年月日齐全、规范。

二、求职信拟写注意事项

(1) 行文篇幅一定要简短，内容精练，切忌拖沓冗长，套话连篇。

(2) 表达语气自然，遣词用句通俗易懂。既要体现郑重严肃的态度，又要照顾书信的口语表达特点，语气正式但不能僵硬。切忌在信中使用生僻词语、专业术语等。

(3) 言简意赅，重点突出。求职信应力求重点突出、内容完整，尽可能简明扼要，不必面面俱到。要尽量使用实例、数字等来说明问题。

三、求职信参考范例

【范例】

求　职　信

尊敬的人力资源部××先生：

您好！

我是原北京××计算机公司的技术部项目经理×××，现已离职，28岁，大学本科和硕士专业方向为××××××，北京户籍。近日在贵公司的网站上看到了有关招聘产品技术项目经理的信息，我自检个人的履历背景和专业水平，完全能够胜任贵公司对该工作职位的要求，因此，特向贵公司投递简历，申请该职位。

除在北京大学的4年计算机专业学习专业知识外，我积极参与各种科研项目、科研实践活动，均取得了理想成果。毕业后在世界500强企业——××公司就职3年，很好地锻炼了我各方面的能力。这些都为我应聘贵公司该职位做好了充分的准备。

我相信我的努力，将给贵公司这个正在不断发展壮大的IT团队带来我应有的贡献。理由如下：

××公司技术项目经理所要求的素质	个人所具备的素质
——重点院校大学本科以上学历	——北京大学计算机系本科、硕士毕业，具有较好的学术背景和学历
——具有相关研究和管理经验者优先	——曾在包括 IBM 在内的多家 IT 行业公司实习，HP 公司就职，熟知软件开发的整体流程，同时具备独立项目研发能力
——对软件开发工程有深刻的理解	——优秀的专业知识水平，良好的专业技术水平
——流利的英语听说能力	——在多家跨国 IT 企业实习中，锻炼了自己的英语听说能力；四六级成绩优异
——能吃苦，责任心强，具备团队合作精神	——熟练掌握沟通技巧，同时具有较好团队和合作能力协作精神
——能够在工作中承受一定的压力	——在高压力环境下的工作能力强

非常感谢您能在百忙之中阅读我的求职信。同时我也十分期待能够在您方便的时间与地点与您见面。期盼回复！

顺颂商祺！

×××

××××年×月×日

联系方式：手机：86-138-××××-×××× 宅电：86-10-××××-×××× E-mail：××××@163.com

地址：××××××××××××××× 邮编：×××××

附件一：

（略）

附件二：

（略）

第二节 个人简历

个人简历是用于应聘的书面交流材料，是求职者向未来的雇主表明其拥有能够满足特定工作要求技能、态度和资质的专用文书。

卓越的简历就是一件营销武器，证明你能够解决未来雇主的问题或者满足他的特定需要，能促使你成功地得到面试机会。

一、个人简历基本类型

个人简历的类型主要有三种：时序型、功能型和混合型。

1. 时序型

时序型的简历按时间倒序描述工作经历，从最近的职位开始，然后回溯，着重强调责任和突出的成就。

2. 功能型

功能型的简历格式在简历的开始部分就强调特殊的成就和非凡的资质，但是并不将它们与特定的雇主联系在一起。

3. 混合型

混合型格式同时借鉴和综合了功能型格式和时序型格式的优点，是一种强有力的介绍方法。在简历的开始部分介绍价值、资信和资质（功能部分），随后的工作经历部分提供支持性的内容（时序部分）。

二、个人简历基本内容与写法

1. 个人信息

个人信息应该简单、直观、清晰。姓名、地址、电话和 E-mail 是必不可少的内容（若应聘国企，最好写上政治面貌），尤其是电话和 E-mail 一定要写在醒目的地方，让看简历的人非常容易就可找到求职者的联系方式。

2. 求职意向

求职目标要精简成一句话，写作时要把握好"度"，既要考虑自己的能力范围，也不能过于谦虚。

3. 教育背景和工作经历

应届毕业生应将教育背景写在醒目的地方，而有工作经验的求职者则应把"工作经历"放在"教育背景"之前。要按照逆序来写教育背景，即把最近的学历放在最前面，其中可以涵盖的内容有：学校，学校所在地，毕业时间，专业，成绩，排名情况等。

4. 奖励情况

写奖励情况时要强调奖励的级别，必须描述这个奖励的实质，最好用相对的数字来说明获得该奖励的难度。

5. 职业技能

交代职业技能要注意相关性，只写对申请职位最直接相关的技能。

6. 个人兴趣爱好

关于个人兴趣爱好，应写那些自己擅长的、对申请职位有帮助的、具体的爱好。

三、个人简历拟写注意事项

(1) 遵循"关键词"原则：现在一些大公司采用电脑筛选简历的方法极大地提高了工作效率，但同时也对投递简历者提出了新的要求，因为电脑通过搜索关键词来筛选合适的人选，只有通过了这一关才有面试机会。关键词几乎成为简历赢得电脑系统青睐的撒手锏，因此，特定的关键词应该出现在简历里。

(2) 用数字说话：有数字支持的成就故事是最好的说服工具，因为数字不是主观的判断，而是一种客观的证据，能证明你的工作业绩。

(3) 不要一份简历打天下，越是针对性强的简历越容易受到认可。每个求职者都必须为特定企业、特定职位"量身打造"简历。

四、个人简历参考模板

【模板】

个 人 简 历

姓名：	申请职位：		
个人自然状况：			
性　　别：　　婚姻状况：		联系电话：	
出生年月：		电子邮件：	
学　　历：		专　　业：	
单　　位：		地　　址：	
教育背景			
20××.9—20××.7	××××大学		北京
	商学院　　工商管理专业　　MBA		
19××.9—19××.7	××××大学		北京
	信息技术学院　　通信专业　　本科		
主要工作经历			

续表

19××.7—19××.3	A 公司 职位：	职责：
19××.3—20××.7	B 公司 职位：	职责：
20××.7—至今	C 公司 职位：	职责：
专业技能水平：		
成果与获奖情况：		
自我评价		
备　　注		

第三节　辞　职　信

　　辞职信，也叫辞职书或辞呈，是企业员工向原工作单位辞去现任职务或工作时书写的一种书信。一般情况，提交辞职信是辞职者在辞去职务时的一个必要程序。

一、辞职信基本内容与写法

1. 标题

　　在申请书第一行正中写明申请书的名称。一般辞职申请书由文种或事由与文种名共同构成，即以"辞职申请书"或"辞职信"为标题。标题要醒目，字体稍大。

2. 称谓

　　要求在标题下一行顶格处写出接受辞职申请的组织部门或领导人的名称或姓名称呼，

并在称呼后加冒号。受文者应该是具有处理辞职事务权限的部门或领导。

3. 正文

正文是辞职信的主体部分，正文内容一般包括三部分。

(1) 首先要明确提出辞职的请求，开门见山让人一看便知。语气要确定，不可含糊不清，以免使人误解辞职的真实性。

(2) 陈述提出辞职申请的具体理由。该项内容要求将自己辞职的具体理由一一列举出来，注意理由的客观合理性和客观必要性，以便辞职申请能够及时、顺利地被批复。

(3) 要申明自己提出辞职的决心，并说明个人的具体要求以及希望领导解决的问题等。

4. 结语

结尾要求写上表示敬意的话，如"此致——敬礼"等。

5. 落款

辞职申请的落款要求写上辞职人的姓名及提出辞职申请的具体日期。署名应该使用亲笔签名，并写明具体日期。

二、辞职信拟写注意事项

(1) 辞职信应该态度恳切、措辞委婉。即使自己离职有怨恨情绪，也不应批评对方，以便自己能够顺利离职。

(2) 辞职信应该简短精练，明确辞职要求，申明辞职的充分理由即可。完全无必要抒情与感慨，更无必要回顾在职期间个人经历和业绩等内容。

(3) 辞职理由应该客观充分。

三、辞职信参考范例

【范例】

辞 职 信

尊敬的公司主管领导：

鉴于我个人无法克服的一些客观原因，本人正式请求领导批准我辞去公司第二项目部经理职位。

我此次辞职主要原因在于我是独生子女，父母现居江苏苏州市，年事已高，而且身体多病，需要照顾，父母希望我能够在他们身边工作，而我公司在江苏苏州又无分支机构。同时，北京房价高企，个人无力购买自住房屋。因此，决定辞职回苏州另觅工作。

在递交这份辞呈前，我个人经过慎重考虑，无比艰难地作出辞职决定，心情十分沉重。我个人在公司北京总部已工作 8 年有余，当前公司正处于快速发展的阶段，我个人也非常感激公司数年来对我的培养和提拔。对于因本人辞职对公司造成的损失和不便，我深感歉意。

衷心感谢所有我在公司工作期间给予我信任和支持的领导和同事们，并祝所有领导和同事们在今后工作中取得更大的成绩。

希望公司领导尽快批复本人辞职事项。

　　此致
敬礼

第二项目部经理 ×××

××××年×月×日

第四节　申　请　书

申请书是个人或部门向上级组织、机关、企事业单位或社会团体表述愿望、提出请求时使用的一种文书。

申请书是一种专用书信，使用范围广泛。在企业中，多用于个人事项和部门的非正式或非重要事项的申请批准。部门的正式申请一般采用请示文种形式。

一、申请书基本内容与写法

1. 标题

申请书一般有两种写法：一种是直接写"申请书"；另一种是由申请事项和文种组成，如"关于调换工作申请书"等。

2. 称谓

顶格写明接受申请书的单位、组织或有关领导。

3. 正文

正文部分是申请书的主体。

首先要明确提出申请要求；其次说明申请理由，理由要写得客观、充分。申请事项内容要写得清楚、简洁。

4. 结语

结尾一般使用特定用语，如"特此申请""恳请领导帮助解决""希望领导研究批准"等，也可用"此致""敬礼"等礼貌用语。

5. 落款

关于落款，个人申请者要写清申请者姓名，同时注明日期。

二、申请书拟写注意事项

(1) 申请书要求一事一议，内容要单纯。切忌同时申请多项事项。申请的事项要清楚、具体，所涉及的数据要准确无误。

(2) 理由要充分、合理，实事求是，不能虚夸和杜撰，否则难以得到上级领导的批准。

(3) 语言要准确、简洁，态度要诚恳、朴实。

三、申请书参考范例

【范例】

试用期员工张××的转正申请

尊敬的主管领导：

本人于20××年5月10日成为公司的试用员工，至今天6个月试用期已满，试用期间个人表现良好，符合公司人事管理制度转正要求，现申请转为公司正式员工。

作为一个应届本科毕业生，在公司轮岗实习期间，我先后在工程部、成本核算部、市场营销部和行政部等四个部门分别实习了一段时间。这些部门的业务本人以前未接触过，与我大学所学专业知识也有较大差异；但是各部门领导和同事给予我足够理解、无私帮助和耐心指导，使我在较短的时间内迅速适应了公司的工作环境，也掌握了这些部门的基本业务流程和工作内容。

在公司实习期间，本人一直严格要求自己，认真及时地完成领导布置的每一项任务；遇到专业和非专业上的问题时虚心向同事学习请教，不断提高自己的业务技能，希望能尽早独立履职。当然，初入职场，工作上出现不少差错，幸好没有给公司造成损失；但前事之鉴，后事之师，这些经历也让我不断成长，在处理各种问题时考虑得更全面，采用工作方案更加成熟。在此，真诚感谢部门的领导和同事对我的入职指引和帮助，感谢他们对我工作中出现的失误的提醒和纠正。

作为自己的第一份工作，这半年来我受益匪浅。看到公司的迅速发展，我深深地感到庆幸和自豪，也更加迫切地希望成为公司的一名正式员工，以实现自己的职业奋斗目标，体现个人的人生价值，与公司一起成长。如能转正，我必定以更加谦逊的态度、饱满的热情和严谨的精神做好我的本职工作，为公司创造价值！

特此申请，恳盼批准。

申请人：××（部门）张××
20××年×月×日

第五节 述 职 报 告

述职报告是指担任某项职务或担负一定职责的人员，主要是领导干部，向上级领导、主管部门和下属人员陈述任职情况，进行自我回顾、评估、鉴定的正式报告。内容主要包括岗位职责履行，工作任务完成情况，取得的成绩，现存的缺点与问题等。

一、述职报告主要类型

1. 任期述职报告

任期述职报告是对任现职以来的总体工作情况进行总结报告。一般来说，时间较长，涉及面较广，要写出这一届任期的基本情况。

2. 年度述职报告

年度述职报告是一年一度的述职报告，写本人本年度的履职情况。

3. 临时性述职报告

临时性述职报告是指担任某一项临时性的职务，写出其任职基本情况。

此外，从表达形式上还可以将其划分为口头述职报告和书面述职报告。

二、述职报告基本内容与写法

1. 标题

一般的述职报告标题采用文种、时间段加文种、工作内容加文种或时间加工作内容加文种作为标题，如"述职报告""××××年度个人述职报告""关于领导开展保密自查工作的报告""关于××××—××××年工会扶困救灾工作的述职报告"等。

2. 称谓

称谓是报告者对听众的称呼。称谓要根据会议性质及听众对象而定。

3. 正文

述职报告的写法虽无严格的固定格式，但一般来说大都采用总结式写法，可以分以下几部分来写。

(1) 履行职责的基本情况。用简短精练的文字概括地交代主要工作事项，包括时间、地点、简要背景、事件简单过程等工作内容以及工作取得的重要成绩、经验等。

(2) 工作中出现的问题，应该汲取的教训。这部分内容要实实在在，不避重就轻，也不过分自责。处理好成绩和问题的关系，理直气壮摆成绩，诚恳大胆讲失误；处理好集体与个人的关系，不能把集体之功归于个人，也不要完全抹杀了个人的作用。

(3) 今后的工作计划与建议。内容包括目标、措施、要求三方面。不同的述职报告要求不同，有的述职报告不要求这部分内容。即使有要求，这部分内容也应该从略处理，点到为止。

4. 结语

报告结束时，一般习惯用语为"以上述职报告是否妥当，请予审议"。

5. 落款

述职报告的落款要写明自身姓名及单位名称，最后写述职当时的年月日。

三、述职报告拟写注意事项

(1) 要实事求是地反映自己在任期内的工作实绩和问题，不浮夸邀功，也不谦虚过度。

(2) 述职报告在表述上要处理好叙和议的关系，就是以叙述为主，把自己做过的工作实绩写出来，要用事实和数据说话。

(3) 报告要抓住重点，突出特色。报告表述的内容应抓住重点，将最能显示工作实绩的大事件或关键事写入述职报告。

(4) 凡重点工作、经验、体会或问题等，一定要有理有据，充实具体，而对一般性、事务性工作，宜概括说明，不必面面俱到。述职报告应突出自己的特色，突出自己独有的气质，独有的风格，独有的贡献，让人能分辨出自己在具体工作中所起的作用。

四、述职报告参考范例

【范例】

××××年度工作述职报告

各位领导，同志们：

根据市国资委文件精神和《关于对国有企业领导班子人员××××年度工作进行考核的通知》的有关要求，下面，我就个人去年以来在思想、工作、作风、纪律等方面的情况向各位领导及在座各位作简要汇报。

一、过去一年工作的简要回顾

××××年，是公司两个文明建设取得辉煌成绩的一年。一年来，在市委、市政府的关怀支持下，我作为这个管理团队的队长，能够带领班子全体成员，认真学习贯彻党的十六大和十六届三中、四中全会精神，身体力行"三个代表"重要思想，紧紧抓住发展这个强企兴企的第一要务，充分发挥党风廉政建设的保驾护航作用，围绕奋斗目标，大力发扬"团结拼搏，务实创新"的企业精神，采取一系列有力措施沉着应对不利因素的影响，组织广大员工，与时俱进、开拓创新、苦干实干、奋力拼搏，生产和经营状况均达到了公司成立以来的最高水平，全面完成了董事会确定的全年工作目标，同时在企业改革与强化管理、精神文明建设和体制创新等方面也取得了突破性进展，企业的政治、文化、环境、职工精神面貌都发生了翻天覆地的变化，取得了较为明显的经济效益和社会效益。

（一）以经济建设为中心，加快推进企业可持续发展

一年来，公司党委坚持以经济建设为中心，紧紧抓住强企兴企的第一要务，全面推进公司赶超发展战略，企业综合实力大大增强。

——生产经营保持了平稳运行。××××年公司面对日趋激烈的市场竞争，面对诸多不利因素，创造性地开展工作，及时调整产品结构，加大产品深加工力度，以提高产品附加值。全年累计生产圆钢×吨，完成全年调整产量计划×吨的121%。产品质量优等品率100%，继续保持公司成立以来的最高水平。全年累计销售产品×吨，产销率110.42%，实现销售收入×亿元。全年公司累计实现利税总额×万元。全年实现现价工业总产值×万元，工业销售产值×万元。全年共发放员工工资×万元，全部职工人均年收入×元。全面实现了党委、董事会确定的年度计划，取得了显著的经济效益和社会效益。

——技术指标走在了同行前列。一年来，公司全体党员群众立足本职，争先创优，苦干实干，不仅生产经营实现了平稳运行，而且多项生产技术指标位居国内外同行业的前列，多项指标进入国内同行业先进水平。

——调产技改迈出了实质步伐。公司党委坚持贯彻"科技兴企"战略，继续加大调产技改工作力度，整合现有的技术、场地等资源优势，在充分利用原有设施的基础上，角钢生产线竣工投产，在延伸高附加值深加工产品链方面迈出可喜步伐。

（二）以文化建设为主线，精神文明取得丰硕成果

××××年，公司各级党组织以创建学习型企业（班组）为主线，以内强素质、外树形象、打造品牌为目标，用改革的精神和创新的勇气，大力推进企业文化建设，广泛开展群众性精神文明创建活动，在公司上下营造了团结奋进、拼搏向上的良好氛围，企业凝聚力和向心力大大增强。

——创建学习型企业取得显著成效。以创建学习型企业为目标，进一步加强全员政治理论和业务知识的学习，各级领导干部、全体党员和广大员工的整体素质得到明显提高。一年来，主要采取观看事实资料片、传达文件、阅读报刊、召开研讨会等形式，组织集中学习×次，观看电教资料片×盘，×余课时，学习人员达×余人次。学习内容包括：党的十六届三中、四中全会文件，胡锦涛总书记在江苏等地考察工作时的重要讲话精神，温家宝总理在十届人大二次会议上所作的政府工作报告，《国情报告》《新编党史》以及《中国高成长企业与市场金融国际论坛（专家演讲实况）》《更新观念，与时俱进》《商务礼仪》、《赢在执行》等现代企业经营管理知识，并先后学习了中央、省、市纪检监察工作会议精神，《中国共产党党内监督条例》和《中国共产党党内处分条例》等。通过学习，进一步增强了广大党员群众自觉学习实践"三个代表"重要思想的自觉性，牢固树立了全面、协调、可持续的科学发展观，员工队伍整体素质得到明显提高。

——企业文化建设进一步深化。工作中把学习贯彻"三个代表"重要思想同学习贯彻公司的奋斗目标、企业精神、发展思路和各项重大决策结合起来，把企业文化建设同推进企业物质文明和精神文明协调发展统一起来，通过企业文化建设加快核心竞争力的培育，为推动我公司的两个文明建设起到了积极的作用。

——企业面貌实现根本改观。为从根本上改变企业脏、乱、差的旧面貌，为全体员工创造一个健康、文明、向上的工作与生活环境，公司加大了环境综合整治工作的力度，使公司员工人均占有绿地达 60 平方米，员工的生产生活环境进一步得到改善。

（三）以创新党建为重点，"三个作用"得到充分发挥

一年来，公司党委紧紧围绕企业生产经营这个中心，坚持从严治党，以发挥党委的政治核心作用、党支部的战斗堡垒作用和党员的先锋模范作用为主题，以健全组织和严格制度为基础，以创新党建格局为重点，大力加强党员、管理人员队伍建设，努力做好全员思想政治工作，促进了公司改革发展稳定目标的实现和生产经营任务的完成。

——领导班子结构进一步优化。公司党委以各级领导班子的组织、思想、作风建设为重点，以提高企业生产经营管理水平为目的，始终坚持德才兼备原则，把德、能、勤、绩、廉作为衡量和使用人才的主要标准，着力加强我公司各级管理人员队伍建设。在坚持做好日常管理和监督工作的基础上，对全部中层管理人员进行了年度考核测评和重新聘用，调整和充实了部分中层班子，并选拔中青年人才和知识分子进入管理人员队伍，使我公司管理人员队伍的年龄结构、知识结构和专业结构更趋合理。

——作风建设取得显著成效。公司党委始终把作风建设列入加强党的思想建设的重要内容，按照上级的要求，组织公司各级党组织和广大党员特别是各级领导班子及其成员认真学习贯彻执行"三个条例"，加强党内监督，发展党内民主，严明党的纪律，端正党风，带头增强纪律观念，真正做到遵守党的纪律不动摇，执行党的纪律不走样，企业经营管理队伍拒腐防变和抵御风险的能力进一步得到增强。此外，进一步深化企务公开，健全完善企业民主管理机制，切实保护企业和员工的合法权益，有效杜绝了私设"小金库"、胡支乱花和克扣员工工资现象的发生。

——基层党的建设得到加强。一年来，公司党委把构建企业党建工作新格局作为突出任务来抓，通过一年来的运作，在探索和改进企业党组织设置、职责任务、领导关系、工作方法和活动方式等方面，取得了很大进展。调整充实和建立健全了公司两级党、团组织，有力推进了我公司基层党建工作的规范化，为企业生产经营建设提供了坚强有力的政治保障。

（四）以全心全意依靠职工办企业为根本，真心实意为职工群众办实事

在具体工作中，把维护职工利益作为企业改革发展稳定的重要内容来抓，并以此促进企业利益和职工利益的共同实现。年初，公司党委、董事会确定的为职工所办的几件实事基本实现：一是在岗员工工资收入稳步增长，达到了预期目标。二是改善了员工住房条件。

三是进一步改善了员工工作和生活环境。四是丰富和活跃了职工的业余文化生活。五是继续实行职工疗养制度。六是丰富和活跃了广大员工的文化生活。七是社会综合整治工作成效明显，全年公司生产区和生活区无重大刑事案件发生，为员工家属营造了一个安定和谐的生存环境。通过企业的发展，职工利益的实现，广大职工的积极性、主动性、创造性得到充分调动，真正使他们以饱满的热情投身到企业各项工作之中。

二、严于律己，廉洁勤政，为班子成员树立表率

自××××年5月以来，我一直担任公司党委书记、董事长。总的来讲，在过去的几年里，自己面对市委、市政府的重托，面对广大员工的期望，始终做到了尽职尽责，丝毫不敢懈怠，全身心地投入到工作之中。

作为公司的一把手，我在日常生活、工作中不断强化自律意识，始终严格遵守中央、省、市委有关领导干部廉洁自律的各项规定，自觉地与资产阶级腐朽思想和消极腐败现象划清界限。坚持经常学习有关廉洁自律的规定，提高廉洁自律的自觉性。坚持经常反思自己的行为，检点自己的作风，见微知著，防微杜渐，保持"自重、自省、自警、自励"的精神状态。坚持自觉发扬党的优良传统和作风，树立起艰苦奋斗、勤俭节约的思想，坚决反对和克服拜金主义、享乐主义和极端个人主义。坚持从一点一滴做起，从每一件小事做起，在工作、生活、学习等各方面严格按照有关规定执行，保持了两袖清风、一身正气。

以上为我个人××××年度工作述职报告，妥当与否，请领导与广大员工审议。

××公司党委书记、董事长×××

××××年×月×日

第六节　个人工作总结

个人工作总结主要是对自己过去一段时间内所做过的工作情况进行回顾、分析、归纳和概括，并提升到一定的理论高度，肯定已取得的成绩，总结经验、吸取教训，以便今后工作取得更好成绩。

工作总结是企业员工使用频率非常高的一种书面工作文书。

一、个人工作总结基本类型

个人工作总结主要有两大类型。

1. 时间型总结

按一定时间段，总结该时间段内个人职责范围内工作情况。作总结时间跨度应视具体情况而定，如"月度工作小结""季度工作总结""年度工作总结"或"任职期间工作总结"等。虽然时间跨度不同，但工作总结的格式与内容大体一致。

2. 专题性总结

专题性总结是对某一领域或某一项目工作进行专门性总结，专题性总结可能时间跨度较长。

二、个人工作总结基本内容与写法

1. 标题

标题即个人总结的名称，一般情况下应由时间段、总结内容与性质和文种组成，如"××××年度党员争先创优活动个人总结"；简要标题可以直接以"时间/事项＋个人工作总结"为标题。

2. 引言

引言的写法没有固定标准，但内容基本一致，一般包括期间的工作情况概述、基本工作环境、变化情况、主要成绩与教训以及总结的目的与目标等。简单地说，引言就是总结的简要开头部分。

3. 正文

正文是总结的核心部分。这部分一般应简要概括时间段内所做工作基本情况，不同的工作，总结的内容自然会有差异。一般是对工作的内容、结果、做法、体会、经验、教训等进行小结，并且要作理论的概括，总结出规律性的东西。一般情况是，层级越高的总结，涵盖面越广，理论性越高。

关于总结主体内容部分的结构安排可以选择采用条目式、三段式和分项式。

(1) 条目式就是把材料概括为要点，按一定的次序分别介绍。

(2) 三段式，即从认识事物的习惯来安排顺序，先对总结的内容作概括性交代，表明基本观点；接着叙述事情经过，同时配合议论，进行初步分析；最后总结出几点体会、经验和存在问题。

(3) 分项式则不按事件的发展顺序，而是把所做的工作分几个项目或类别，一类一项地写下去，每类问题又按先介绍基本情况，再叙述事情经过，然后归纳出经验教训、问题等。

个人工作总结结尾的内容一般是提出今后个人努力的方向，或指出存在的问题及纠正的决心与计划，或表达自己更上一层楼的工作态度等。

4. 落款

在结尾右下角写明总结者所属部门和本人姓名，换行写明具体日期。

三、个人工作总结拟写注意事项

(1) 总结前要充分占有材料。本着实事求是的原则，成绩不夸大，缺点不缩小，更不能弄虚作假。这不仅是分析、得出教训的基础，也有利于未来工作的进步与提高。

(2) 个人总结要层次分明、结构合理，逻辑思路清晰。

(3) 内容安排上要剪裁得体，详略适宜。材料有本质的，也有现象的；工作内容有重要与次要之分，写作总结时要有主次、详略之分。

(4) 语言要简洁明了、朴实无华，切忌啰唆重复，记成流水账。

四、个人工作总结参考范例

【范例】

20××年度个人工作总结

按照人事考核德能勤绩四项基本标准，回顾自己××××年度一年的工作，总体上能尽心尽力做好各项工作，较好地履行了自己的职责。现将主要情况小结如下：

一、主要工作情况与成绩

1. 思想政治方面：重视理论学习，坚定政治信念，明确服务宗旨

认真学习邓小平理论、"三个代表"重要思想和党的十七大精神，积极参加单位的政治活动，能针对办公室工作特点，挤出时间学习有关文件、报告和辅导材料，进一步明确"三个代表"重要思想是我党的立党之本、执政之基、力量之源，是推进建设中国特色社会主义的根本保证，通过深刻领会其精神实质，用以指导自己的工作。时刻牢记全心全意为人民服务的宗旨，公道正派，坚持原则，忠实地做好本职工作。

2. 业务学习方面：加强业务学习，提高工作能力，做好本职工作

重视学习业务知识，积极利用各种机会，参加培训班，向专家请教学习，以提高自己的业务能力和知识水平。紧紧围绕本职工作的重点，积极学习有关经济、政治、科技、法律等最新知识，努力做到融会贯通，并应用到实际工作中去。在实际工作中，把政治理论知识、业务知识和其他知识结合起来，开阔视野，拓宽思路，努力使自己适应新形势、新任务对本职工作的要求。

3. 日常工作方面：勤奋干事，积极进取

认真做好本职工作和日常事务性工作，做到腿勤、口勤，使票据及时报销，账目清楚，协助领导建立健全各项办公制度，保持良好的工作秩序和工作环境，使各项管理日趋正规化、规范化。完成办公日常用品购置、来人接待、上下沟通、内外联系、资料报刊订阅等大量的日常事务，各类事项安排合理有序，为办公室工作的正常开展提供了有效保证。

在过去的一年里，个人坚持踏实工作、任劳任怨、务实高效的工作态度和基本原则，不断自我激励，自我鞭策，时时处处严格要求自己，自觉维护办公室形象，高效、圆满、妥善地做好本职工作，没有出现任何纰漏。总之，一年来，各项工作成绩斐然，取得了长足进步。

二、工作中存在的主要问题和不足

(1) 政治理论学习虽有一定的进步，但缺乏深度和广度。政治理论指导实践工作成效尚待提高。

(2) 常陷于事务性工作，忽视了下基层调研机会，从而无法进一步提高自己的工作能力。

(3) 工作中时常谨慎有余、果断不足。致使部分工作进度落后，影响工作效率。

(4) 工作创新不足，习惯于习惯性开展工作，不能很好地在不断学习的过程中改变工作方法，去实践、推广创新性工作方法。

三、今后努力方向

在未来的××××年，也是我国十二五规划的第一年，个人争取在工作的各个方面取得更大进步。具体地说，不断加强个人修养，自觉加强学习，努力提高工作水平，适应新形势下本职工作的需要，扬长避短，踏实认真工作，力求把工作做得更好，为其他部门服务好，树立办公室的良好形象。

××公司办公室行政专员　×××

××××年×月×日

第七节　工 作 建 议

工作建议，就是指公司员工对上级领导或主管部门提出的关于本部门或公司某方面工作在流程、内容与方法、规章制度和工作环境等方面的改进性意见。一般是个人对单位或者领导提出的关于工作的合理化建议。

一、工作建议基本内容与写法

1. 标题

一般情况下，直接以"建议书"三个字为标题即可，在第一行正中书写；也可以用建议问题加文种组成标题，如"关于改善车间劳动保护条件的建议"。

2. 受文部门或领导

受文者如果是单位，可以只写单位或部门名称，如"总裁办人事科"；如知道直接主管者，也可以加上主管姓名与称谓，如"人力资源部王涛总经理"。受文者是领导个人的，一般由敬辞加姓名加职务组成，如"尊敬的刘云副部长"。

3. 建议正文

建议书的正文部分一般应包括以下三部分内容。

(1) 提出工作建议的原因或出发点，便于有关领导接纳意见。

(2) 工作建议的具体事项。如果建议涉及多个方面或内容较多，应该分项陈述，分项陈述条目清楚，能让领导一目了然，也便于领导掌握建议内容。这部分内容应该包括工作问题与建议改进措施两大部分。具体来说，正文部分应该包括问题表现与危害、问题原因分析以及改进思路和措施等。

(3) 结尾部分可以表达建议者的愿望与要求。最后，以惯常敬语结尾，如"祝工作顺利"等。

4. 落款

在结尾右下角写明建议者所属部门和本人姓名，换行写明具体日期。

二、工作建议拟写注意事项

(1) 工作建议属个人文书，一般按照书信格式进行安排与写作即可。

(2) 提出工作建议是工作性质，行文应该本着严肃认真的态度，力求内容客观真实，建议措施科学、合理、可行。

(3) 作为下级对上级的建议，行文语气要和缓，避免过度指责或口气强硬。否则，反而不利于自己的建议被采纳。

(4) 行文语言要简洁精练，就事论事，不掺杂个人情绪喜好。

三、工作建议参考范例

【范例】

关于行政部工作制度改进与完善的建议

公司总裁办领导：

我是公司总裁办行政部信息网络主管刘××，××××年×月×日入职现岗位，现工作已满一年。在这一年的工作过程中，我发现本部门工作缺乏效率，员工满意度低。经过个人认真调查与分析，认为主要原因在于行政部现行工作制度的缺失与不完善。现就个人的认识和建议提供给领导，以求尽快解决工作中现存问题，提升行政部工作效率，减少经费支出，避免无效劳动，提高员工的工作积极性和满意度。

鉴于个人专业能力和认识水平所限，所提建议难免有不当之处，敬请领导批评指正。

（一）行政部工作现存主要问题及形成原因

1. 问题1：……

主要形成原因：

……

2. 问题2：……

主要形成原因：

……

3. 问题3：……

主要形成原因：

……

(二) 工作改进思路与具体措施

针对以上问题，我个人认为，总体的改进思路应该是：……

具体改进措施主要有以下几条：

(1) 措施一：……

(2) 措施二：……

(3) 措施三：……

(4) 措施四：……

(5) 措施五：……

以上完全是个人认识与见解，仅供领导参考。

　　此致

敬礼

刘××

××××年×月×日

第八节　演　讲　稿

演讲稿也叫演说辞，它是在较为隆重的仪式上和某些公众场所发表的主题单一、观点鲜明的讲话文稿。演讲稿是人们在工作和社会生活中经常使用的一种文体。

演讲稿是进行演讲的依据，是对演讲内容和形式的规范和提示，它体现着演讲的目的和手段。演讲的内容和形式同样重要。

一、演讲稿基本内容与写法

1. 开场白

演讲的开头，也叫开场白。它在演讲稿的结构中处于显要的地位，具有特殊的作用。演讲稿的开头，通常有以下几种。

(1) 开门见山，揭示主题。一般政治性的或者学术性的演讲稿都是开门见山，直接揭示演讲的主题。

(2) 提出问题，引起关注。在演讲稿的开头，可根据听众的特点和演讲的内容，提出一些激发听众思考的问题，以引起听众的兴趣。这种问题应该新颖、独特，确实能促使听众去思考。

2. 主体内容

演讲稿在开头后要迅速转入主题，这是演讲的核心部分，也是演讲稿的高潮所在，能否写好，直接关系到演讲的质量和效果。

(1) 确定结构形式。演讲稿的形式比较活泼，或旁征博引、剖析事理，或引经据典，或层层深入，或就事论事。但结构形式不管怎样变化，都要求内容突出，逻辑推理严密，层次清楚、简单。

(2) 认真组织好材料。演讲稿的理论依据和事实论据的组织安排要适当。首先必须保证例证的真实性、典型性。演讲稿一般不要太长，内容要求言简意赅、精练生动。

(3) 构筑好演讲高潮。一个成功的演讲，高潮是关键。演讲稿要体现三个特点：①思想深刻、态度明确，集中体现演讲者的思想观点；②感情强烈，演讲者的好恶、喜怒在这里得到尽情体现；③语句要精练，字字珠玑。

3. 结尾

结尾是演讲稿的有机组成部分。演讲结尾只有自然有力，才能起到画龙点睛的作用。结尾给听众的印象，往往将代表整个演讲给听众的印象。言简意赅、余音绕梁、能够使听众精神振奋，并能够促使听众不断思考和回味。

二、演讲稿拟写注意事项

(1) 演讲稿的结构形式一定要逻辑脉络清晰，层次少。

(2) 演讲稿中的事例要真实、典型，具有针对性和说服力。

(3) 演讲稿语言要讲究。虽然演讲稿是以文稿形式出现，但它是演讲者口头表达的底稿，因此要注意口语表达效果，朴实通俗，富含激情。如果文绉绉地咬文嚼字，会降低演讲效果。

三、演讲稿参考范例

【范例】

悠着点，慢着点——"贫富与欲望"漫谈

（莫言在 2010 年 12 月 4 日中韩东亚文学论坛上的演讲）

感谢而且佩服日本朋友们，为论坛选了这么一个丰满的议题。人类社会闹闹哄哄，乱七八糟，灯红酒绿，声色犬马，看上去无比的复杂，但认真一想，也不过是贫困者追求富贵，富贵者追求享乐和刺激——基本上就是这么一点事儿。中国古代有个大贤人司马迁说过："天下熙熙，皆为利来；天下攘攘，皆为利往。"中国的圣人孔夫子说过："富与贵人之所欲也，贫与贱人之所恶也。"中国的老百姓说："穷在大街无人问，富在深山有远亲。"

无论是圣人还是百姓，无论是知识分子还是文盲，都对贫困和富贵的关系有清醒的认识。为什么人们厌恶贫困？因为贫困者不能尽情地满足自己的欲望。无论是食欲还是性欲，无论是虚荣心还是爱美之心，无论是去医院看病不排队，还是坐飞机头等舱，都必须用金钱来满足，用金钱来实现。当然，如果出生在皇室，或者担任了高官，要满足上述欲望，大概也不需要金钱。富是因为有钱，贵是因为出身、门第和权力。当然，有了钱，也就不愁贵，而有了权力似乎也不愁没钱。因为富与贵是密不可分的，可以合并为一个范畴。

贫困者羡慕并希望得到富贵，这是人之常情，也是正当的欲望，这一点孔夫子也给予肯定，但孔夫子说：尽管希望富贵是人的正当欲望，但不用正当的方法得到的富贵是不应该享受的。贫困是人人厌恶的，但不用正当的手段摆脱贫困是不可取的。时至今日，圣人二千多年前的教导，早已变成了老百姓的常识，但现实生活中，用不正当的方式脱贫致富的人比比皆是，用不正当的方式脱贫致富但没受到惩罚的人比比皆是，虽然痛骂着那些用不正当的方式脱贫致富了的人，但只要自己有了机会也会那样做的人更是比比皆是，这就是所谓的世风日下，人心不古。

古之仁人君子，多有不羡钱财，不慕富贵者。像孔夫子的首席弟子颜回："一箪食，一瓢饮，在陋巷，人不堪其忧，回也不改其乐"，三国时高人管宁，锄地见金，挥锄不顾。同锄者华歆，捡而视之，复掷于地，虽心生欲望，但能因为面子而掷之，已属不易。庄子垂钓于濮水，楚王派两个使臣请他去做官，他对两个使臣说：楚国有神龟，死后被楚王取其甲，用锦缎包裹，供于庙堂之上，对神龟来说，是被供在庙堂之上好呢？还是活着在烂泥塘中摇尾巴好呢？使臣说，那当然还是活着在烂泥塘中摇尾巴好。庄子的这则寓言，包含着退让避祸的心机。

尽管古人为我们树立了清心寡欲、安贫乐道的道德榜样，但却收效甚微。人们追名逐利、如蚊嗜血、如蝇逐臭，从古至今，酿成了无量悲剧，当然也演出了无数喜剧。文学作品为反映社会生活的艺术形式，当然会把这个问题作为自己研究和描写的最重要的素材。文学家大多也是爱财富逐名利的，但文学却是批判富人、歌颂穷人的。当然文学中批判的富人是为富不仁或通过不正当手段致富的富人，文学中歌颂的穷人也是虽然穷但不失人格尊严的穷人。我们只要稍加回忆，便能想出许许多多的文学中的典型人物，作家在塑造他们的性格时，除了给予生死的考验和爱恨情仇的考验之外，经常使用的手段，那就是把富贵当成试金石，对人物进行考验，经过了富贵诱惑的自然是真君子，经不住富贵诱惑的便堕落成小人、奴才、叛徒或是帮凶。当然，也有许多的文学作品，让他的主人公，借着金钱的力量，复了仇，雪了恨，达到了自己的目的。也有的文学作品，让自己的善良的主人公，有了一个富且贵的大团圆结局，这就又从正面肯定了富贵的价值。

人类的欲望是填不满的黑洞，穷人有穷人的欲望，富人有富人的欲望。渔夫的老婆起初的欲望只是想要一只新木盆，但得到了新木盆后，她马上就要木房子，有了木房子，她要当贵妇人，当了贵妇人，她又要当女皇，当上了女皇，她又要当海上的女霸王，让那条能满足她欲望的金鱼做她的奴仆，这就越过了界限，如同吹肥皂泡，吹得过大，必然爆破。

凡事总有限度，一旦过度，必受惩罚，这是朴素的人生哲学，也是自然界诸多事物的规律。民间流传的许多具有劝诫意义的故事都在提醒人们克制自己的欲望。据说印度人为捕捉猴子，制作了一种木笼，笼中放着食物。猴子伸进手去，抓住食物，手就拿不出来。要想拿出手来，必须放下食物，但猴子绝对不肯放下食物。猴子没有"放下"的智慧。人有"放下"的智慧吗？有的人有，有的人没有。有的人有的时候有，有的人有的时候没有。有的人能抵挡金钱的诱惑但未必能抵挡美女的诱惑，有的人能抵挡金钱美女的诱惑，但未必能抵挡权力的诱惑，人总是会有一些舍不得放下的东西，这就是人的弱点，也是人的丰富性所在。

中国的哲学里，其实一直不缺少这样的理性和智慧，但人们总是"身后多余忘缩手，眼前无路想回头"。贪婪是人的本性，或者说是人性的阴暗面。依靠道德劝诫和文学的说教能使人清醒一些，但不能从根本上解决问题。于是，佛教就用"万事皆空，万物皆无"来试图扼制人的贪欲，因为贪欲是万恶之源，也是人生诸般痛苦的根源。于是，就有了《红楼梦》里的好了歌：

世人都晓神仙好，惟有功名忘不了！古今将相在何方？荒冢一堆草没了！世人都晓神仙好，只有金银忘不了！终朝只恨聚无多，及到多时眼闭了！世人都晓神仙好，只有娇妻忘不了！君生日日说恩情，君死又随人去了！世人都晓神仙好，只有儿孙忘不了！痴心父母古来多，孝顺儿孙谁见了？

要控制人类的贪欲，最直接最有效的手段还是法律，法律如同笼子，欲望如同猛兽。人类社会千百年来所做的事，也就是法律、宗教、道德、文学与人的贪欲的搏斗。尽管不时有猛兽冲出牢笼伤人的事件，但基本上还是保持了一种相对的平衡。人与人之间的友好关系，需要克制欲望才能实现；国与国之间的和平关系，也只有克制欲望才能实现。一个人的欲望失控，可能酿成凶杀；一个国家的欲望失控，那就会酿成战争。由此可见，国家控制自己的欲望，比每个人控制自己的欲望还要重要。

在人类社会中，除了金钱、名利、权势对人的诱惑之外，另有一最大的也是致命的诱惑就是美色的诱惑。这问题似乎与女性无关，但其实也有关。历史上曾经爆发过因为争夺一个美女而发生的战争，也曾经因为美女，而让某些统治者丢掉了江山社稷。绝对地否定色欲当然不对，因为没了这欲望，人类社会也就无法延续。中国历朝历代的统治者，对人的性欲基本上是持否定态度的，但他们多半是口是心非，尽管深宫中妻妾成群，但民间却要存天理灭人欲，男女之情，被视为洪水猛兽。这样的观念，体现在封建王朝的法律和道德中。对于人类贪婪的财富欲望和权势欲望，文学与法律、道德是基本保持一致的，但对于性欲，尤其是升华为爱情的性欲，文学作品却经常地另唱别调，有时甚至扮演吹鼓手的角色。中国有《牡丹亭》《西厢记》《红楼梦》，外国有《卡特莱夫人的情人》。这也是文学的一个永恒的主题，没有男女之间的欲望，没有情与爱，似乎也就没有了文学。

毫无疑问，贫富与欲望，依然是当今世界的主要矛盾，是人类痛苦或者欢乐的根源。中国人近年来的物质生活有了巨大的改善，个人的自由度较之以前也有了大幅度的宽松，但人们的幸福感却没有多大的提高。因为财富分配不公，少数人利用不正当的手段致富导致的贫富悬殊已成为影响社会安定的主要原因。而那些非法致富的暴发户们的骄奢淫逸、张牙舞爪又引起了下层百姓的仇视，以至于形成了一种强烈的仇富心理，而富豪与权势的勾结又制造出种种的恶政和冤案，这就使老百姓在仇富心理之外又加上一种仇官心理。仇富与仇官的心理借助网络这一现代化的传播方式，掀起一波又一波的滔天巨浪，即使某些人物和阶层谈网色变，恶行有所收敛，但网络自身也成为藏污纳垢的场所。

一百多年前，中国的先进知识分子曾提出科技救国的口号，三十多年前，中国的政治家提出科技兴国的口号。但时至今日，我感到人类面临着的最大危险，就是日益先进的科技与日益膨胀的人类贪欲的结合。在人类贪婪欲望的刺激下，科技的发展已经背离了为人的健康需求服务的正常轨道，而是在利润的驱动下疯狂发展以满足人类的——其实是少数富贵者的病态需求。人类正在疯狂地向地球索取。我们把地球钻得千疮百孔，我们污染了河流、海洋和空气，我们拥挤在一起，用钢筋和水泥筑起稀奇古怪的建筑，将这样的场所美其名曰城市，我们在这样的城市里放纵着自己的欲望，制造着永难消解的垃圾。与乡下人比起来，城里人是有罪的；与穷人比起来，富人是有罪的；与老百姓比起来，官员们是有罪的，从某种意义上来说，官越大罪越大，因为官越大排场越大欲望越大耗费的资源就越多。与不发达国家比起来，发达国家是有罪的，因为发达国家的欲望更大，发达国家不仅在自己的国土上胡折腾，而且还到别的国家里，到公海上，到北极和南极，到月球上，到太空里去瞎折腾。地球四处冒烟，浑身颤抖，大海咆哮，沙尘飞扬，旱涝不均等等恶症候，都与发达国家在贪婪欲望刺激下的科技病态发展有关。

在这样的时代，我们的文学其实担当着重大责任，这就是拯救地球拯救人类的责任，我们要用我们的文学作品告诉人们，尤其是那些用不正当手段获得了财富和权势的富贵者们，他们是罪人，他们是不得好死的，神灵是不会保佑他们的。我们要用我们的文学作品告诉那些虚伪的政治家们，所谓的国家利益并不是至高无上的，真正至高无上的是人类的长远利益。我们要用我们的文学作品告诉那些有一千条裙子、一万双鞋子的女人们，她们是有罪的；我们要用我们的文学作品告诉那些有十几辆豪华轿车的男人们，他们是有罪的；我们要用我们的文学作品告诉那些置买了私人飞机的人，他们是坏蛋，尽管在这个世界上有了钱就可以为所欲为，但他们的为所欲为是对人类的犯罪，即便他们的钱是用合法的手段挣来的。我们要用我们的文学作品告诉那些暴发户们、投机者们、掠夺者们、骗子们、小丑们、贪官们、污吏们，大家都在一条船上，如果船沉了，无论你身穿名牌、遍体珠宝，还是衣衫褴褛不名一文，结局都是一样的。

我们应该用我们的文学作品向人们传达许多最基本的道理：譬如房子是盖了住的，不是用来炒的，如果房子盖了不住，那房子就不是房子；我们要让人们记起来，在人类没有发明空调之前，热死的人并不比现在多；在人类没有发明电灯前，近视眼远比现在少；在没有电视前，人们的业余时间照样很丰富；有了网络后，人们的头脑里并没有比从前储存更多的有用信息；没有网络前，傻瓜似乎比现在少。我们要通过文学作品让人们知道，交通的便捷使人们失去了旅游的快乐，通信的快捷使人们失去了通信的幸福，食物的过剩使人们失去了吃的滋味，性的易得使人们失去恋爱的能力。我们要通过文学作品告诉人们，没有必要用那么快的速度发展，没有必要让动物和植物长得那么快，因为动物和植物长得快了就不好吃，就没有营养，就含有激素和其他毒药。我们要通过文学作品告诉人们，在资本、贪欲、权势刺激下的科学的病态发展，已经使人类生活丧失了许多情趣且充满了危机，我们要通过文学作品告诉人们，悠着点，慢着点，十分聪明用五分，留下五分给子孙。

我们要用文学作品告诉人们，维持人类生命的最基本的物质是空气、阳光、食物和水，其他的都是奢侈品，当然，衣服和住房也是必要的。我们要用我们的文学作品告诉人们，人类的好日子已经不多了。当人们在沙漠中时，就会明白水和食物比黄金和钻石更珍贵；当地震和海啸发生时，人们才会明白，无论多么豪华的别墅和公馆，在大自然的巨掌里都是一团泥巴。当人类把地球折腾得不适合居住时，那时什么国家、民族、政党、股票，都变得毫无意义，当然，文学也毫无意义。

我们的文学真能使人类的贪欲，尤其是国家的贪欲有所收敛吗？结论是悲观的，尽管结论是悲观的，但我们不能放弃努力，因为，这不仅仅是救他人，同时也是救自己。

第九节　即席发言

即席发言，是指在各种集会场所进行事先没有准备的现场发言。即席发言对发言者的要求较高，因为其能够充分体现发言者的逻辑思维能力、随机应变能力、总结概括能力和语言表达能力等。

一、即席发言不同类型及其准备

即席发言根据发言缘起或动机不同可以划分为以下主要类型：应对邀请、回答发问、解释说明、有感而发等。

1. 应对邀请

这是最常见的一种情况，说明他人对你的尊重。因此，你应该表现得落落大方，切忌推三阻四。

但临场要注意以下几点。

(1) 要谦逊有礼，首先应对他人的邀请表示诚挚的感谢，同时你可以利用致谢的时间，迅速构思发言内容。

(2) 发言要切合当场的实际情况，可以具体谈谈你来到现场的感受等，不要说无关的话。

(3) 发言要简练，不要自以为能发言就是现场的主角，努力把你的发言控制在十句话左右。

2. 回答发问

这种情况大多出现在讨论会和座谈会上。它最大的特点和最大的好处就在于，主题就是问题，不需要自己重新思索发言主题。你只需要针对问题，组织发言内容就可以了。

这种发言最强调说话的条理性，建议你按照"提出观点——论证观点——总结、强调观点"的模式构思发言内容，不要过多地自由发挥，以免答非所问。

3. 解释说明

这种即席发言，通常是针对一个被误解的问题，或被曲解的事实作出的解释性说明。这种发言可以分两步。

(1) 反驳，分析误解的错误之处，推翻不实的说法。

(2) 纠错，不但要批驳错误的观点和看法，还要给出事实的真相。只要抓住问题的实质，用最朴实的话语加以解释就可以了，切忌使用夸张的词语，把简单的问题复杂化。

4. 有感而发

有感而发就是指触景生情或有所想象和联想时作出的主动发言。这种即席发言在联欢会、聚会等场合常常能遇到。

这种发言首先要控制好自己的情感，不要过于兴奋和激动；再是要以简洁、得体为原则，既不要讲长篇大论式的废话，也不要说一大堆乱七八糟的胡话。力求自己的发言符合现场气氛，符合自己的形象。

即席发言，一般应该遵循如下基本程序，才能保证发言质量，即提炼主题——归纳内容要点——形成腹稿架构——简短语言表达。

二、即席发言主题提炼的基本方法

1. 现场提炼观点

就是着眼于现场某一事物的特点与本质，并由此进行想象和联想，并立即触动发言的灵感，然后把它表达出来。例如，你可以这样开始发言："今夜闪烁的灯光、热烈的气氛、爽朗的笑声，这一切，让我感慨万千……"也可以这样开场："刚才一位同志的观点……让我想起了一句伟人的名言……"

2. 深化他人观点

当你置身于演讲会、座谈会、联欢会等场合时，常常受到现场气氛的感染，看到别人在说，自己也想说。这时，你应尽量细心听取他人的发言，从中寻找自己的话端，酝酿新的观点，说他人未说的话。切忌简单重复他人的话语。

3. 换位思考问题

即便是人家已经说过的主题，你也不必轻易放弃。可以想想能否换一个不同的角度来表达。例如同是"吸烟有害健康"这一主题，如果他人已经说了"吸烟有什么危害"，那么你不妨接着说说"不吸烟有什么好处"。

4. 主题源于问题

问题是主题的摇篮。当你为找不着发言的主题而犯愁时，你不妨给自己设置一系列问题：现场有什么可说的？现场能联想到什么？自己在现场有什么最大的感受？有价值的主题往往就产生在有价值的问题之中。

5. 他山之石观点

如果从现场提炼不出发言的主题，可以尝试让自己回忆，想想以前看到过的资料、经历过的事件等，当中有没有可与大家一起分享的。例如，"记得有这么一个故事……""前几天我在报纸上看到这么一则新闻……"哪怕只是只言片语，就可能开启你发言思路的大门。

三、即席发言腹稿快速形成的基本模式

1. 三段式

就是把发言的内容分为开头、经过、结尾三个部分。在叙述事情和分享经历的时候可以用这一模式，把发言大概安排为三个部分，以时间或空间为线索，组织内容安排材料。这一模式的最大好处，就是能让你的发言有始有终。自己不容易说离题，听众也不难心中有数。

2. 并列式

就是把若干地位大致相等的事物和问题，或是同一问题下分支的内容，排列在一起的结构方式。通常，在即席发言中展开联想和想象的时候，应该用这一腹稿模式。这样不但能较容易令听众明白你举例的目的，而且连续的类比和排比，也能增强你发言的气势，给听众以深刻的印象。

3. 总分式

论说性的即席发言多用这一模式。在发言的开头，明确地提出自己的总观点，再在下面的内容中依次展开分论点，用事例和道理加以论证。"总"和"分"的关系一般有整体与部分、一般与个别两种。不论是哪一种，只要你在发言的时候严格套用这一模式，你的发言一定会更有逻辑，更有说服力。

4. 总分总式

和"总—分"式相比，这一模式就是在结尾加上一个总结，再一次说明自己的观点。在时间允许的情况下，运用这一模式的论说会更加完整，同时也能消除自己在论证过程中不经意离题的消极影响。但最后的总结一定要简洁、新颖，尽量避免与开头的阐述雷同，否则会给人画蛇添足的感觉。

5. 补充说明式

即席发言也应该稍作准备，迅速形成腹稿，才能保证即席发言的效果。

即席发言要特别注意结构的整体布局，把握好发言内容的组织构造。否则，准备本来就仓促了，再加上说话没有条理，整个发言就会凌乱不堪，难以叫人明白。准备腹稿的时

候，要考虑主题的要求与材料的储备情况，要完整、严密、自然、流畅，顺次思考：要讲几个部分？先讲什么，后讲什么？材料怎么安排？怎么开头？怎么衔接过渡？如何结尾等。

四、基于听众心理即席发言特点

1. 精练简短

大多数情况下，即席发言都不是当下活动的主要内容，而只是作为活动的一种补充。这样，听众多数不会情愿浪费宝贵的活动时间，从而喜欢听短小精悍、言简意赅的发言。

因此即席发言要尽量长话短说，克服口头禅和客套话，少用无关紧要的比喻和举例，应做到字字珠玑。

2. 活泼生动

就是说话要具体一些，避免说抽象、让人眩晕的词语和句子。即席发言中，具体生动的内容，往往能让人更容易明白你的意思，从而激发大家的想象，唤醒听众的兴趣。如果在发言中配上适当的肢体动作和表情，效果会更出众。

3. 轻松易懂

即席发言时，要多用贴近现实生活的自然轻快、通俗易懂的口语，可多用儿化名词、象声词、成语、谚语、俗语，甚至戏剧的台词。营造一种充满欢声笑语的轻松气氛，自己讲得顺心，大家也听得舒心。

4. 新颖独特

创新是一个民族的灵魂，也是人们的普遍心理。一般而言，听众都喜欢听到自己以前从没听过的观点和事例。陈年老事、平庸话语只能让大家昏昏欲睡。

因此，即席发言要尽量组织新颖独特的材料，借助你自然的表达方式，吸引大家的注意力。

5. 感同身受

当听众觉得你的发言是在说自己想说的事情时，他们会格外专注，这就是共鸣。即席发言的时候，要努力想想什么样的内容，才是自己与听众都共同关注的。

通常，现场的内容是最容易把握的共鸣素材。所以，即席发言一定不要离开现场的情景去空谈，而白白错失了赢得听众同感的机会。

五、即席发言的注意事项

(1) 减少客套话，最好用问好来替代。

(2) 开门见山，迅速进入发言主题，发言中避免离题万里；结尾干净利落，不可拖泥带水。

(3) 发言内容要真实，说出自己的真情实感。

(4) 适当插入一点趣事或笑话，增加生动性等。

企业文秘人员职业技能
与
保健实务篇

第十一章
企业文秘人员职业技能与职场修养

　　企业文秘人员的基本职业技能，除公文处理与写作技能外，还包括办公室礼貌礼仪、会议组织管理、职场人际关系处理、工作沟通与协调以及时间管理等多方面的技能技巧。

　　具备良好的职业技能与职业修养是一名文秘人员胜任本职工作，树立个人良好职业形象，获得工作成就感和幸福感的重要保证。

第一节　办公室礼仪与修养实务

办公室是一个公司对外接待和对内综合服务的场所。办公室礼仪不仅代表着公司的形象和文化内涵，更是每个办公室人员仪表形象、为人处事修养的直接表现。

办公室礼仪涵盖的范围较为广泛，但凡电话、接待、会议、网络交流、公务、公关、沟通等都有各式各样的礼仪。在办公室言谈举止文明得体，是职场人士的基本要求。

一、办公室仪容仪表礼仪及基本要求

（一）面部修饰与保洁

1. 眼部修饰

职场人员一定要注重眼部的修饰，让眼部焕发神采。眼部修饰应该达到洁净、卫生和美观的标准。

（1）眼部保持洁净是起码的要求，应注意及时除去眼角出现的分泌物，使眼睛看起来清爽、干净。

（2）眼部的卫生，主要包括眼部的保健和眼病的防治。眼部的保健要求，要注意用眼的科学性，保持充足的睡眠，让眼睛得到充分的休息；同时，要注意眼病的预防和治疗。

2. 眉部修饰

（1）眉型的美观。对于那些不够美观的眉型，诸如残眉、断眉、竖眉、八字眉或过淡、过稀的眉毛，必要时应该采取措施进行适当的美化修饰。

（2）应养成习惯，每天上班前梳理一下眉毛，令其眉清目秀；在洗脸、化妆及其他可能的情况下，要特别留意一下自己的眉部是否整洁，以防止在眉部出现诸如灰尘、死皮或脱落的眉毛等异物。

3. 口部保洁

（1）刷牙。口部除了口腔之外，还包括它的周边地带。口部修饰首要之务是注意口腔卫生，刷牙既要采用正确的刷牙方式，更要贵在坚持，正确有效的刷牙要做到"三个三"，即每天刷三次牙，每次刷牙宜在餐后三分钟进行，每次刷牙的时间不应少于三分钟。

（2）洗牙。维护牙齿，除了做到无异物、无异味之外，还要注意保持洁白，并且及时去除有碍于口腔卫生和美观的牙石。最佳的办法就是定期去口腔医院洗牙，一般情况下，成人半年左右应洗牙一次。

（3）禁食。在工作岗位上，为防止因为饮食的原因而产生的口腔异味，应避免食用一些气味过于刺鼻的食物，主要包括葱、蒜、韭菜、腐乳、虾酱、烈酒及香烟等。

（4）护唇。平时应有意识地呵护自己的嘴唇，要想方设法不使自己的唇部干裂、暴皮或生疮。另外，还应避免嘴边、嘴角残留食物。

（5）剃须。男性应坚持每日上班之前剃须，这样既令自己显得精明强干，又充满阳刚之气。切忌胡子拉碴在工作岗位上抛头露面。

4. 鼻部保洁

（1）鼻垢的清理。有必要去除鼻垢时，宜在无人场合以手帕或纸巾辅助轻声进行，切不要将此举搞得响声大作，令人反感，不要当众擤鼻涕、挖鼻孔或者乱抹、乱弹鼻垢，同时男性要注意及时修剪鼻毛。

（2）"黑头"的清理。鼻部的周围，往往毛孔较为粗大。内分泌旺盛的人若清洁面部时对此不加注意，便会在此处积存油脂或污垢，即"黑头"。在清理这些有损个人形象的"黑头"时，一是平时对此处要认真进行清洗，二是可用专门的"鼻贴"将其处理掉，切勿乱挤乱抠，以免造成局部感染。

5. 耳部保洁

耳孔里的分泌物及落入的灰尘映入对方的视野会显得极为不雅观。因此，职场人员务必每天进行耳部除垢。但一定要注意，此举不宜在工作岗位上进行。

6. 颈部保洁

颈部是人体最易显年龄的部位，因此在进行眼、嘴、鼻、耳修饰的同时，也要同修饰脸部一样修饰脖颈，保持颈部皮肤的清洁，并加强颈部的运动与营养按摩，这样会使颈部皮肤绷紧、光洁。

（二）发部修饰

发部修饰，特指人们依照自己的审美习惯、工作性质和自身特点，而对自己的头发所进行的清洁、修剪、保养和美化。在进行个人发部修饰时，不仅要恪守对于常人的一般性要求，而且还必须严守本行业、本单位的特殊性要求。

1. 发部的整洁

为了确保自己发部的整洁，维护本人的完美形象，对自己的头发应经常进行清洗、修剪和梳理。按礼仪要求，头发每周一般不少于清洗三次，每月至少修剪一次，每天梳理至少一次。

2. 发部的造型

发部造型即头发经过一定修饰之后所呈现出来的形状，发型在一定程度上是时代的留影，也历来是人们审美趣味的中心。选择发型总的原则是男性应讲究阳刚之美，女性则崇尚阴柔之美。在选择发型时必须考虑的因素，首先是自己的职业，即应以工作为重，做到发型与工作性质相称。

（三）手部保养与修饰

1. 手的保洁

清洗手部，要真正保持无泥垢、无污痕，除了手部的烟迹必须根除之外，其他一切碍眼的痕迹，如手上所沾的墨水、印油、油渍等污垢，均应清洗干净。

在工作岗位上，要谨记双手务必做到：上岗之前要洗手；外出归来要洗手；弄脏之后要洗手；接触精密物品前要洗手；吃东西之前要洗手；上过卫生间后要洗手；下班之前要洗手，经常保持手部无污痕、干干净净。

2. 手部的保养

有些特殊的工作岗位甚至还会在一定程度上对手部造成某种伤害，所以一定要高度重视保养自己的手。

保养手部，一是方法得当，不科学、不正确的方法，很容易生出意外；二是贵在坚持，只有坚持良好的用手习惯，才能拥有一双洁柔的手。

3. 手部修饰

为了增添美感，对手部在注意清洁保养的同时须进行必要的修饰，在工作岗位上的修饰，应以朴素庄重为美，而不应艳丽、怪诞为美，否则就会与自身特定的社会角色不相称。

要做到：勤剪指甲，养成"三日一修剪，一日一检查"的良好习惯；不在指甲上涂饰彩妆；不外露腋毛。

（四）美容与化妆

1. 美容与化妆基本要求

(1) 符合审美标准。美容与化妆必须根据自己的面容特征、性格特点来确定化妆的风格，应讲究整体性、和谐性和自然性，给人以美的享受。化妆时，重要的是要自然大方，朴实无华，素净雅致。

(2) 注重科学合理。美容与化妆必须了解各种化妆品的性质和特点，合理选择和使用。使用化妆品要根据自己皮肤的性质来选择，同时在涂抹时考虑皮肤的构造。在不同环境、不同季节，应随皮肤性质的改变更换不同的化妆品。

(3) 修饰适度得体。对于职场人士来说，外貌修饰是很必要的，适当的外貌修饰，可以扬长避短，使自己容光焕发，充满活力。但过分的浓妆艳抹，刻意追求打扮是不适宜的。

(4) 坚持修饰避人。在众目睽睽之下化妆或整理妆容是非常失礼的。无论是在办公室还是社交场所、宴会席间，这样做既不尊重别人，也不尊重自己。需要补妆或化妆时应到房间或洗手间去，切勿当众表演，尤其注意女士一般不宜在男士面前化妆。

2. 确定皮肤类型

(1) 干性皮肤。毛孔细小，表面几乎不泛油光，不易生面疱。眼部及口部四周容易形成表情纹，遇到寒冷干燥的环境易粗糙、脱皮或干裂。眼部、颈部易出现松弛现象。

(2) 中性皮肤。看起来很健康且肤质光滑，皮肤不油腻也不干燥，摸上去细腻而有弹性。

(3) 混合性皮肤。看起来很健康且质地光滑，但 T 字区（额头、鼻子、下巴的区域）有些油腻，而两颊及脸部的外缘有一些干燥的迹象。混合性肌肤在护肤时可考虑分区护肤的法则，对于干燥的部位除了更多补水保养外，可适当地选择一些营养成分较丰富的护肤品，而偏油部分则可以使用清爽护肤品。

(4) 油性皮肤。皮脂腺分泌很多的油脂，使皮肤看上去油亮，毛孔粗大，易生面疱但不易产生皱纹，表皮较厚。

(5) 敏感性皮肤。皮肤表皮较薄，毛细血管明显，使用保养品时很容易过敏，出现发炎、泛红、起斑疹、瘙痒等症状。

3. 化妆品选择

(1) 针对自己皮肤的性质来选择。

(2) 要选用正规渠道生产销售的名牌化妆品，但是使用前要做过敏试验，即先取一点化妆品涂在前臂内，每天两次，连涂三天无异常即可。一旦确定适合自己的化妆品后不要频繁更换品牌。

(3) 使用化妆品时要顺着皮肤的纹理构造涂抹，即需要渗透人体皮肤细胞的营养性化妆品，应当自下而上均匀涂抹，同时加以按摩；而只需附于皮肤表面的粉底和胭脂，则应自上而下涂抹，否则就容易长痤疮。

4. 皮肤保养要诀

(1) 保持乐观的情绪。人体内脏器官的健康是保证皮肤健美的内在因素，乐观的情绪是最好的"润肤剂"。

(2) 保证良好的睡眠。在睡眠的状态下，人体所有器官（包括皮肤在内）都能自动休整，细胞加速更新，皮肤可以获得更多的氧气，用于满足代谢的需要。

(3) 保持皮肤适度的含水量。皮肤的弹性和光泽，由含水量决定。如果皮肤中含水量低，皮肤则会干燥、无光泽，要使皮肤滋润，每天要保证喝水 2000 毫升。每天晚上睡前饮一杯凉开水，睡眠时，水分会融入细胞，为细胞所吸收。早上起床后，也要饮一杯凉开水，使胃肠通畅，使水随血液循环分布到全身，滋润皮肤。

(4) 合理的饮食搭配。丰富多变的食物可以健美皮肤，使皮肤滋润光洁。皮肤的蛋白质不足，新陈代谢迟缓，皮肤就缺乏白皙透明感。日常饮食切不可偏食。

(5) 保持皮肤的清洁卫生。经常清洁皮肤，可以避免污垢引起皮肤腺管的阻塞和对皮肤的刺激，防止细菌生长，保证皮肤的健康。

(6) 避免外界不良的刺激。皮肤位于身体的最外面，时刻与外界各种损害皮肤的物质接触，容易受到它们的刺激和损害。紫外线对皮肤的弹力纤维有着明显的破坏作用。

不宜浓妆艳抹，宜化淡妆，以减轻对皮肤的刺激。化妆品质量要好，不要使用伪劣商品。有皮肤过敏症者，不宜用化妆品。化妆品对皮肤都有一定程度的损害，要养成卸妆的习惯，让皮肤得到休息。

(7) 按摩皮肤。按摩皮肤，可促进血液循环，改善皮肤营养，减缓皮肤的老化过程。

(8) 每天放松 10 ～ 20 分钟。学会"放松"也是保持乐观情绪的一剂良药。

5. 化妆四大禁忌

(1) 离奇怪诞。在化工作妆时所出现的离奇现象，指的是那些在化妆时有意脱离自己的角色定位，而专门追求荒诞、怪异、神秘的妆容，或者是有意使自己的化妆出格，从而产生令人咋舌的效果。

(2) 技法用错。职场人员化妆时技法方面出现了明显的差错，就会暴露出自己素质方面的严重不足。

(3) 残妆示人。出汗之后、休息之后或用餐之后妆容出现了残缺，长时间的脸部残妆会给人懒散、邋遢之感，所以在上班时，工作人员要注意及时地进行检查和补妆。

(4) 岗位上化妆。工作妆一般应在上岗之前完成，不允许在工作岗位上进行；否则显得工作三心二意，对他人也不尊重。

(五) 服装与饰物

1. 着装三要素

(1) 色彩。色彩是服装留给人们记忆最深的印象之一，而且在很大程度上也是服装穿着成败的关键所在。在服装的三大要素中，色彩对他人的刺激最快速、最强烈、最深刻。所以，被称为"服装的第一可视物"。人们在穿着服装时，在色彩的选择上往往既要考虑个性、爱好、季节，又要兼顾他人的观感和所处的场所。

(2) 款式。服装的款式指的是它的种类、式样与造型。它不仅与着装者的性别、年龄、体型、职业、爱好有关，而且受制于文化、习俗、道德、宗教与流行趋势。

现代服装按功能分为礼服、便服、职业服三大类型。不同的场合就要穿不同的服装。

(3) 面料。在服装大世界里，服装的面料五花八门，日新月异，优质、高档的面料，大都具有穿着舒适、吸汗透气、悬垂挺括、视觉高贵、触觉柔美等几个方面的特点。

2. 正装总体要求

正装，一般泛指人们在正式场合的着装。职场岗位的正装是与本人所扮演的职场角色相称的正式服装，应具有正式规范、庄重大方、符合身份、实用便利等特点。身着正装必须要在以下四个方面加以注意。

(1) 制作精良。

(2) 外观整洁。

(3) 文明着装。

(4) 穿着得当。

3. 男士西装穿着规范

西装是一种国际性服装，也是最为常用的男士正装。西装作为职场人员所选择的正装时应遵循以下规范。

(1) 讲究规格。西服有二件套、三件套之分，正式场合应穿同质、同色的深色毛料套装。二件套西服在正式场合不能脱下外衣。按习俗，西服里面不能加毛背心或毛衣。在我国，至多也只能加一件"V"字领毛衣。否则会显得十分臃肿，破坏西服的线条美。

(2) 穿好衬衫。衬衫通常为单色，领子要挺括，不能有污垢、油渍。衬衫下摆要放在裤腰里，系好领扣和袖扣。衬衫衣袖要稍长于西装衣袖 0.5～1 厘米，领子要高出西装领子 1～1.5 厘米，以显示衣着的层次。

(3) 系好领带。西装与领间的"V"字区最为显眼，领带应处在这个部位的中心，领带的领结要饱满，与衬衫的领口吻合、紧凑，领带的长度以系好后下端正好触及腰上皮带扣上端处为最标准，领带夹一般夹在衬衫第三粒与第四粒扣子间为宜。西装系好纽扣，不能使领带夹外露。

(4) 用好衣袋。西服上衣两侧的口袋只作装饰用，不可装物品，否则会使西服上衣变形。西服上衣左胸部的衣袋只可放装饰手帕。有些物品，如票夹、名片盒可放在上衣内侧衣袋里，裤袋不可装物品，以求臀位合适，裤形美观。

(5) 系好纽扣。双排扣的西服要把纽扣全部系上，以示庄重。单排两粒扣，只扣上面一粒纽扣，三粒扣则扣中间一粒，坐下时可解开。单排扣的西服也可以全部不扣。

(6) 穿好皮鞋。穿西服一定要穿皮鞋，而且裤子要覆盖皮鞋鞋面。不能穿旅游鞋、轻便鞋或布鞋、露脚趾的凉鞋，也不能穿白色袜子和色彩鲜艳的花袜子。男士宜着深色线织中筒袜，切忌穿半透明的尼龙或涤纶丝袜。

4. 女士西服套裙穿着规范

女士西服套裙是女性的标准职业着装，可塑造出精明强干的形象。女士穿着西服套裙应遵循以下规范。

(1) 符合标准。上衣和裙子的面料与颜色应相同，上衣袖子一般应到手腕，裙子长度应触及小腿。

(2) 搭配合理。衬衫的颜色以白色为主；应搭配高跟、半高跟的般式皮鞋或盖式皮鞋；袜子最好是肉色的高筒袜与连裤袜。

(3) 穿着到位。上衣的领子要完全翻好，衣袋的盖子要拉出来盖住衣袋；裙子要穿得端端正正，上下对齐。穿衬衫时，需注意衬衫的下摆必须掖入裙腰之内，衬衫的纽扣要一一系好，除最上端的一粒纽扣按惯例允许不系外，其他纽扣均不得随意解开，衬衫在公共场合不宜直接外穿。

(4) 注意细节。穿套裙时，鞋袜应当完好无损；袜子的穿着应规范、文明。

5. 便装规范

便装，又称便服。在绝大多数情况下，人们所说的便装，通常都是相对于正装而言的，适合于在各类非正式场合所穿着的服装。一般来说，便装在穿着时没有多少严格的限制或规定，因其使人感到轻松而随便，所以它才有便装之谓。

实际上，它主要是指服务人员在其日常生活之中所穿的服装。平日里，服务人员接触最多，同时也是时下最为风行的便装主要有夹克衫、T恤衫、太空衫、牛仔装、沙滩装、运动装、西短裤等。严格地说，在自家之中活动时所穿的家居装、卧室装，都应被包括在便装之内。

平时所穿的便装，无疑是其个人形象的有机组成部分之一。也是个人在企业里形象的一种自然延伸。因此，日常生活之中所着的便装也是不容忽视的。

按照礼仪的基本规范，职场人员在为自己选择便装时，必须认真地对便装的适用场合、服装类型以及正确的搭配等三个方面的重点问题予以系统地考虑。

6. 饰物规范

(1) 在佩戴可以美化自身、体现情趣、反映财力、区分地位的首饰时，广大职场人员尤其应注意恪守自己的本分，万万不可在佩戴饰物时无所顾忌，甚至有意"显露身价"。

(2) 以少为佳。在自己的工作岗位上佩戴首饰、发饰、服饰时，一定注意恰到好处，并非越多越好、越贵越好。

二、办公室仪态礼仪及基本要求

(一) 站姿

1. 站姿基本要求

(1) 基本站姿，指的是人们在自然直立时所采取的正确姿势，站姿总的要求是"正看一个面，侧看一条线"。

(2) 它的标准主要是正和直，即从人身体的正面来看，主要特点是头正、眼正、肩正、身正；从人身体的侧面来看，主要特点是颈直、背直、腰直、臂直、腿直。

2. 站姿正确要领

(1) 总的来讲，采取正确的站姿，会表现出女性的恬静、端庄美，男性的阳刚美。

(2) 人在站立时头部要抬起，下颚微收，双眼平视，面带微笑，颈部挺直，双肩舒展、齐平，面部和身体朝向正前方，胸要微挺，腹部自然地收缩，腰部直立，臀部上提，挺直背脊，双臂自然下垂，双腿并拢立直。

3. 常见站姿形式

不同的工作岗位对站姿有不同的要求，但任何一种形式的站姿都是在基本站姿的基础上变化的，在实际工作中应选择适合的站姿形式。常见的站姿有以下几种。

（1）侧放式站姿。侧放式站姿是男女通用的站立姿势。其要领是：脚掌分开呈"V"字形，脚跟靠拢，两腿并拢立直，双臂放松，自然下垂于体侧，虎口向前，手指自然弯曲。

（2）前腹式站姿。站姿一：脚掌分开呈"V"字形，脚跟靠拢，两腿并拢立直，两手握指交于腹前，是女性常用的站立姿势。站姿二：两脚脚尖向外略展开，一脚在前，将一脚跟靠于另一脚内侧前端，形成斜写的一个"丁"字，两手握指交于腹前，此站姿又称丁字式站姿，是只限于女性使用的站立姿势。

（3）后背式站姿。后背式站姿是男性常用的站立姿势。其要领是：两脚打开，略窄于肩宽，两脚平行，身体立直，身体重心放在两脚上，两臂肘关节自然内收，两手相握放在后背腰处。

（4）单臂式站姿。单臂式站姿态是男女通用的站立姿势。其要领是：因工作的需要，选择将两脚打开或成丁字步，工作中常见到的是左手单臂后背，右手来完成，例如斟酒服务等工作。

站立太累时，可变换为调节式站姿，即身体重心偏到左脚或右脚上，另一条腿微向前屈，脚部放松，无论转变成何种站立姿势，都要注意做到"万变不离其宗"，即不能离开站姿的基本要领。

4. 常见不良站姿

所谓不良站姿，指的是职场人员在工作岗位上不应当出现的站立姿势。在工作中，要尽量注意以下身体部位，以避免一些不良的站姿出现。

（1）头。头部左、右歪斜或低头、仰头，左顾右盼、东张西望。

（2）肩。肩不平，身体不正，含胸或过于挺胸。

（3）手。手臂插兜或叉腰，双臂交叉抱于胸前，手腕抖动。

（4）腰背。腰部弯曲，背部弓起，腹部挺出。

（5）腿。弯曲、抖动、交叉、叉开过大。

（6）脚。内八字或外八字，蹭踏，抖动。

（7）趴扶倚靠、半坐半立、浑身抖动、身体歪斜等不良站姿。

（二）坐姿

坐的姿势，一般称为坐姿，是将自己的臀部置于椅子、凳子、沙发或其他物体之上，以支撑自己身体重量，单脚或双脚放在地上的姿势。它是一种静态的身体造型，是常用的姿势之一。不同的坐姿可传达不同的意义与情感，文雅的坐姿可以展现人体静态美。

1. 坐姿基本形式

坐姿不仅包括坐的静态姿势，同时还应包括入座和离座的动态姿势，它们是与坐不可分割的两个部分。"入座"作为坐的"序幕"，"起座"作为坐的"尾声"。

（1）正襟危坐式。正襟危坐式被认为是基本的坐姿，适用于正规的场合。其基本要求：

上身与大腿、大腿与小腿都应当形成直角，小腿垂直于地面。双膝、双脚和两脚跟都要并拢。

(2) 垂腿开膝式。垂腿开膝式也是较正规的坐姿，主要适用于男性。其基本要求：上身与大腿、大腿与小腿都应当形成直角，小腿垂直于地面。两腿可以稍微分开，但不能超过肩宽。

(3) 双腿叠放式。双腿叠放式适合穿短裙的女性。其基本要求：将双腿完全一上一下叠放在一起，叠放后的两腿之间没有缝隙，犹如一条直线，双脚斜放于左或右一侧，斜放后的腿部与地面呈 45 度夹角，叠放在上面的脚和脚尖垂向地面。

(4) 双腿斜放式。双腿斜放式适合穿裙子的女性，尤其是在低处就座时。其基本要求：双腿并拢，双脚向左或者向右侧斜放，斜放后的腿部与地面呈 45 度夹角。

(5) 前伸后曲式。前伸后曲式主要适用于女性。其基本要求：大腿并拢，向前伸出一条腿。另一条腿往后屈回，两脚掌着地，两脚前后保持在一条直线上。

(6) 双脚内收式。双脚内收式适合在一般场合使用，男性女性都可以采用。其基本要求：双膝、小腿并拢，向内侧屈回，双脚脚掌着地。

(7) 双脚交叉式。双脚交叉适用于各种场合，男性女性都可以采用。其基本要求：双膝并拢，双脚在踝部交叉。交叉后的双脚可以内收，也可以斜放，但不要向前方直伸出去。

(8) 大腿叠放式。大腿叠放式主要在非正式场合采用，主要适合男性。其基本要求：两条腿在大腿部分叠放在一起，叠放后下方一条腿的小腿垂直于地面，脚掌着地；上方那条腿的小腿向内收，脚尖向下。

2. 坐姿基本要求

(1) 头正目平，双目平视前方或注视对方，下颚向内微收，两肩放松，挺胸收腹，腰背挺直，嘴微闭，面带微笑，两手相交放在腹前双腿上，两脚平落地面。

(2) 膝间的距离，男子以一掌为宜，女子则不分开为好。

(3) 坐在椅子上，至少应坐满椅子的 2/3 或 3/4。如果是沙发，座位较低，又比较柔软，应注意身体不要下滑而陷在沙发里，这样看起来很不雅观。

(4) 入座的要求：入座时，走到座位前面转身，要轻而缓，右脚向后撤半步，从容不迫地慢慢坐下，然后左脚跟上（或右脚向前）与右脚（或左脚）并齐。女子入座要娴雅，坐下前应用手把裙子向前拢一下。

在入座时要注意：不可抢先入座，一定要请对方先入座；不可抢先坐在上座，要主动地坐在适合自己身份的座位上；不可坐在桌子上、窗台上等不适宜的地方；在他人面前落座时，不要背对着座位前面的其他人；落座时，应面带微笑向周围人点头致意，动作要轻，速度不要太快，避免座椅发出声音。

(5) 离座的要求：离座时，右脚先向后迈半步，站起身，向前走一步离开座位。不可猛地起身，制造紧张气氛。

在离座时要注意：需要离开座位时，要向周围人示意，切不可突然起身；与他人同时离座时，应该注意先后次序；不要碰到周围其他人或碰倒椅子；根据礼仪的要求，入座、离座时最好在左侧，左进左出是入座、离座时的基本礼仪之一。

3. 常见不良坐姿

坐姿是人际交往过程中，持续时间较长的一种姿势，如果出现不良坐姿，会给人留下难以改变的不良印象。

(1) 头。头部左、右歪斜或低头、仰头，左顾右盼，东张西望，头仰靠于椅背。

(2) 肩。侧肩、耸肩、身体不正、含胸或过于挺胸。

(3) 手。手臂插兜或叉腰，双臂交叉抱于胸前，手腕抖动，手部置于桌上，双手抱在腿上或夹在腿间，用手触摸脚部。

(4) 腰、背。上身向前趴伏，背部弓起，腹部挺出。

(5) 腿。抖动，架腿方式不当，叉开过大，双腿向前直伸或放于桌上。

(6) 脚。蹬踏他物，抖动，脚尖指向他人，脚尖翘起。

（三）走姿

1. 正确走姿要领

正确的走姿基本要领：步履自然、稳健，抬头挺胸，双肩放松，提臀收腹，重心稍向前，两臂自然摆动，目光平视，面带微笑。

具体要求如下。

(1) 步位标准。男性两脚跟要保持在适当间隔的两条平行直线上，脚尖可以稍微外展；女性两脚跟要前后踏在同一条直线上，脚尖略外展，也就是所谓的"男走平行线，女走一条线"。

(2) 步度适中。步度也叫步幅，是指在行走时两脚之间的距离。同时步幅的大小也要与服装和鞋子的穿着相适应。

(3) 步态优美。走路时膝盖和脚腕都要富于弹性，两臂自然轻松地前后摆动，男性应具有阳刚之美，展现其矫健、稳重、挺拔的特点；女性应显得温婉柔美，体现其轻盈、妩媚、秀美的特质。

(4) 步高合适。行走时脚不要抬得过高，那样看上去缺乏稳健感；也不能抬得过低，脚后跟在地上拖着走，给人的感觉缺乏朝气，显得"步履蹒跚""老态龙钟"。

(5) 步速均匀。在一定的场合，一般应当保持相对稳定的速度，避免忽快忽慢。

(6) 步声轻微。走路时，在保持正常走姿的情况下，尽量使鞋子与地面接触的声音减小，同时尽量减小衣物之间的摩擦声。

(7) 身体协调。走路时身体各部位应保持动作的和谐。头正、肩平、躯挺，走动时要以脚跟先着地，膝盖在脚部落地时一定要伸直，腰部要成为重心移动的轴线，双臂在身体两侧一前一后地自然摆动。

2. 特定走姿要求

在具体的实践工作中，服务人员的走姿在不同情况下，有着不同的要求和规范，需要特别关注。

(1) 与客人迎面相遇时。在行进过程中，当客人迎面走来，应放快脚步，目视客人，面带微笑，轻轻点头致意，并且伴随礼貌问候语言。在走廊等路面较窄的地方，或是在楼道上与客人相遇，应停下脚步并面向客人，让客人先行，坚持"右侧通行"原则。

(2) 陪同引导客人时。在工作中，陪同客人时，常常需要在行进中引领客人，陪同引导时要注意：与客人同行时，应遵循"以右为尊"的原则，自己应处在左侧。若双方单行行进时，则陪同人员应走在客人侧前方约二三步的位置。行进速度须尽量与客人的步幅保持一致，并应及时给客人以关照和提醒。陪同引导客人上下楼梯时先行在前。

(3) 进出升降式电梯时。通常，陪同客人乘坐升降式电梯时有两种情况：一是乘坐无人值守的电梯时，一般宜请客人后进先出，陪同人员则先进后出；二是乘坐有人值守的电梯时，则应请客人先进先出，而服务人员后进后出。

(4) 出入他人房间时。在进入他人房间时，一定要先敲门或按门铃，在得到允许后，方可用手轻轻开门。出入房间，特别是在出入一个较小的房间，而房内又有自己熟悉的人时，最好是反手关门、反手开门，始终面向对方。与他人一起出入房间时，一般应"后进后出"，而请对方"先进先出"，并且替客人开门、关门。

(5) 搀扶帮助他人时。在搀扶他人时，注意步速应主动和对方的步调保持一致。同时，考虑到对方的身体因素和身体状况，在行进过程中，适当地暂停几次，以使被搀扶者得以暂时休息。

3. 常见不良走姿

不良走姿会对个人形象以及企业形象造成不良影响，所以要尽量克服、避免不良走姿的出现。

(1) 头。头部左、右歪斜或低头、仰头，左顾右盼，东张西望。

(2) 肩。侧肩，耸肩，左右摇摆，身体不正，含胸或过于挺胸。

(3) 手。手臂插兜或叉腰，双臂交叉抱于胸前或背手，手腕抖动，手部抓弄衣物，手臂僵硬或摆动过大。

(4) 腰、背。上身过于前，背部弓起，腹部挺出。

(5) 腿。腿部弯曲、步幅过大或过小，步履蹒跚，鸭子步。

(6) 脚。蹬踏、拖蹭地面，内外八字步，踮脚，脚尖翘起。

（四）蹲姿

1. 蹲姿要领

蹲姿的基本要领：站在所取物品的旁边，蹲下屈膝，抬头挺胸，不要低头，也不要弯腰，两脚合力支撑身体，掌握好身体的重心，慢慢地把腰部低下，臀部向下，蹲下的时候要保持上身的挺拔，神情自然。

2. 蹲姿基本形式

(1) 高低式蹲姿。这是男女通用的蹲姿，主要特征是：双膝一高一低。女性应靠紧两腿，男性则可以适度分开。

(2) 交叉式蹲姿。只适用于女性，尤其是穿短裙的女性。这种蹲姿的主要特征是：蹲下后双腿交叉在一起。

(3) 半蹲式蹲姿。是男女通用的蹲姿，这种蹲姿多见于行进之中临时采用，男子采用半蹲式，蹲下时两腿不必靠紧，可以有一定的距离，但女性应靠紧双腿。这种蹲姿的主要特征是身体半立半蹲。

(4) 半跪式蹲姿。是男女通用的蹲姿，它是一种非正式蹲姿。这种蹲姿的主要特征是双腿一蹲一跪。多见于一些特定服务行业。

3. 蹲姿主要禁忌

(1) 不要突然下蹲。

(2) 不要离人过近下蹲。

(3) 不要背对他人下蹲。

(4) 着裙装女性下蹲时，一定要注意有所掩饰。

(5) 不要蹲着休息。

（五）手势

手势不仅能对口头语言起到加强、说明、解释等辅助作用，而且还能表达有些口头语言所无法表达的内容和情绪，它是人们交往时不可缺少的动作，是富有表现力的一种"体态语"。

1. 手势基本规范

规范的手势是手掌伸直，手指并拢，拇指自然分开，掌心斜向上方，腕关节伸直，手与前臂形成直线，以肘关节为轴，自然弯曲，大小臂的弯曲以 140 度左右为宜。做手势时，要配合眼神、微笑和其他姿态，使手势更显得协调大方。

2. 手势主要禁忌

(1) 容易造成误解的手势。容易造成误解的手势有两种，一是个人习惯，不为他人理解；二是因为不同的文化背景，手势被赋予了不同的意义。

(2) 不卫生手势。如在客人面前搔头发、掏耳朵、抠鼻孔、剔牙齿等。

(3) 不尊重他人的手势，如用掌心向下挥动手臂、用手指指点他人或用食指指向他人等。

(4) 忌手势过多，动作幅度过大。

3. 常见主要手势

(1) 引导手势。引导，即为客人指示行进方向。同时对客人说"您请"，采用"直臂式"指路。其具体做法是：将手臂抬到齐胸高度，拇指张开，中指并拢，以肘关节为轴，上臂带动前臂，自然向上抬直。上身前倾，面带微笑，身体侧向来宾，目光看着目标方向。

(2) "请"的手势。"请"的手势是服务人员运用最多的手势之一。根据场景的不同有着不同的手势，不同的手势有着不同的意义。

① 横摆式。在表示"请"的时候，常用右手，五指并拢伸直，掌心不可凹陷；女性为优雅起见，可微微压低食指，手与地面呈 45 度角，手心斜对上方，肘关节微屈，腕关节要低于肘关节。动作时，手从腹部抬起到横隔膜处，然后以肘关节为轴向右摆动，到身体右侧稍后的地方停住，注意不要把手摆到体侧或体后。

② 前摆式。前摆式的做法是，五指并拢伸直，掌心向上，手臂由体侧向前自下而上抬起，当上臂与身体成 45 度角时，以肘关节为轴向体前摆动，距身体 20 厘米停止。

另外，还有"双臂横摆式""双臂侧摆式"等。

(3) 介绍的手势。介绍他人时，掌心向上，上臂自然下垂，手掌抬至肩的高度，并指向被介绍的一方；介绍自己时，右手五指并拢，用手掌轻按自己左胸。

(4) 鼓掌的手势。在欢迎客人到来或是其他时刻，会用到鼓掌这一手势。使用时应用右手手掌拍左手手心，五指并拢，但要注意避免时间过长、用力过分。

(5) 举手致意的手势。当工作人员忙于手头的工作，不能与他人握手和交谈。而又看到面熟的客人，向对方举手致意可以消除对方的被冷落感。

举手时应全身直立，面向对方，至少上身与头部要朝向对方；在目视对方的同时，应面带微笑；手臂自下而上向侧上方伸出，手臂既可略有弯曲，也可全部伸直；这时的掌心应向外，面对对方，指尖朝向上方，同时切记要伸开手掌。

(6) 接送物品的手势。一般来讲，递接物品用双手为最佳。

这种手势还要注意以下问题：将带尖、带刃或是其他易于伤人的物品递给他人时，应使尖、刃朝向自己或是朝向他处；递接物品时，应主动走近对方或尽量在递接物品时起身站立；递给他人的物品，应直接交到对方手中为好，同时，在递物时要让对方便于接取；在将带有文字的物品递交给他人时，要正面朝向对方。

(7) 展示物品的手势。采用该种手势需要注意以下几点。

① 手位要正确。被人围观时，可将物品举至高于双眼之处展示物品；也可以双臂横伸将物品向前伸出，活动范围上不过眼部，下不过胸部，这样的手位易给人以安定感。

② 便于观看，展示物品时，一定要方便现场的观众观看。当四周皆有观众时，展示还需要变换不同角度。

③ 操作要标准。人员在展示物品时，应干净利索，速度适宜，并进行必要的重复。

三、见面礼仪及基本要求

见面礼仪就是在人际交往中，遇见他人时用来表示自己对对方的热情、尊重、致意等态度的一种行为。中国的见面礼主要包括握手礼、致意礼、介绍礼、名片礼等。

（一）握手礼

握手礼被称为人类的"次语言"，是一种很常见的见面礼仪。握手礼一般在问候、致意、介绍、祝贺、表示理解、原谅、尊重、初次见面和久别重逢等情况下使用。

1. 握手方式

握手时，两人相对而立，上身略向前，右手手掌略向前下方伸出，与地面垂直，四指并拢，拇指张开与对方相握，双目注视对方，用力适度，上下稍许晃动三四次，一般时间是 3 ~ 5 秒，然后松开手，恢复原状。

男士和女士握手，可以只握住对方的四根手指，但不可漫不经心，异性之间最好不要双手捧握。

2. 握手顺序

握手的顺序要体现"尊重为本"的原则，即：尊贵的一方有决定握手与否的权力。所以握手顺序应当是上级、长辈、地位高者、女士先伸手，下级、晚辈、地位低者、男士在与对方见面时先问候，待对方伸出手后再接握过来，后者为了表示自己的谦虚有礼，可以微微欠身，双手捧握。

3. 注意事项

(1) 握手前要摘掉手套、帽子和墨镜。如在寒冷的室外或特殊场合，双方都不摘亦可，但如有一方摘掉，则对方必须要回礼。女士如果戴的是装饰性手套和帽子，那么包括握手在内的许多礼仪场合都可以不用摘掉。

(2) 握手切忌交叉。

(3) 不要用左手与他人握手。

(4) 握手前要考虑是否受对方的欢迎，若对方没有握手的意思，可用点头或鞠躬致意的方式表示问候。

(5) 握手后不能用手帕揩拭自己的手掌。

(6) 不要拒绝与他人握手。

（二）致意礼

致意礼主要是人们在见面的时候用来表示对对方敬意的一种礼节。致意礼主要有欠身礼、脱帽礼、点头礼、举手礼、拱手礼、合十礼等。

致意礼的顺序是：下级、晚辈、地位低者、男士应先向上级、长辈、地位高者、女士行致意礼。

1. 欠身礼

欠身礼是一种比较常见的致意礼仪。标准的做法是：身体的上身微微向前一躬，面带微笑，双目注视对方。欠身礼的幅度介于点头礼和鞠躬礼之间，可向一人或数人、群体同时施礼，施礼者可站可坐，但双手不能放在裤袋里。

2. 脱帽礼

在庄重、正规的场合应自觉脱帽向他人致意，尤其是男士在见到女士的时候应主动脱帽致意。在遇到熟人，两人之间尚有一段距离时，男士右手举帽稍离头部，身体微微欠身，头稍向前致意，待对方走过后再将帽子戴上。

3. 点头礼

点头礼是最普遍的见面礼仪，行点头礼时，应面带微笑，双目注视对方，头微微向下一动，点头时速度不要过快，幅度不要过大，次数不要过频，信奉伊斯兰教的女士不与男士握手，可行点头礼。

4. 举手礼

在公共场合与距离较远但非常熟悉的宾客打招呼时，一般可以不用语言，而是举起右臂，向前伸直，掌心朝向对方。起摆一下即可。注意摆幅不要太大，同时，要面带微笑，双目注视对方。

5. 拱手礼

拱手礼又叫作揖礼，是我国一种传统的见面礼。作揖的基本手势是：右手握拳，左手搭于右手之上，表示左阳右阴；双手相抱，是以双手代表自己的头；双手以臂为轴，上下运动，表示叩头与点头之意，以示对别人的尊敬。

6. 合十礼

合十礼又称合掌礼，其行礼方法是：行礼时应面对受礼者，两个手掌在胸前合拢并齐，掌尖和鼻尖基本相对平齐，手掌向外向下斜，微微向下，以示虔诚，头略低，面带微笑。受礼者应以同样礼节还礼。

（三）鞠躬礼

鞠躬源自中国，但作为日常的见面礼节已不多见。目前在国内主要适用于向他人表示感谢、领奖或讲演之后、举行婚礼或参加追悼会等活动。在朝鲜、韩国、日本鞠躬礼应用十分广泛。

1. 鞠躬基本要求

(1) 行鞠躬礼时，应脱帽立正，双目要注视受礼者，然后上身弯腰前倾。一般来说，男士双手应放在两侧裤线处，女士的双手则应下垂搭放在腹前。

（2）一般的问候、打招呼，鞠躬的幅度在 15 度左右。迎客、送客等场合，幅度在 30～40 度左右；如遇悔过或谢罪等场合，则 90 度的大鞠躬才能表示出其诚恳之意。

（3）鞠躬的幅度越大，所表示的敬重程度就越大。幅度的大小也可以用双手在腿面的位置来决定，一般的鞠躬，随着弯腰，双手的指尖下垂到大腿面的中部，如是向贵宾、恩人等行礼，双手的指尖则应垂到双膝附近。

2. 鞠躬次数

行鞠躬礼的鞠躬次数可视具体情况而定，以下场合有具体要求。

（1）只有追悼活动才采用三鞠躬。

（2）喜庆场合，一般鞠躬的次数不超过三次。

（四）介绍礼

介绍是人际交往中与他人进行沟通、增进了解、建立联系的一种最基本、最规范的方式，是人与人进行相互沟通的出发点。在介绍完毕后，双方应相互握手、点头、微笑、问好，以表示对对方的尊敬。介绍虽是在人际交往中经常使用的一种手段，但不同方式的介绍标准是不一样的。

1. 为他人介绍

为他人作介绍又称为第三者介绍，是使互不相识的双方通过符合礼仪的介绍彼此认识至熟悉，从而建立良好关系的一种礼节形式。作为介绍人，介绍的前提是要率先考虑双方有无相识的必要。

（1）介绍的顺序。根据介绍双方的身份、地位等情况，一般来讲，介绍的顺序是：先介绍男士，再介绍女士；先介绍年轻的，再介绍年长的；先介绍下级人士，再介绍上级人士；先介绍主人，再介绍客人。即介绍的顺序应遵循"尊者优先、了解情况"的原则。

（2）语言表述。在为他人作介绍时，语言表述很重要，一定要口齿清晰，发音准确，分清介绍内容主次，不可含糊其辞，啰唆不休。

（3）体态语。介绍人在介绍时可以以手势辅助，右手手心向上，四指并拢，以肘关节为轴，指向被介绍者一方，并向另一方点头微笑，切不可用手指头指来指去。被介绍双方则均应起身站立，面带微笑，双目注视对方，表现出认识对方的诚意。

2. 自我介绍

在社交场合，有时缺少适当的介绍人，这时可主动把自己介绍给对方，这就是自我介绍。

（1）介绍的内容。一般情况下，介绍自己的时候应包括自己的姓名、工作单位、职务、职位及从事的具体工作等。但因为自我介绍场合的随机性比较强，所以在内容上可以根据场合决定介绍方式：一是应酬式，简单明了，只介绍姓名即可；二是工作式，在介绍姓名的基础上，还要介绍自己的工作单位或从事的具体工作；三是社交式，在应酬式和工作式的基础上，进一步介绍兴趣、爱好、习惯或是同交往对象的某些熟人之间的关系等。

(2) 介绍的方式。介绍的方式通常有两种：口头介绍和名片介绍。口头介绍比较简单；采用名片介绍方式进行自我介绍时，先递上自己的名片，然后再作自我介绍，这种方式往往可以给对方留下深刻的印象。

(3) 介绍时仪态。进行自我介绍时，先向对方点头致意，得到回应后再向对方介绍自己。介绍时，要真实诚恳，实事求是；善于用眼神表达自己的友善和对沟通的渴望。

3. 主要注意事项

(1) 作介绍之前，最好征求一下双方意见或是考虑一下双方的兴趣、职业、信仰等，从而决定双方是否有相识的必要。

(2) 为让对方记住自己的姓名，可以将对方姓名再重述一遍。如果介绍人没有说清双方的姓名或身份等，作为被介绍一方，可以以"对不起，我刚才没有听清楚"等话语，在适当时机再次向被介绍的另一方询问。

(3) 自我介绍时要注意把握好"场合"和"度"，要选在对方有兴趣、干扰少、情绪好、有时间的情况下主动去作自我介绍。介绍时要先以"您好"作问候语，以提醒对方注意，切不可不顾对方反应而说个没完。

（五）名片礼

名片是当代社会私人交往和公务交往中一种最为经济实用的介绍性媒介。

1. 递送名片

(1) 递送名片的方法是：起身站立，走到对方面前，面带微笑，眼睛友好地注视对方，用双手或者右手的拇指、食指和中指合拢，夹着名片的右下部分，使对方方便接拿，将名片正面面对对方，恭敬地递于对方的胸前，并配以口头介绍和问候。

(2) 如果同时向多人递送，可以按照由尊而卑、由近而远的顺序，先将名片递送给职务较高或年龄较大者。不要跳跃式择人递送，以免给人一种厚此薄彼的印象。

2. 接受名片

(1) 接受名片的方法：应尽快起身，面带微笑，以双手拇指和食指去接名片下方的两角，眼睛友好地注视对方，并表示感谢。接过名片后，要认真地看一遍，最好能将对方姓名、职务、职位轻声地读出来，以示对对方的尊重。如遇不懂之处可以向对方请教。

(2) 认真看过名片后，将名片郑重放好，一般是放在名片夹、上衣口袋里，并同时给对方递上自己的名片，如碰巧身边没有名片，要给对方一个适当解释。

3. 主要注意事项

(1) 名片递送时，不能一边自我介绍，一边到处翻自己的名片，要随身准备好。

(2) 中国人递送或接受名片都是双手接递，如果不用双手也可，但一定要用右手，西方人、阿拉伯人和印度人是很忌讳用左手接递名片的。

(3) 不要把名片拿在手里随意摆弄或随意放置，这是一种非常不恭敬的行为。

四、现代通信沟通礼仪

（一）固定电话礼仪

1. 基本要求

在办公场所，接打电话应注意善始善终，礼貌而微笑地接打电话，吐字要清楚，语音要适中，不要忘记电话应对中的呼应，并养成左手接打电话以及养成准确记录的好习惯，重要内容要复诵确认。接听和拨打私人电话一般不要超过三分钟，私人事务应尽量安排在非办公时间处理。

2. 打电话前的准备

(1) 打电话之前应写好通话提纲：将要与对方说明的事情、内容按顺序简单罗列在记事本上，并逐一核对是否有遗漏。

(2) 准备好通话时的文件和需要的相关资料以及随时记录的笔、本，养成记录的好习惯。

(3) 阅对方电话号码，确认无误，开始拨打。

3. 正式拨打电话

(1) 拨通电话后，确认对方姓名及单位，确认无误后，要热情且礼貌地介绍自己的单位和职务等。

(2) 如需与有关人员通话，应有礼貌地请对方传呼或转达；如告知对方的内容较复杂，应主动提醒对方作好纪录。

(3) 逐一将事情说明，通话要简明扼要、突出重点、要点；讲求效率，围绕公务主题。

4. 接听电话

(1) 铃响三声内将电话接起，微笑而礼貌地说："你好！ ×× 部 ××（指姓名）"。

(2) 若通话内容较复杂，或有不清楚的地方，最后应当将要点复述一遍，以避免遗漏或有偏差。

(3) 确定不是本部门的事件，礼貌地告知其应该联系的人员或电话。

(4) 自己处理不了的工作，要婉转地告诉对方："对不起，这个事情我不太清楚，我请我们 ××× 部的 × 先生（小姐）来接电话，您稍等。"

(5) 有时领导或者同事不在，接电话人应婉转地询问："需要留话吗？"或"我能否告诉我们领导（我的同事）是谁给他打电话？"这样对方会把姓名和打电话的理由告诉你。

(6) 接到打错的电话，应温和友好地告诉对方："对不起，打错了。我是 ××× 公司。"

(7) 在电话中接到正式邀请或会议通知，接听者应致谢；如果是私人礼节性邀请，也可礼节性致谢或顺便礼节性邀请对方。

(8) 通话完毕后要道"再见",并等对方先挂断电话后再挂电话,话筒要轻轻放下。

(二)接发传真礼仪

1. 发传真礼仪

(1) 拟写传真。首先,传真文件的写作应当简明扼要。传真文件的写作尽管不必像以前拟写电报稿那样尽量节省文字,但也要注意压缩篇幅,尽可能缩小所发传真文件的图文区,以缩短传输时间,降低费用,如果传真机具有自动跳行和速度选择功能,那么,可在不妨碍清晰度的前提下,根据传递的要求适当选择较快的传递速度。

其次,书写传真文件应当用深黑色,字迹清楚端正,不要小于 4 号字,以确保传送的清晰度。

(2) 确定传真格式。首先,传真文件应当书写在 A4 纸上。传真文件参考格式包括下列项目。标题:单位名称+传真文件,如上海有限公司传真文件;传真编号:年份+流水号,可用阿拉伯数字标注;收件单位、收件人及传真和电话号码;发送单位、发送人、传真和电话号码、地址和邮编;发送日期和时间;事由;页数和页码。

其次,格式要规范。单位用传真机传送文件有两种格式:一种是传送国家标准格式或按有关单位要求的格式制作的文件,这种情况就按原文件的格式传送;另一种是传送事务性文件,应当使用传真件格式。

(3) 登记。所有传真文件在发送之前,都应当严格登记,登记的方法有两种:一种是按常规公文进行登记,但应增加一项"传送方式"的登记项目,并注明"传真";另一种是进行专门的传真文件登记,以便日后查找。

传真文件登记的项目包括:发文顺序号、标题、发送日期和时间、签发人、发送人姓名、密码、紧急程度、收件单位、收件人、存档号等。

(4) 设置。先将所发送的原稿正确放入传真机的进纸口,然后根据原稿质量和传输的要求选择参数(分辨率、亮度、对比度、色调、色彩饱和度等)。

(5) 传送。先用电话拨通对方,确认对方传真机是否处于自动待机状态,如果对方的传真机是专线(即并联其他的终端)或已处于自动待机状态,则听筒中会传来对方传真机的信号声。这时按下启动键,放下话筒,传真机开始传送。如果对方传真机未处于自动待机状态,则应在电话中通知对方立即切换,听到信号后,再按下启动键。

传真机的显示屏显示"OK",说明传送完毕,对方已经正常接收,此时传真机自动恢复到待机状态。

(6) 保存原稿。如果原稿未采用上述传真件格式,而是一般的信函和图表,则取出原稿后,标上传真编号,注明发送日期、时间、收件人单位名称和姓名(应当与传真登记簿相一致),妥善保管。有保存价值的,应当立卷归档。

2. 接收传真礼仪

接收传真有自动和人工两种方法。一是自动接收。当传真机处于自动待机状态时，会自动接收并输出传真件，然后又自动恢复到待机状态。二是人工接收。如果在一条电话线路上连接电话机和传真机两个终端设备，而且必须经常使用电话机，则必须采用人工接收方式。接收方接到发送方的电话，通话后便可放下话筒，按下启动键。传真机正常开启后，即刻便能收到一份与原稿一样的复制品。

收到传真后，应当进行登记，其项目如下。

(1) 收文顺序号，一般接收到的时间顺序按年度编流水号。

(2) 收到日期和时间，要注明具体的时间。

(3) 标题，如发送无标题的一般信函，可标写事由。

(4) 来文编号。

(5) 来文单位和发送人姓名。

(6) 密级、紧急程度。

(7) 承办单位；承办人。

(8) 复文编号和存档号。

（三）手机使用礼仪

1. 通话礼仪

当今，手机沟通日益普遍。在使用手机的时候应该注意不要在有意、无意之间破坏了公共秩序和侵犯他人利益。

使用手机通话的具体要求如下。

(1) 在会议中或者和别人洽谈的时候，最好的方式还是把手机关掉，起码也要调到震动状态。这样既显示出对别人的尊重，又不会打断发言者的思路，而那种在会场上铃声不断，像是业务很忙，使大家的目光都转向他的行为，实际给人的印象只能是缺少教养。

(2) 注意手机使用礼仪的人，不会在公共场合或座机电话接听时、开车时、乘坐飞机时以及在剧场、图书馆和医院大声接打手机，就是在公交车上大声地接打电话也是有失礼仪的。

(3) 公共场合特别是楼梯、电梯、路口、人行道等地方，不可以旁若无人地使用手机，应该把自己的声音尽可能地压低，而绝不能大声说话，同时不要妨碍他人通行。

2. 短信礼仪

手机短信也成为我们从事商务活动和待人处事的一种重要表达方式。发送短信需要特别注意以下几点。

(1) 内容要简单明了，大多数人在看短信时，都不太有耐心，而且也没有太多的时间，所以所要表达的内容，尽量要简单扼要、条理分明、避免长篇大论，有的手机因为内容容量大，一条短信可以写很长的篇幅，分段发出，但是电信运营商是根据规定的字数容量按条数收费的，你的字数多，其资费就相当于几条短信。

(2)语意要清楚。有的短信用标点符号，有的不使用标点符号，但短信要语意清楚连贯，字句段落尽可能分明，以免对方产生误解或摸不着头绪。

(3)检查文法和错别字。在短信发出前，最好自己先从头到尾检查一遍，看有没有文法错误、语意不通之处或是错别字。尤其是写给上司、长辈和重要客户的短信，更要特别注意。

(4)信末尾一定要署名，以示礼貌和尊重。

职场人士在接收他人短信时，也要注意以下两点。

(1)如接收的短信属于无实质信息内容的问候，也应礼节性简短回复短信，以示礼节。

(2)如果对方短信有内容，应参照短信要求回复。

（四）电子邮件礼仪

电子邮件，即 E-mail。它是一种重要的通信方式，因其方便快捷，费用低廉，深受人们喜爱，使用者越来越多，尤其是国际间通信交流和大量信息交流更是优势明显。对待电子邮件，应像对待其他通联工具一样讲究礼仪。

1. 书写规范

(1)虽然是电子邮件，但是写信的内容和格式与平常书信一样，称呼、敬语不可少，签名则仅以打字代替即可。

(2)写电子邮件语言要简略，不要重复、不要闲聊。写完后要检查一下有无错误。因为发出的邮件可能被对方打印出来或是贴在公告牌上。

(3)写完后还要核定所用字体和字号大小，太小的字号不仅收件人读起来费力，也显得粗心和不够礼貌。

(4)写邮件时最好在主题栏写明主题，以便让收件人一看就知道来信的主旨。

2. 发送讲究

(1)最好不要将正文栏空白而只发送附件，除非是因为各种原因出错后重发的邮件，否则不仅不礼貌，还容易被收件人当作垃圾邮件处理。

(2)重要的电子邮件可以发送两次，以确保发送成功。发送完毕后，可通过电话等询问是否收到邮件，通知收件人及时阅读。

(3)应尽快回复来信，如果暂时没有时间，就先简短回复，告诉对方自己已经收到其邮件，有时间会详细说明。

3. 注意安全

收发电子邮件都要远离计算机病毒。发送电子邮件时要注意尽可能不使邮件携带计算机病毒，以免贻害他人。

(1) 个人办公邮箱最好设定为收到邮件自动回复，方便省事。而且便于发送邮件者了解邮件发送成功与否。

(2) 对于一时难以答复的公务事项，应该先行回复一个简单邮件，大致解释说明不能立即答复的原因以及预计答复的时间等。等正式答复时再起草邮件。

(3) 回复邮件的落款应保持信息齐全，格式规范。

五、个人办公环境礼仪

办公室人员的职业修养还表现在其个人办公区域环境规制和卫生保持等方面，具体内容有以下几个方面。

(1) 不在公共办公区吸烟、扎堆聊天、大声喧哗；禁止在办公家具和公共设施上乱写、乱画、乱贴。

(2) 饮水时，如不是接待来宾，应使用个人的水杯，减少一次性水杯的浪费。不得擅自带外来人员进入办公区，会谈和接待安排在洽谈区域。最后离开办公区的人员应关闭电灯、门窗及室内总闸。

(3) 个人办公区要保持办公桌位清洁，非办公用品不外露，桌面码放整齐。当有事离开自己的办公座位时，应将座椅推回办公桌内。

(4) 在办公室用餐，使用一次性餐具，最好吃完立刻扔掉，不要长时间摆在桌子或茶几上。如果突然有事情了，也应礼貌地请同事代劳。容易被忽略的是饮料罐，只要是开了口的，长时间摆在桌上有损办公室观瞻。如茶水想等会儿再喝，最好把它藏在不被人注意的地方。食物掉在地上，应马上捡起扔掉。餐后将桌面和地面打扫一下，是必须做的事情。有强烈味道的食品，尽量不要带到办公室。准备好餐巾纸，不要用手擦拭油腻的嘴，应该及时擦拭。嘴里含有食物时，不要贸然讲话。他人嘴含食物时，最好等他咽完再跟他讲话。

(5) 下班离开办公室前，使用人应该关闭所用机器的电源，将台面的物品归位，锁好贵重物品和重要文件。

六、电梯搭乘礼仪

搭乘电梯也讲究文明礼仪，应该注意以下几点。

(1) 伴随客人或长辈来到电梯厅门前时，先按电梯按钮；电梯到达门打开时，可先行进入电梯，一手按开门按钮，另一手按住电梯侧门，请客人先进；进入电梯后，按下客人要去的楼层按钮；行进中有其他人员进入，可主动询问要去几楼，帮忙按下按钮。

(2) 电梯内尽可能不作寒暄。尽量侧身面对客人。

(3) 到达目的楼层，一手按住开门按钮，另一手并作出请出的动作，可说："到了，您先请！"

(4) 客人走出电梯后，自己立刻步出电梯，并热诚地引导行进的方向。

第二节　办公会议管理操作实务

召开会议是企业开展经营管理工作的重要手段。办公室人员组织管理会议，往往是其反复频率最高的工作内容之一。能否高效、合理地安排会议各项筹备以及会中和会后的工作内容，体现了一名文秘人员的管理思路是否清晰以及统筹安排能力的高低。

一、办公会议流程管理法

会议管理的基本流程，如图11-1所示。

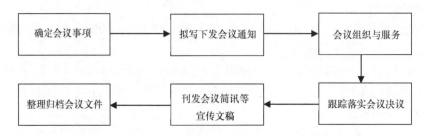

图 11-1　会议管理基本流程

（一）会议准备

1. 需要预先确定的会议事项

(1) 会议名称。

(2) 会议主题与主要议题。

(3) 会议参会领导和人员范围。

(4) 会议报告及其报告人确定。

(5) 会议时间与地点。

(6) 其他事项。

2. 需要准备的会议文件、文具等

(1) 会议通知（含会议日程安排）。

(2) 会议开幕词。

(3) 各种会议报告。

(4) 会议标语和横幅等。

(5) 会议记录本、记录笔、文件夹或手提袋。

(6) 点心、水果、茶水等。

3. 会议设施设备的正常状态

(1) 电脑。

(2) 投影设备。

(3) 扩音设备。

(4) 空调。

(5) 主席台布置，会场桌椅数量及摆放。

(6) 其他事项。

（二）会后事务安排

(1) 落实会议决定的计划和安排时限。根据会议决定或领导的要求，追踪落实会议决议的进展情况。

(2) 整理会议记录、纪要等文件，按要求归档。整理会议记录材料，如需要则按要求拟写会议纪要，最后将有价值的会议文件归档。

(3) 撰写会议总结或会议简讯。如有必要，可安排人员撰写会议总结。并根据实际情况撰写会议简讯用于内部宣传。

二、会议管理原则与要素

1. 凡是会议，必有准备

永远不要开没有准备的会议，会议最大的成本是时间成本，会议没有结果就是对公司的犯罪，没有准备的会议就等于一场集体谋杀。

重大的会议要有事先检查制度，没有准备好的会议必须取消。在会议前，必须把会议材料提前发给与会人员，与会人员要提前看材料并做好准备，不能进了会议室才开始思考。

2. 凡是会议，必有主题

开会必须要有明确的会议目的，在会议准备的 PPT 的前三页，必须显示会议主题。

会议的主题，要事先通知与会人员。

3. 凡是会议，必有纪律

开会要设一名纪律检查官（一般由主持人担任），在会议前先宣布会议纪律。

对于迟到要处罚，对于会议上不按流程进行要提醒，对于发言带情绪要提醒，对于开小会私下讨论的行为要提醒和处罚，对于在会上发恶劣脾气和攻击他人的行为进行处罚。

4. 凡是会议，会前必有议程

要在会议之前明确清楚的会议议程，会议管理人员需要在会前书面发给各参加会议的人员，使他们能了解会议的目的、时间、内容，使他们能有充分的时间准备相关的资料和安排好相关工作。每一项讨论必须控制时间，不能泛泛而谈，海阔天空。

5. 凡是会议，必有结果

开会的目的就是解决问题，会议如果没有达成结果，将是对大家时间的浪费，所以，每个人都要积极地参与到会议议程中来，会议监督官有权力打断那些偏离会议主题的冗长的发言，会议时间最好控制在 1.5 ～ 2 小时以内，太长的时间会超过人的疲劳限度。

会议主持人要设置时间提醒，现在还有 60 分钟，还有 30 分钟，还有 10 分钟。

会议的决议要形成记录，并当场宣读确认。没有确认的结论，可以另外再讨论，达成决议并确认的结论，马上进入执行程序。

6. 凡是开会，必有训练

把培训看成节约时间成本的投资，让员工快速成长。培养员工，让员工减少犯错，提高技能，本质是提高了时间价值。

要有专门针对如何开会的培训，对每个层级的员工都有足够的"会议训练"，而中国许多企业缺乏这样的培训：如何开会，如何主持，如何记录，如何追踪，如何对待分歧，如何会场汇报等的。这些必要的训练，会让公司的会议更加高效。

7. 凡是开会，必须守时

设定时间，准时开始、准时结束。准时开始、准时结束实际上就是尊重别人的时间，开会一定要准时，并要对每个议程定个大致的时间限制，一个议题不能讨论过久，如不能得出结论可暂放一下，以避免影响其他议题。

如一个议题一定要有结论的话，要事先通知与会人员，使他们有思想准备。

8. 凡是开会，必有记录

一定要有一个准确完整的会议记录，每次会议要形成决议。会议的各项决议一定要有具体执行人员及完成期限，如此项决议的完成需要多方资源，一定要在决议记录中明确说明，避免会后互相推诿，影响决议的完成。

企业的各级管理人员经常会犯的一个毛病，由于会议没有形成决议，导致会议的作用没有体现出来，更会让一些管理人员误认为开会没有意义，直接影响其不想主持开会或者参与开会。

9. 凡是散会，必有事后追踪

记住"散会不追踪，开会一场空"。加强会后稽核检查，要建立会议事后追踪程序，会议每项决议都要有跟踪、稽核检查，如有意外可及时发现适时调整，确保各项会议决议都能完成。

10. 三个简单却很有意义的会议公式

(1) 开会 + 不落实 = 零

(2) 布置工作 + 不检查 = 零

(3) 抓住不落实的事 + 追究不落实的人 = 落实

第三节　职场人际关系处理原则与技巧

职场人际关系，是指在职工作人员之间各类关系的总和。就个人而言，一般是指单位内部与自己职业和工作相关的上下级、左右平行等级的各种人际关系。

一、职场人际关系价值与类型

（一）良好职场人际关系的价值

(1) 职场人际关系好坏决定着工作的人文环境和氛围质量，影响工作满足感和成就感。

(2) 职场人际关系好坏决定着工作协调和团队合作的难度，影响工作效率和质量。

(3) 职场人际关系好坏会直接影响个人的岗位职责、职务晋升、福利待遇、奖金报酬等。

(4) 职场人际关系好坏会直接影响个人的职场满意度，进而影响个人生活幸福度和生活质量。

（二）职场人际关系基本类型

1. 与上级的人际关系

与上级领导的人际关系处理应包括与直接上司、与直线领导的非直接领导以及与非直线领导的上级领导的关系。最重要的是与直接上司的人际关系处理。

比如一名公司行政部主管人员，其直接上司是行政部经理，主管行政部的副总经理等属于直线领导的非直接领导，总经理、副总经理、财务总监等非分管行政部工作的其他高层管理者为非直线领导的上级领导。

2. 与下属的人际关系

与下属的人际关系处理主要包括对直接下属、下属的下属以及非主管部门下属的关系。最重要的是与直接下属的人际关系处理。

3. 与平级同事的人际关系

与平级同事的人际关系主要包括同团队、同部门同事关系以及非本部门有其他工作关系的同事之间的关系。最重要的是与本团队或本部门同事之间的人际关系处理。

二、与上级领导的人际关系处理

（一）处理与上级关系基本原则

1. 尊重上级领导，维护领导权威

真正从内心尊重领导，在公开场合时时处处注意维护领导权威，给足领导面子。没有

人不喜欢得到尊重，也不会有人喜欢虚假的尊重；领导权威不仅是权力的象征，更会给领导带来运用权力的愉悦感和成就感。

2. 清醒区分公事关系与私人关系

下属需要尊重、跟紧领导，但不应混淆公私关系。处理与上司关系，时刻警惕这一点。因为过密私人关系出现在公司，会产生严重副作用，如嫉妒、绯闻、谣言以及对个人人格的怀疑等。

与上级领导，尤其是异性领导要保持一定的距离。

3. 着眼公司大局，换位思考

做事不要太急功近利，要有大局观念；领会和执行领导指示要善于换位思考，理解领导意图和处境。

4. 平衡服从领导和意见独立关系

要处理好与领导的关系，要把握服从与进谏的平衡，服从领导是法定义务，独立意见是个人能力和人格尊严的体现。处理与上司的关系并非无条件地一味服从就好，一味地讨好服从领导的人往往会失去独当一面的重要职位。

5. 定位服务角色，态度重于结果

下属对于上级要定位准确服务的职能与角色。在与上司的交往中，上司会比较看重下属对于工作的态度和意愿。工作态度表明做事的主观内心意愿，而事情结果却是由工作能力、外部环境、客观条件等多因素决定的。

6. 高调做事，低调做人

高调做事才能做得有声有色，为领导政绩添彩，注意不能突出自己。个人家庭经济条件、配偶职位、子女成绩等优势情况要低调处理，不能在这些问题上对比领导找平衡。

（二）与领导相处主要禁忌

1. 轻视上级领导或贬低领导能力

没有人会在被轻视或贬低面前无动于衷，尤其是在自己下属面前。所以任何轻视或贬低上司的言行等都会产生非常严重的后果。由此形成的上下级内心的裂痕难以弥合。

2. 背后负面地议论、评价领导

背后议论、批评领导也是职场大忌，后果远比与上司当面争执严重得多。这样的行为不仅会造成个人与上级领导的心理隔阂，还会大大降低你在领导心目中的形象和个人品德评价。当然，背后多表扬和肯定领导会有利无害。

3. 越级告状或在越级领导面前过分表现自己

越级告状不仅会让直接上司感到脸面无光，而且会感受到职位威胁，个人权威受到挑

战。在上司的上级面前如果过分表现自己，可能会反衬出上司的无能，也会使直接上司心里不爽，进而造成上下级之间的人际隔阂。

4. 出现越权行为，给领导造成威胁感觉

下属越权亦是职场大忌。有时下属或许并未意识到越权，但这是下属的警戒红线，不得触碰。因为越权实质上是挑战上级领导的领导权威。

5. 打听、传播领导的隐私或绯闻

这些行为既触碰到了人性的脆弱与痛处，又会降低上司在道德层面对下级为人的评价。

6. 对于领导已决定事项不背后发牢骚，消极抵制

个人对事项决定有意见时，一定要通过正常渠道反映，但对已经决定的事应该积极执行。背后发牢骚，消极抵制只能使事情越来越糟，关系越来越紧张。而且会使上级领导将来不敢对其委以重任。

（三）与领导相处常见技巧

(1) 处处给领导留足面子，不让领导难堪。

领导也是普通人，没人喜欢难堪。要谨记时时处处、公事私事都要注意维护领导的颜面。

特别提醒：越是领导能力差的领导，越在意自己的面子问题。

(2) 该请示事项必须请示，该让领导知道的事情应该勤汇报。

领导权属内的事情要多请示、勤汇报。前者是维护领导权威，不越权行事；后者是有效拉近上下级个人关系的重要技巧。

(3) 勇于承认自己的不足，不对上司掩饰个人的不足。

对于重要事项，自己没能力不要逞强抢任务；对于个人能力或知识上的不足要客观认识，不一概掩饰。原因有二：一是共事稍久，任何人的优缺点，上司都会了解，掩饰自己的不足只会适得其反；二是掩饰个人的不足，反而会降低领导对自己的评价，认为你是对上欺瞒哄骗，不足以信任。

(4) 对于工作中出现的失误，主动承担责任，不找借口。

对于工作中出现的问题，如果是自己的原因造成的要敢于承担责任，不要推卸责任，更不能转移责任。一出问题，就百般推脱、寻找借口，久而久之，领导就不会让你负责重要事务了。

(5) 区分事件的重要性，处理重要事项标准要超越领导预期。

做好一百件无足轻重的事不如做好一件举足轻重的事。处理事情能够统筹规划，分清轻重缓急是获得晋升的重要条件。

三、与下属同事的人际关系处理

（一）与下属相处应遵循的基本原则

1. 尊重平等原则

对待下属要充分尊重，人格上大家是平等的。工作上的批评要讲求艺术，就事论事，不进行人身攻击和粗口辱骂。

2. 公平公正原则

对待下属要一视同仁，以公平、公正为基本原则。有些人刻意偏袒所谓的自己人，其实愚蠢。因为这样不仅会孤立自己、树敌过多，降低了自己的领导威信；同时也会使"自己人"陷于同事疏远状态之中。

3. 底线与宽容原则

工作上关键问题、是非问题要有明确的底线原则，不能动摇；在一些事务性非关键问题上，尤其是涉及员工待遇等问题上要以宽容为原则，要与人为善，最终受益的可能也是自己。

4. 对事不对人原则

作为上司，看人待事要有一定高度，不要被自己的主观印象甚至是情绪左右决定。处理事务要根据事情原委客观处理，不因人而异，造成个人间的职场对立。

5. 保持距离原则

对阿谀奉承、拍马溜须、表里不一、职业操守败坏者要保持警惕，保持足够的距离。因为当你职业处于低谷的时候，对你落井下石的或许就是那些在你春风得意时候的最亲密的人。

6. 愉快共事原则

不要让当上司成为一件刻板严肃、不苟言笑的事。与下属一起愉快工作既可以提高个人职场幸福感，也应是追求的最高工作目标。

（二）与下属相处应注意的主要禁忌

1. 只会批评，吝于表扬

只批评，不表扬会使下属缺乏工作成就感，进而产生抵触情绪，还可能对上司产生不满心理。对于下属的工作改进而言，毫无价值。

2. 以上压下，蛮不讲理

下属可能会选择暂时屈服，但有机会会选择反击。一旦爆发冲突，不仅损害你们之间的个人人际关系，而且会让公司其他员工觉得你缺乏领导素养，大大降低领导威信和领导形象。

3. 利益独占，不善分享

总喜欢独享工作果实，不善于与下属分享成绩。这是许多领导者缺乏个人威信、对下属领导不力的重要原因。下属会觉得反正好处都是你的，你自己玩吧。

4. 已授权又处处插手下属事务

上司在授权时就要考虑下属在这方面的工作能力，能力不足不能授权；能力足够可以授权。上司授权后，又处处插手，会令下属缺乏成就感，并且会打乱工作节奏，使下属不知所措，反而大大降低工作效率和效果。

5. 因职位变化而变化的个人处事风格

作为同事，大家已熟悉相互的处事风格。一旦因为职务升迁就改变了对同事说话、做事的方式，会被大家瞧不起，从而被疏远。这是中国传统文化观念中为人不齿的做法。

6. 与异性下属产生不当恋情

正常的办公室恋情都会产生诸多副作用，何况是与异性下属的不当恋情？这种行为会使领导的工作安排错乱不堪，甚至失去常人的理性判断，严重影响职业发展。

（三）与下属相处的常见技巧

1. 下属的干劲是鼓励和表扬出来的

当下属工作上有进步或取得成绩时，一定要及时地鼓励、表扬；当下属工作中遇到困难或挫折时，要多加油鼓励，而非指责抱怨；因为没有人喜欢批评，总是批评下属的上司不可能与下属处好关系。

2. 和谐的上下级关系是真诚相待形成的

下属只是职务上的下级，在人格上是平等的。上司平时的一言一行，特别是与下属的沟通要真诚，不讲官话套话，不敷衍应付。善于换位思考，体贴下属的困境，就会形成和谐的上下级关系。

3. 下属的奉献精神是要有物质待遇保障的

提倡员工有奉献精神，上司要竭尽所能在公司制度允许或自己职权范围内，给予有所贡献的员工应有的精神、物质奖励，工资、奖金、补贴、福利品等要有所体现。

4. 开诚布公是与下属沟通的最大技巧

有些领导者自以为聪明，总是对下属运用一些所谓的沟通技巧或领导技巧，却往往会弄巧成拙。员工一旦发现事情的真相，受到心理伤害，上下级人际关系就可能产生危机。

5. 多接触、多沟通是拉近关系的有效技巧

与下属沟通少的上司，通常会被认为是官僚主义，瞧不起下属。因此，上司应该利用正常的会议、吃饭、庆典等时机多与下属接触、沟通。

工作比较清闲的时候应该主动创造条件，与下属交流沟通，必要时也可以交流一下非工作范围内的生活事项。

四、与平级同事的人际关系处理

（一）与平级同事相处应遵循的基本原则

1. 平等原则

平等原则是人际相处的首要原则，也是同事和谐人际关系的基本前提。为了与别人和谐相处，我们必须学会平等待人、公平处事。只有发自内心认识到与同事的平等性，公正地对待别人，尊重客观事实，让同事愿意、喜欢与你交往，才能获得和谐的职场人际关系。

2. 友善原则

友善会使你赢得一种融洽宽松的职场交际环境。这样的人际环境，能使你收获工作中的快乐，对你的未来职场发展更有帮助。

如果你能够始终以友善的态度对待他人，你的善意将会感染你的同事，使他们都愿意与你做朋友，乐于与你共事。

因此，在任何时候都不要忽视自己的微笑。拿出自己的大度，敞开自己的心灵，用更多的微笑来感染别人，用更多的善意来获得理解和支持。与此同时，你也会获得良好的心态，帮助你取得事业上的更大成功。

3. 互助双赢原则

职场人际交往的一个重要的原则就是要互助双赢。你帮助了别人，别人就会帮助你。坚决摒弃简单的职场利益竞争观念，树立双赢、多赢思维。难道竞争对手会因为你的风凉话和袖手旁观就会停下前进的步伐而把机会拱手相让吗？

该原则有两点关键：一是要提高自己的工作能力和专业水平；二是处理涉及竞争的事项不要只考虑自己，毫不考虑别人的利益。

4. 尊重原则

真诚地尊重别人，可以使你获得真正的信任，更容易构建自己的和谐人际关系。尊重同事，主要包括尊重他人的人格独立和尊严、尊重他人的工作岗位和工作成果、尊重他人的理想或信仰、尊重他人的生活习惯、尊重他人的隐私权等。

尊重同事的最大收获除了带来和谐的同事关系外，能使你同时获得同事们发自内心的尊重。这一点会为你带来更多的职场发展机会。

5. 拒绝原则

同事相处，面对不合理的请求或难以做到的事情一定要学会拒绝。要根据自己的真实能力和现实条件来考虑对方的请求，做力所能及的事，既是为自己负责，也是为他人负责。

碍于情面不会拒绝，只会让自己陷于更尴尬的境地。因为已经承诺而做不到，既会降低个人信用，又容易与同事产生心理隔阂，甚至是怨愤。

6. 距离原则

每个人都需要一个独立的心理空间。再亲密的朋友，也会有一个不愿向他人袒露、不愿意被人打扰的内心世界。过分的热情和近距离恰恰容易触碰到这个心灵的禁区，可能会侵犯别人，同时也伤害自己。

最好的办法就是保持一定的距离。过度接近会让对方感到压力与侵犯，给彼此留有一定空间，才能让双方自在、自然、舒服。

（二）与平级同事相处应注意的主要禁忌

1. 遭受挫折后的胡言乱语

职场生涯不可能一帆风顺，总有挫折和低谷。当受挫的时候，很多人就喜欢胡言乱语，不分对象胡乱发泄。其实，胡乱发泄的危害非常严重，一旦造成伤害，同事间的和谐关系就会被打破，形成的心理隔阂就难以消除。对于那些与此事无关的同事们来说，会产生莫名的厌恶，而且会觉得你胡搅蛮缠。

因此，受挫之后，最好的处理方法可以选择独处发泄，尽快走出阴影。更重要的是自我检讨，将自己受挫原因进行客观的分析，以利前进。

2. 别人有成绩时嫉妒、说闲话

嫉妒可以说是人际关系最具杀伤力的隐形杀手。嫉妒之心或许人皆有之，如果不清醒认识、有效控制，可能会给你的人际关系造成极大伤害。别人经过努力取得重要成果，正在兴头，本想获得大家的肯定与祝贺，却得到你的一番风凉闲话，什么心理感受，不言自明。

3. 不被重视时满腹牢骚

记住，满腹牢骚有百害而无一利。发牢骚根本不能解决问题，反而会产生很多副作用，领导知道了不会满意，同事们听多了，会觉得你消极，因在一起没有愉快感而逐渐疏远你。

4. 春风得意时说狂妄大话

你春风得意，本来就会给同事造成压力因而被嫉妒，再口出狂言势必会引起同事们更大的不满，不仅降低了个人品格，也会为将来与同事们合作造成障碍。

（三）与平级同事相处的常见技巧

1. 对同事的尊重、热情，真诚一定要发自内心

相互尊重是处理好人际关系的基础和前提，同事之间也不例外。而且同事之间的关系更加重要而敏感，因为工作上总有竞争与合作。一旦失和，心理隔阂将难以愈合。因此，与同事相处沟通时，态度要诚恳、实事求是，要给同事一种信赖感、亲近感。尊重对方的隐私、劳动成果和人格尊严，待人要热情、诚恳。更应时时反省自己对待同事的感情是否

源自真心。

2. 相处要注重细节，关注他人心理感受

同事相处细节很重要，主要是关注同事的心理感受。比如一口回绝对方分给你的家乡特产或小食品，其实可能会使同事很尴尬；有时适当接受同事的帮助，然后诚恳地表示感谢，会促进同事间的和谐关系；对于同事忌讳或有糟糕经历的话题一定要回避。

3. 同事之间务必保持适当距离

在办公室里与同事相处，要保持一定的距离。关系再好的同事也要保持一定心理距离，尤其异性之间更不要过于亲密。因为职场上总有竞争，同事之间的关系不仅比较微妙，而且经常处于变化之中。

俗话说"距离产生美"，保留一些合理的私人空间是必要的。同事之间保持一定距离，既有利于持续保持和谐关系，也有利于防范同事的故意"伤害"。

4. 与同事相处策略要因人而异

知人者智，知己者明。与同事相处之道在于认清自我，了解同事。每个人都有独特的生活方式和性格，在公司里，总会有些人是不好相处的，比如傲慢的人、自尊心太强的人、爱钻牛角尖的人等。所以必须因人而异，采取不同的策略与不同的同事相处。

5. 谦虚平等待人，低调处理优势

中国文化传统向来把谦虚视为美德，同事之间相处也需要谦虚以待，不客气是伤人的常见形式。对于自己的一些优势条件，如家庭财产、父母高干身份、配偶高收入、子女的优异学业成绩等，假如同事在这些方面存在不足，一定要低调处理。

当对方表示羡慕时，要谦虚以免人生嫉妒之心。当话题偶然谈及，要注意分寸，适可而止。

6. 把握机会，多相处多沟通

要有效利用单位会议、外出差旅、节庆聚会等时机，克服个人困难，尽量参加集体活动，跟同事多相处、多沟通。这是增进友谊、加强了解、和谐同事关系的最佳机会。

经常不参加集体活动，会被同事视为异类，认为你假装清高、不好接近，久而久之，将你边缘化。熟悉程度是人际关系处理的重要因素。

第四节　职场沟通的基本原则与技巧

沟通是信息凭借一定符号载体，在个人或群体间从发送者到接收者进行传递，并获取理解进而采取行动的过程。

职场沟通主要是指上下级人员之间、左右平行人员之间、不相隶属同事间等工作范围内的沟通。根据事项性质又可以区分为公事沟通和私事沟通。

一、职场沟通的主要方式与价值

1. 职场沟通主要方式

(1) 口头语言沟通，包括面谈、电话沟通。

(2) 书面沟通，主要是传统纸质文书往来沟通。

(3) 电子邮件、博客、微信、群组共享等新形式沟通方式。

2. 职场有效沟通的主要价值

(1) 有效传达工作信息，共享信息资源，提升工作效率。

(2) 有效消除误会，拉近同事间心理距离，提升同事间人际关系和谐度。

(3) 有效形成部门和非正式组织的和谐文化氛围。

二、职场沟通的有效要件与黄金原则

（一）职场沟通的有效要件

(1) 信息发送者发出的信息应完整、准确。

(2) 信息发送者能够选择合适、恰当的表达形式，即沟通媒介。

(3) 信息接收者能接收到完整信息并能正确理解信息。

(4) 信息接收者愿意以恰当的形式按传递过来的信息采取行动。

（二）职场沟通遵循的黄金原则

1. 双向沟通原则

在职场沟通的过程中，不仅要善于表达，更要善于倾听和理解。

2. 换位思考原则

在沟通过程中，要善于站到对方的角色、地位、角度上思考和理解问题。

3. 尊重他人原则

坚持平等沟通原则，尊重他人人格尊严，对事不对人，避免侵犯他人个人隐私等。

4. 真诚信用原则

沟通要有诚意，不敷衍了事，不说虚言套话；说过的话要负责任，答应的承诺要严格兑现，不能兑现要及时解释说明原因。

三、职场沟通的常见障碍及其消除

（一）信息泛滥

1. 障碍表现

信息过多；信息杂乱无序；信息交叉重复；信息真假混杂等。

2. 消除办法

下级呈给上级的信息需要整理加工；上级交给下级的信息要明确处理要求。

（二）时间管理不佳

1. 障碍表现

每天做的主要是紧急而不重要的事务，许多重要而不紧急事务被忽略；许多重要事务因紧急而信息搜集不全。

2. 消除办法

对工作事务按照重要性和紧急性分类，分清轻重缓急，统筹安排。

（三）组织文化障碍

1. 障碍表现

领导主观武断，工作方法简单粗暴，不尊重下属，听不进下属意见；下属谨言慎行，不敢说真话；企业文化不健康，唯上不唯真。

2. 消除办法

领导改进工作作风，不显露坏情绪，不打断别人话语；建立企业健康的文化氛围，鼓励下属说真话、讲实话。

（四）信息过滤

职场垂直沟通信息过滤的流程如图 11-2 所示。

图 11-2　职场垂直沟通信息过滤示意图

1. 障碍表现

上一级领导传达指示或部署工作任务时，刻意选择性传达，以回避或隐瞒对自己不利或不愿让下属得知的信息内容，下属员工仅接收到部分信息；自下而上的信息传递，员工和各级管理者均可能有选择性的汇报，导致信息内容层层递减或失真，高层管理者接收到的是部分或失真的信息内容。

2. 消除办法

组织要建立完善不同渠道信息采集制度和机制，并建立奖惩机制以及评估组织信息机制，然后制订信息传达计划，以保证信息真实传达。

（五）缺乏反馈

1. 障碍表现

下属的意见，领导不及时反馈；领导的意图，下属不响应。

2. 消除办法

领导对下属意见要及时反馈，建立适当奖惩制度。

四、职场沟通的三大关键要素

（一）有效倾听

1. 五项要求

(1) 专心，不选择性吸收信息。集中精力以尊重的态度用心去听，不敷衍了事，不遗漏所有重要信息。

(2) 中立，不以自我为中心。在倾听过程中要摒弃自己原有的观念和立场，以中立的态度冷静倾听和思考问题。

(3) 坦诚开放，勇于负责任。对于自己不认可的言论，或过于偏激的意见和言论都能坦诚接纳；沟通过程中，勇于承认自己的问题，不推诿责任。

(4) 设立目标是指倾听并不是无目的聊天，而是为了了解对方的内心想法，因此必要的提问、引导和委婉的打断也是善于倾听的必要技巧。

(5) 要听清楚对方的需要与要求，听明白潜台词；处理纠纷问题，要让对方充分表达、宣泄情绪。

2. 三大禁忌

(1) 切忌聆听意见时敷衍了事或心不在焉，或假装在听实则根本没听。

(2) 切忌听取对方表达时，边听边干其他事情，一心二用。

(3) 切忌频繁打断对方讲话，或随意对其陈述进行主观评价。

（二）回复表达

1. 四项要求

(1) 工作中应该说普通话，口齿清楚、吐字清晰，语调恰当，音量适中。

(2) 对事不对人，不说伤害他人自尊的话，不进行人身攻击。

(3) 不清楚的问题要发问，重要内容要复述或摘要对方的话，进行确认。

(4) 表情、肢体语言的应用应配合语言表达，把握分寸、恰当得体。

2. 四大禁忌

(1) 切忌说话语调生硬，声音过大或过小，造成对方听觉不适或听不清楚。

(2) 切忌说话咬文嚼字，有使用书面语言倾向，甚至使用专业术语，造成对方疑惑不解。

(3) 表情、肢体语言属于语言表达的补充，忌讳过于夸张。

(4) 切记对事不对人，避免侵犯他人隐私或进行人身攻击。

（三）微笑

1. 四项要求

(1) 微笑应该是真诚沟通的核心表情，要与语言表达、神态表情、肢体动作等配合使用。

(2) 微笑要做到眼笑、嘴笑、心笑，心笑是指发自内心，带着真情、自然而成的笑。

(3) 一般情况下，距对方三米以内微笑，至多露出八颗牙齿为宜。

(4) 有些人应该自检微笑呈现给他人的感觉，因为有些人天生的微笑不雅观，反而可能会造成误会。

2. 三大禁忌

(1) 要拒绝过于职业化的习惯性的假笑。

(2) 拒绝非发自内心，不带真情的敷衍的微笑。

(3) 微笑演变为大笑或放声笑，表情、肢体语言等夸张明显。

五、职场沟通的白金箴言

【箴言一】

你想怎样被对待，你就怎样对待别人。

【箴言二】

以别人喜欢的方式去对待他们。

第五节　时间管理法

时间管理是指通过事先规划并运用一定的技巧、方法与工具实现对时间的有效运用，从而实现个人或组织的既定目标。大部分现代企业已将时间管理能力作为对企业管理者的一项基本要求而明确提出。

一、ABC 时间管理法

ABC 时间管理法，就是以事务的重要程度为依据，将待办的事项按照由重要到不重要的顺序划分为 A、B、C 三个等级，然后按照事项的重要等级完成任务的做事方法。

这种方法可以有效地解决因日常事务异常繁乱而陷入混乱的状况，使学习、工作和生活等活动在有条不紊中进行。

（一）事务等级划分

1. A级事务

非常有助于达到目标，即为最重要的事项，将其标注为A——必须做的事，是指与实现自己的目标相关的关键事务，比如管理性指导、重要的客户约见、重要的期限临近、能带来领先优势或成功的机会。

2. B级事务

对于达到目标具有一般的意义，即为次重要的事项，将其标注为B——应该做的事，是指具有中等价值的事务，这类事务有助于提高个人或组织业绩，但不是关键性的。

3. C级事务

如果对实现目标起的作用不大，即为不重要的事项，将其标注为C——可以做的事，是指价值较低的一类事务。

（二）不同等级事务时间要求

1. A级事务

A级事务都是必须在短期内完成的任务。一旦完成A级事务，就会产生显著的效果。而如果事务不能完成，那么严重的甚至是灾难性的后果就有可能发生。A级事务的关键是需要立刻行动起来去做。

2. B级事务

B级事务是应该在短期内完成的任务。虽说不如A级事务那样紧迫，但它仍然很重要。这些工作可以在一定期限内相应地推迟。若规定的完成期限较短，就应该将它们很快提升为A级。

3. C级事务

C级事务是可以推迟但不会造成严重后果的工作。该事务中的有些工作甚至可以无限期推迟。但其他一些事务，尤其是那些有较长时间限制的事务，也会随着完成期限的临近最终转变为A级别或B级别。

（三）不同等级事务工作量与工作价值

1. A级事务

A级事务约占任务和工作总量的15%，是必须集中精力完成的事务。对所有达到的目标而言，它真正的价值高达65%。

2. B级事务

B级事务约占事务与工作总量的23%，完成事务的价值约为20%。

3. C级事务

C级事务占事务总量的65%，完成这级事务的价值约为15%。

（四）不同等级事务处理方式

1. A级事务

立即着手，亲自处理。

2. B级事务

安排恰当时间，亲自处理或授权处理。

3. C级事务

授权他人在合理期限内完成。

二、四象限时间管理矩阵法

该时间管理法由美国管理学大师史蒂芬·柯维提出，主要内容为将个人事务按照重要程度和紧迫程度分为四大类，即重要且时间要求紧迫的事务、重要而时间要求不紧迫的事务、不重要而时间要求紧迫的事务和不重要时间要求也不紧迫的事务；个人可以根据以上分类采取不同的处理顺序和方式，以最大价值化地安排个人工作和生活。

（一）四象限时间管理矩阵

四象限时间管理矩阵及结果矩阵，如表11-1、表11-2所示。

表11-1　四象限时间管理矩阵 I

	紧　迫	不　紧　迫
重要	I. 危机 迫切问题 限定时间必须完成事项等	II. 预防性措施 建立关系 明确新的发展机会 制定计划与休闲等
不重要	III. 接待访客、普通电话 一般信件、某些报告 某些会议 迫切解决的事务 公共活动等	IV. 琐碎忙碌的工作 某些电话 某些信件 消磨时间的活动 娱乐活动等

表11-2　象限时间管理结果矩阵 II

I.侧重于第一类事务结果：	II.侧重于第二类事务结果：
●压力大	●有愿景，远见
●筋疲力尽	●平衡
●被危机牵着鼻子走	●自律、自制
●忙于收拾残局	●很少发生危机

续表

III. 侧重于第三类事务结果：	IV. 侧重于第三四类事务结果：
● 急功近利	● 完全不负责任
● 被危机牵着鼻子走	● 经常被炒鱿鱼
● 被视为巧言令色	● 生活需要依赖他人或社会
● 轻视目标和计划	
● 自认为受害，缺乏自制力	
● 人际关系肤浅，甚至破裂等	

（资料来源：〔美〕史蒂芬·柯维 . 高效能人士的七个习惯 . 北京：中国青年出版社，2008；128-130.）

（二）管理原则与操作要点

1. 抓大事，放小事

集中思考工作上的大事，对于微不足道的小事，无须过度烦心。高阶管理者必须为公司明确定位，掌握未来发展的重要方向，别为细枝末节而操心；基层员工应将时间用于可明显提升业绩的事务上，无关紧要的小事则尽量删除。

2. 抓正事，放杂事

要顺利完成一件工作，有其必要的程序及步骤，亦即完成该项任务的正事，而与完成该项任务无关的则称为杂事。一个有智慧的工作者应抓紧正事，将心力和时间集中投资于处理与该任务最相关的核心问题；至于与正事无关的杂事，可交由旁人处理，或是尽量避免，以简化工作内容。

3. 抓要事，放闲事

重要又紧急的事情应该在第一时间完成；没有时间压力的闲事，则利用工作空当简单处理即可。要事与闲事的差别，在于对绩效的贡献度以及时间的紧迫程度。高绩效贡献度、高时间紧迫性的要优先安排。

第十二章
企业文秘人员职业健康与自我保健

　　企业文秘人员工作压力大，经常长时间伏案疾书或使用电脑工作，可能长期处于亚健康状态。数据显示该类群体办公室职业病发病率高，健康状况堪忧。因此，应高度警惕职业健康威胁因素，及时采取有效的自我保健措施。

第一节　健康指数自检与改善

联合国世界卫生组织（ＷＨＯ）对健康作了如下定义："健康不仅是没有疾病，而且包括躯体健康、心理健康、社会适应良好和道德健康。"

由此可知，健康不仅仅是指躯体健康，还包括心理、社会适应、道德品质等方面。这几个方面是相互依存、相互促进、有机结合的。当人体在这几个方面同时健全，才算得上真正的健康。

一、世界卫生组织界定健康十大衡量标准

1. 世界卫生组织界定十大衡量标准

(1) 精力充沛，对负担的日常生活和繁重的工作不感到过分紧张疲劳。

(2) 乐观积极，乐于承担责任，工作效率高。

(3) 休息、睡眠良好。

(4) 应变能力强，能适应环境的各种变化。

(5) 抗疾病能力强，能够抵抗一般性的感冒、传染病等。

(6) 体重适当，身材均匀，站立时头、肩、臂协调。

(7) 眼睛明亮，反应敏锐。

(8) 牙齿清洁，无空洞、无痛感、无龋齿、无出血现象，齿龈色泽正常。

(9) 头发有光泽，无头屑。

(10) 肌肉丰满，皮肤富有弹性，走路、活动感到轻松。

2. 健康十大秘诀

(1) 常食肉。

(2) 晒太阳。

(3) 雨中行。

(4) 常唱歌。

(5) 饭后息。

(6) 挺起胸。

(7) 静坐思。

(8) 天伦乐。

(9) 步当车。

(10) 行善事。

二、心理健康及其三大衡量标准

个体的心理活动只有处于正常状态下，即认知正常，情感协调，意志健全，个性完整和适应良好，才能够充分发挥自身的最大潜能，以适应生活、学习、工作和社会环境的发展与变化。

心理健康三大衡量标准如下。

1. 热爱生活，积极向上

对生活充满热爱，充满向往，日常生活充满乐趣。这种对生活的热情，不仅表现为积极工作，勤奋学习，还表现在注重体形的健美锻炼与面容的修饰。

2. 情绪稳定

情绪的稳定，即不管面对怎样的逆境，遭受怎样的打击都能保持愉快的心境、充沛的精力和奋发向上的朝气。

3. 有较强的适应能力

无论是生活在喧嚣的闹市，还是生活在边远山区；无论是从事何种工作，都能迅速地按环境的变化调整生活节奏，使身体迅速适应新的环境。这样就不至于给健康带来不良影响。

三、亚健康认识及其预防

亚健康状态通常是指机体虽无明显的疾病诊断，却已表现出自体生活能力降低，社会适应能力减退，并且显现出了各种身体不适的症状。

（一）亚健康十大症候

关于亚健康的症候，学者总结以下十条标准。

(1) 心病不安，惊悸少眠。

(2) 汗出津津，经常感冒。

(3) 舌赤苔垢，口苦便燥。

(4) 面色有滞，目围灰暗。

(5) 四肢发胀，目下卧蚕。

(6) 指甲成像，变化异常。

(7) 潮前胸胀，乳生结节。

(8) 呕吐黏物，呃逆胀满。

(9) 体温异常，倦怠无力。

(10) 视力模糊，头胀头痛。

（二）亚健康主要类型

1. 身体"亚健康"

现实生活中，亚健康往往首先表现在躯体上，即身体"亚健康"。就是个体总感觉自己的身体有些不舒服。主要症状有：乏力困倦、机体酸痛、失眠憔悴、机能下降、功能紊乱等。处于亚健康状态的人经常感到体力不支，容易疲乏和困倦，缺乏活力和朝气。

(1) 心血管症状：经常感到胸闷、心慌、气短、憋气等。

(2) 消化系统症状：不思饮食、纳呆（见到饭菜没有胃口、有时感到饿了但不想吃饭）。

(3) 骨关节症状：经常感到腰酸背痛、关节不适或者浑身不适。

(4) 神经系统症状：经常头痛或见闷、胀、昏，记忆力差，全身无力、困乏，特别容易疲劳。

(5) 睡眠症状：入睡比较困难，容易凌晨早醒，夜间常做噩梦。

(6) 泌尿生殖系统症状：性功能低下或者性要求减少，尿频、尿急。

2. 心理"亚健康"

亚健康表现在心理上，即心理"亚健康"。现实中，不少人总感到烦躁、焦虑、妒忌、恐惧、记忆力下降、反应迟钝等，这些都是心理"亚健康"的表现。健康的心理是人健康生存发展的保证，而"亚健康"心理则是人走向失败甚至犯罪的内在根由。因此保持健康的心理尤为重要。

心理"亚健康"状态的存在和发展，客观上影响着人们的人生态度和人生实践，使人们对自己的生活和实践表现出明显的片面性以及对自己、对他人、对社会整体的损害性。对付心理亚健康的主要办法，就是主动积极地分析原因，自觉地进行心理调整，并配合适当的治疗。

3. 情感"亚健康"

当下，人们普遍地感受到的冷漠、无望、溺爱、疲惫、机械以及婚外情、早恋等，这些都是情感亚健康的种种表现。以往的任何时代都不会像今天这样，让我们建立情感的对象途径更多，情感范围更广泛、更深刻，与此同时，我们的情感生活也就更加自由，更有意味。但与此相伴的，却是大量存在着的"亚健康"的情感生活。

情感"亚健康"状态，必然会影响人正常的情感生活，影响家庭、单位和社会的人际关系，对自己、对他人都会造成不应有的伤害。要尽快走出情感"亚健康"的误区，就一定要实行情景转移、认知调整，并适当参加有益的社会活动等，力求情感生活的真实、平静和丰富。对情感"亚健康"，我们应有充分的认识，并认真对待，从而恢复并保持我们应有的健康的情感生活、情感世界。

4. 思想"亚健康"

思想"亚健康"表现在思想上，是指人在世界观、人生观、价值观上存在着不利于自己和社会发展的偏差等。每个人都有自己的思想，思想的层次和程度不同，导致每个人具有不同的文化价值观。人的文化价值观不只是决定于人的思想的量的多寡，更重要的是决定于人的思想的质的正确与否。

很多人在不同的时空条件下都有过思想"亚健康"。这主要是由人们的学习不够、错误选择接受、社会默化、从众、思维方法不科学等因素造成的。

5.行为"亚健康"

经观察我们发现，有的人总有行为失常、无序、不当等表现，这便是行为"亚健康"。行为"亚健康"有的是自觉的，有的是不自觉的。从自己对行为的管理和控制能力和经验来看，行为"亚健康"源于个体对自己行为的失控、错控等。有的人在大众场合大声喧哗，旁若无人；有的人在公共场所衣冠不整，行动随便；有的人随地吐痰，乱扔果皮等。

行为"亚健康"状态的存在，不论发生在何时何地都会对个体自身的发展及群体和社会的发展产生负面影响，甚至是破坏力量。因此要建立文明、健康、科学的生活方式和工作方式，养成文明、健康、科学的行为习惯，让每一个行为都体现现代化的精神和意味，做一个真正的现代人。要实现这个目标，就一定要限制、引导、矫正、治疗"亚健康"行为。恢复行为的常态，保持行为的应有之态。

（三）亚健康防治十字方针

1."平心"

"平心"即平衡心理、平静心态、平稳情绪。

2."减压"

"减压"即适时缓解过度的紧张和压力。

3."顺钟"

"顺钟"即顺应好生物钟，调整好休息和睡眠的关系。

4."增免"

"增免"即通过有氧代谢运动等增强自身免疫力。

5."改良"

"改良"即通过改变不良生活方式和习惯，从源头上堵住亚健康状态的发生。

（四）亚健康膳食调理方法

1.亚健康表现之心病不安，惊悸少眠

多吃含钙、磷的食物。含钙多的饮食如大豆、牛奶（包括酸奶）、鲜橙、牡蛎；含磷多的如菠菜、栗子、葡萄、土豆、禽蛋等。

2. 亚健康表现之神经敏感

适吃蒸鱼，但要加点绿叶蔬菜。吃前先躺下休息一会儿，松弛紧张的情绪；也可以喝少量红葡萄酒，帮助肠胃蠕动。

3. 亚健康表现之眼睛疲劳

可在午餐时食用鳗鱼，因为鳗鱼含有丰富的维生素 A。另外，吃韭菜炒猪肝也很有效。

4. 亚健康表现之倦怠无力

吃坚果，就是吃花生、瓜子、核桃、松子、榛子，香榧更好。它们对健脑、增强记忆力有很好的效果。

5. 亚健康表现之心理压力过大

尽可能多摄取含维生素 C 的食物，如青花（美国花柳菜）、菠菜、嫩油菜、芝麻、水果（柑橘、橙、草莓、芒果）等。

6. 亚健康表现之脾气不好

吃牛奶、酸奶、奶酪等乳制品以及小鱼干等，该类食物都含有极其丰富的钙质，有助于消除火气；吃芫荽，能消除内火。

（五）亚健康自测

1. 自测说明

对照下面的这些症状，测一测自己是不是处于亚健康状态。如果你的累积总分超过 50 分，就需要坐下来，好好地反思你的生活状态，加强锻炼和营养搭配等；如果累积总分超过 80 分，赶紧去医院找医生，调整自己的心理，或是申请休假，好好地休息一段时间。

2. 自测项目表

(1) 早上起床时，常有较多的头发掉落。5 分

(2) 感到情绪有些抑郁，会对着窗外发呆。3 分

(3) 昨天想好的事，今天怎么也记不起来了，而且近些天来，经常出现这种情况。10 分

(4) 害怕走进办公室，觉得工作令人厌倦。5 分

(5) 不想面对同事和上司，有自闭症趋势。5 分

(6) 工作效率下降，上司已对你不满。5 分

(7) 工作一小时后，身体倦怠，胸闷气短。10 分

(8) 工作情绪始终无法高涨。最令人不解的是无名的火气很大，但又没有精力发作。5 分

(9) 一日三餐，进餐甚少，排除天气因素，即使口味非常适合自己的菜，也经常味同嚼蜡。5 分

(10) 盼望早早地逃离办公室，为的是能够回家，躺在床上休息片刻。5 分

(11) 对城市的污染、噪声非常敏感，比常人更渴望清幽、宁静的山水，休息身心。5分

(12) 不再像以前那样热衷于朋友的聚会，有种强打精神、勉强应酬的感觉。2分

(13) 晚上经常睡不着觉，即使睡着了，又老是在做梦的状态中，睡眠质量很糟糕。10分

(14) 体重有明显的下降趋势，早上起来，发现眼眶深陷，下巴突出。10分

(15) 感觉免疫力在下降，春、秋季流感一来，自己首当其冲，难逃"流"运。5分

(16) 性能力明显下降。10分

四、关于健康的白金箴言

【箴言一】

健康是智慧的条件，是愉快的标志。

——（美）爱默生

【箴言二】

健康的乞丐比有病的国王更幸福。

——（德）叔本华

【箴言三】

不会管理自己身体的人，就无资格管理他人；经营不好自己健康的人，又如何能经营好自己的事业？

——（瑞士）希尔泰

【箴言四】

健康不是一切，但没有健康就没有一切。因此，智慧者追求成就而不忘健康，愚蠢者却只顾赶路而不顾一切。

——张立章

第二节　幸福指数自检与改善

幸福属于情感世界，其实就是一种感觉，即人的一种满足感。幸福其实是简单的，也是无处不在的。每个人都有属于自己的幸福，需要自己去发现、把握，只是有时人要求太多，因而没能看到那些本身就已拥有的幸福。

一、什么是幸福

其实，幸福没有绝对答案，关键在于你的生活态度。善于抓住幸福的人才懂得什么是幸福，世上最珍贵的不是得不到的，也不是已失去的，而是能够把握住的眼前的幸福。

（一）哈佛大学积极心理学派教授的幸福建议

1. 大胆假设幸福

只要敢于假设，不断强化自信，你就会慢慢变成一个幸福的人。

2. 从内心深处肯定自己

敢于面对自己，真正了解自己，真正能够肯定自己，这样的人就是幸福的人，这样的幸福才是真正的幸福。

3. 经常想想最令自己幸福的事

想幸福事情的那些人就是幸福的人。经常想令自己幸福的事情的人，会更多地处于幸福状态，久而久之，心态会更好，因宽容、知足而快乐。

（二）人生幸福的十大秘诀

1. 遵从内心热情，创造快乐

选择对你有意义并且能让你快乐的活动、学习课程或是运动项目等，不要只是为了简单的功利性目标，比如为了通过一个资格考试而学习，备受煎熬。

2. 提高朋友质量，有意多与密友相处

不要因为日常工作缠身，而忽略了建设亲密的人际关系。朋友不在于数量多少，而在于与你的密切程度。愉快的朋友相处会使你幸福感增强。

3. 学会面对失败，重新启动

成功没有捷径，历史上有成就的人，总是敢于行动，也会经常失败。以平常心对待失败，不要对失败产生恐惧，因而阻挡了你重新启动的信心。

4. 接纳全部的自己，欣赏自己

失意、挫折、失败、悲伤本来就是人生的一部分。每个人都是优点与缺点并存的混合物，"天生我材必有用"。接纳自己、欣赏自己是要客观认识自我，而不是要把缺点坚持下去，而是要有意识地提升自我，收获成就感和快乐感。

5. 简化生活，提升社会活动质量

更多并不一定代表着更好。有意识地简化无意义的活动，提升自己参加活动的品质与质量，收获更多快乐。

6. 有规律地锻炼，科学、合理、快乐地运动

"生命在于科学、合理地进行自己喜欢、有意识地运动"。要选择适合自己，个人喜欢的体育运动，坚持定期、合理运动量的运动，不仅能带给你身体健康，更能带来心理愉悦。

7. 睡眠与休息，人生的必要储蓄

每个人每天保证足够的休息和睡眠是必不可少的，这是保证个人身心健康、生活质量最重要的个人投资。

8. 有舍才有得，慷慨帮助他人

对于财富和机会用更豁达的态度对待，树立"双赢"或"多赢"的观念。生活中、工作上有舍有得，不要斤斤计较个人利益得失；在别人需要的时候，不要吝于帮助。帮助他人实际上也是创造自己将来被帮助的机会，帮助他人，快乐自己。

9. 乐观心态，勇敢挑战

对待工作和生活，要乐观，不要总看到困难与问题；对于新问题和新工作要勇于挑战。勇敢并不是对一切无所畏惧，而是对于自己追求的目标和理想执着坚定，内心虽然忐忑，但依然向前。

10. 铭记恩德，真诚表达感激

工作上、生活中，不要把家人、亲友、同事、顾客等所有人的理解、关心和帮助当成理所当然的。它们都是你无法计价的珍贵礼物。铭记他人的点滴恩惠，始终保持感恩之心。感恩不仅是铭记，更需要真诚表达。也许对于帮助你的他们而言，最珍贵的回报就是你真诚地表达出你的感激之情。

二、个人幸福感自我评价指数模型

$$1^a\,0^1_n\,0^2_n\,0^3_n\,0^4_n\,0^5_n\,0^6_n$$

1. 单项指数含义

1^a —— 身体健康程度单项指数，a 取整数，范围为 [-1，+1]。

0^1_n —— 个人物质财富拥有量单项指数，n 取整数，范围为 [-1，+1]。

0^2_n —— 家庭和谐度单项指数，n 取整数，范围为 [-1，+1]。

0^3_n —— 外部人际关系和谐度单项指数，n 取整数，范围为 [-1，+1]。

0^4_n —— 功利认知度单项指数，n 取整数，范围为 [-1，+1]。

0^5_n —— 艺术审美感知单项指数，n 取整数，范围为 [-1，+1]。

0^6_n —— 个人偏好实现程度单项指数，n 取整数，范围为 [-1，+1]。

2. 单项指数内涵说明

1^a 为前提性基础指标，a 为身体健康程度指数的系数，代表身体健康不同程度；0^1_n、0^2_n、0^3_n、0^4_n、0^5_n、0^6_n 为附加性指标，n 为附加指数的系数，数值代表 0 的个数。各单项指数系数均可取三个数值：一般地，当 n 取 1 时代表该项指数良好，可增强个人幸福感；当 n 取 0 时代表该项指数一般，对个人幸福感基本不起作用，可忽略不计；当 n 取 -1 时代表该项指数较差，会出现个人痛苦。

1) 1^n

身体健康为人生幸福的基本前提。身体健康丧失，即 1 缺失，其余六项幸福指数 0 均无意义，幸福无从谈起；相反，六项附加指数系数 n 均为 0 或 -1 值时，而个人身体健康程度非常好，依然有幸福感可言。

2) 0^1_n

物质财富拥有量是人生幸福重要的影响因素之一。物质财富拥有量的多少没有客观量化标准，依据个人主观认知将个人财富量化为货币值，确定 n 的取值。当 $n=-1$ 时，说明物质财富匮乏已经影响个人幸福程度，可抵消其他附加指数一个正单位 0；当 $n=0$ 时，该附加指数归于 1，可忽略不计其对总体幸福指数影响；当 $n=1$ 时，说明该附加指数为总体幸福指数贡献一个负单位 0。

3) 0^2_n

家庭和谐度是人生幸福重要的影响因素之一。家庭和谐度可划分为三个等级，确定 n 的取值。当 $n=-1$ 时，说明家庭失和已经影响个人幸福程度，可抵消其他附加指数一个正单位 0；当 $n=0$ 时，该附加指数归于 1，可忽略不计其对总体幸福指数影响；当 $n=1$ 时，说明家庭和谐，该附加指数为总体幸福指数贡献一个正单位 0。

4) 0^3_n

人际关系和谐度是人生幸福重要的影响因素之一。人乃社会关系产物，其所处社会环境中人际关系和谐度可直接影响个人幸福感。该指标划分为三个等级，自我评判确定 n 的取值。当 $n=-1$ 时，说明人际关系失调，已经影响个人幸福程度，可抵消其他附加指数一个正单位 0；当 $n=0$ 时，该附加指数归于 1，可忽略不计其对总体幸福指数影响；当 $n=1$ 时，说明人际关系和谐，该附加指数为总体幸福指数贡献一个正单位 0。

5) 0^4_n

对功名利禄的追求态度也会影响个人幸福感，同样条件下，功利心越重，幸福感越弱，功利心越淡，幸福感越强。该附加指标亦可划分为三个等级，当 $n=-1$ 时，说明个人功利心过重已经影响了个人幸福程度，可抵消其他附加指数一个正单位 0；当 $n=0$ 时，该附加指数归于 1，可忽略不计其对总体幸福指数影响；当 $n=1$ 时，该附加指数为总体幸福指数贡献一个正单位 0。

6) 0^5_n

一个人的艺术审美修养高低也会增强或削弱个人的幸福感。该附加指标亦可划分为三个等级，当 $n=-1$ 时，说明个人艺术审美修养不足已经影响了个人幸福程度，可抵消其他附加指数一个正单位 0；当 $n=0$ 时，该附加指数归于 1，可忽略不计其对总体幸福指数影响；当 $n=1$ 时，说明个人艺术审美修养强化了个人审美幸福感，该附加指数为总体幸福指数贡献一个正单位 0。

7) 0_n^6

个人偏好的实现程度是人生幸福重要的影响因素之一。该附加指标亦可划分为三个等级，当 $n=-1$ 时，说明个人爱好基本不能实现，缺乏满足感，甚至产生一定痛苦感，可抵消其他附加指数一个正单位 0；当 $n=0$ 时，该附加指数归于 1，代表个人无偏好，可忽略不计其对总体幸福指数的影响；当 $n=1$ 时，说明个人爱好能够实现并带来极大满足感，该附加指数为总体幸福指数贡献一个正单位 0。

3. 关于个人幸福感总体表述

人生幸福是一种个人生活的主观感觉状态，该指数属于主观评价指数。

个人幸福感有其客观基础，主要包括如下因素：身体健康程度、物质财富拥有量、家庭和谐度、人际关系和谐度、功利认知度以及个人偏好实现度等。其中，身体健康程度是个人幸福的基础与前提条件，其他维度幸福附加指数均建立在身体健康前提之上，身体垮了，幸福无从谈起。

4. 模型构建者补充说明

笔者所创立的个人幸福指数评价模型并非严格的学术研究产物，而是个人多年生活的感悟和总结。

该指数模型实质上是一项定性评价方法。该模型基本功能在于引导大家认识影响个人幸福的基本因素，从而主动改善不同单项幸福指数，以追求达到完美幸福指数的理想状态。

该评价方法的应用完全掌握在评价者自己手中：身体健康是我们人生的最大财富，幸福与否存于每人心中。

第三节　工作压力指数自检与自解

工作中遭遇过大的压力并不少见。我们如何有效地监测自己的工作状态和压力强度，并采取相应措施来缓解或消除压力，才是我们保持身心健康之道。

一、工作压力大的五种典型症状

1. 工作狂 VS 厌恶工作

工作时感觉压力无处不在；没有工作时，却又无所适从、紧张焦虑，感觉时间难以打发，拼命想找一些工作去干。

2. 自闭 VS 话多

见人不愿打招呼，也不愿意与同事交流和沟通，整天不说话，闷闷不乐，喜欢待在一个安静的地方；相反，就是话多，见人说个不停。周末休息时，明明平时上班时，早上老是睡不醒，但一到周末早上，就会自动醒过来，然后就觉得心里空落落的，给朋友、家人、同学一个一个打电话问候，一旦停下来不说话，就觉得心里不踏实。

3. 委曲求全 VS 乱发脾气

在工作中，总觉得自己怀才不遇，没得到重用，整天在抱怨、牢骚中度过；相反，对别人的言行总看不顺眼，也不管朋友、同事说的对错，就乱发脾气。

4. 夜晚失眠 VS 白天哈欠

晚上躺在床上翻来覆去难以入睡，脑子里思考着一些焦虑的事情，越想越兴奋，越兴奋就越睡不着，往往持续到天光渐亮，才渐有倦意；白天在工作时由于睡眠不足，头昏脑涨、精神萎靡、哈欠连天，显得异常疲乏。

5. 厌食 VS 暴食

有时只吃一点就饱了，连一向喜欢吃的食物也不碰，没食欲；有时却与此相反，看到东西就想吃，吃得特别多，连平时不怎么喜欢吃的食物，吃起来也是胃口惊人。

二、舒缓工作压力的思路与措施

1. 战略性措施

(1) 尽己之力，建设和谐温馨的家庭，营造和谐愉快的亲友、家族关系氛围，当工作生活遇到困难或不幸之事，能够有一个安全的归属与依靠的港湾。

(2) 积极融入工作团队，或加入到企业中健康的非正式个人圈子，争取使自己每天工作在一个和谐愉快的工作环境中。

(3) 养成阅读和学习的好习惯，广泛涉猎，多阅读有益于情商提高和情感成熟、强大自我内心力量的文章和图书等。

(4) 养成长期坚持所爱好的一种运动，注意合理膳食，生活起居规律合理，以保持身体健康。

2. 战术性措施

(1) 有意识与家人亲友保持频繁的沟通，当遇到困难和压力时，其实，最有效纾解的方法是对亲近、信任的人倾诉与讨论。有些人遇到困难和压力时才发觉无人可诉或无人愿听，工作压力难以及时消除。

(2) 工作之余的时间不必完全用在工作知识与技能学习上，也看看社会哲理、人文科普、历史文化、文学艺术等门类图书，有意识拓展自己的精神生活领域，强大自己的内心意识，知识确实是一种强大的力量。

(3) 选择 1 ~ 2 项自己喜欢的运动，长期坚持。男人可以选择健身、武术、球类等运动，女子可以选择瑜伽、健美操、太极拳等柔美运动。最好由此形成一个爱好圈，社会交际活动自然形成，有益身心健康。

(4) 定期或不定期参加一些自己喜欢的艺术欣赏活动，如音乐会、演唱会、舞台戏剧、美术作品展览、影院大片观影等，这些活动可以怡情养性。

（5）准备一些自己喜欢的小食品，找个合适时机自我犒赏一下。如每天补充一粒维生素C，或喝上一杯甜咖啡等，以缓解压力。

（6）如果到自己不能承受的地步，则需要及时下决心求助领导、前辈甚至心理医生。

三、舒缓压力的自我提醒训练法

1. 学会统筹管理，学会丢掉包袱

生活中繁杂的事务会将我们宝贵的时间和精力肢解。常常没有充足的时间和精力做最重要的事情，从而形成心理压力。有效的办法是先分析一下什么事最重要，哪些事情是次要的，重要的事情先做，次要的少做或不做，统筹管理、取舍有度。

2. 客观认识事物，摆脱事事完美主义

不要对自己太苛刻，至善至美只是理想目标，凡事只有更好，没有最好。要摆脱完美主义的束缚，在不可能的情况下，及时放弃把所有的事情都干得完美无缺的企图。这样就会放松自己的心情，在客观上也减轻了自己的压力。

3. 淡化物质，远离虚荣

在生活中，许多压力是由个人的虚荣心导致的。为了穿名牌时装、用高档化妆品、住漂亮奢华的房子……不得不拼命地确立赚钱目标，无端地增加了自己的压力。金钱、名誉、地位都是浮云，却常常被人误以为是最重要的东西，并为之所累。要学会真正地享受生活，摆脱虚荣。

4. 提升认识高度，凡事思考清楚

压力的产生也可能是因为对事情本身的理解造成的。过分夸大事情的重要性和后果，就会导致心理负担加重。不少人往往因为急于求成，而忘记了对事情本身的思考。

5. 工作不是生活全部，休息娱乐亦是人生重要内容

过重的劳动会导致人生理疲劳、效率低下，从而导致过分的焦急与紧张。适当地休息不但会缓解大脑疲劳，而且可以放松一下紧张的心情，减轻心里的压力。特别是上班族，周末、节假日皆应好好休息娱乐一下，毕竟工作不是生活的全部。

第四节　不良情绪自检与改善

现代人常见的不良情绪主要有悲哀、愤怒、嫉妒、恐惧、抑郁、焦虑、羞耻、紧张等八种。下面，我们对这八种不良情绪的表现、产生原因以及预防和改善方法进行简要介绍，以便于读者对其进行基本认知。

一、常见八种不良情绪认知

常见八种不良情绪认知，如图 12-1 所示。

1. 悲哀

悲哀产生的缘由是失去自己重视的东西，并且找回的希望很渺茫。比如，失去亲人、好友或者一段美好的感情，甚至是一件自己最珍爱的物品。悲哀能使人精神低落、心情痛苦。悲哀的程度取决于自己对失去对象的重视程度。

消除悲哀最常见的方法是转移法，即把自己的注意力从失去的对象上移开，摆脱阴影，转到另外的对象身上。这是一种自我心理调节，调节得法可化悲痛为力量，激发热爱生命的热情。只是转移法治标不治本。

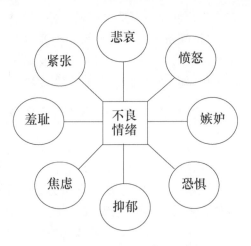

图 12-1 常见八种不良情绪

2. 愤怒

人处于愤怒状态下，特别容易失去理智，产生一些过于偏激的行为。常见的行为有揭别人伤疤、言语过激、失去事物判断常识等。这种行为如不加控制最容易伤害到对方的尊严，从而影响彼此感情。

出于自尊和他尊需要，对于具有恶意的人和事，表达愤怒也应注意方式、方法，一定要冷静思考，勿让愤怒冲昏了头脑。

3. 嫉妒

嫉妒是一种使人苦恼的恶劣情绪，它将欲望、愤恨、痛苦融合在一起。嫉妒心理建立在将自己和他人进行比较之上。希望自己得到比别人更多的财富、荣誉和关爱。嫉妒心理发展到偏执程度，就会产生不正常心理。比如，将自己的快乐建立在别人的痛苦之上，这种心理很可能将自己置于毁灭状态中。

为了防止这种情绪的产生和发展，唯一的途径就是认同。认同是将自己和他人换位思考，而不是将自己和他人对立。由于嫉妒是因不正当竞争心理造成的，所以认同别人、恢复正当竞争心理是最好的治疗剂。

4. 恐惧

恐惧是由于受到某种危险的威胁而产生的。恐惧对象可以是人，也可能是物或事。它可以是某一时刻遇到危险产生的情绪，也可能是这一危险情景为以后的生活蒙上长期的阴影。

恐惧让人逃避，而战胜恐惧，最佳办法是打破恐惧幻觉，让其不再恐惧。让自己融入家庭或团队集体，寻求帮助消除恐惧，也是很好的选择。

5. 抑郁

抑郁是一种消极情绪，它使人仿佛生活在一个蚕茧里面，周围被自己吐出来的丝包裹着，想翻身都很困难。有这种情绪的人神经特别敏感，也容易导致另一种极端情绪——狂躁。

抑郁可使人情绪低沉，而改变这种情绪，最佳方法是自我激励，增强自我激励意识。具备自我激励能力就很容易摆脱这种痛苦的情绪。

6. 焦虑

日常生活中，焦虑情绪不可能完全消除，也没有这个必要。适度的焦虑可能会促使人采取行动，但焦虑过深过重，则会剥夺我们的快乐。

对于这种情绪，可以借助专家编制的自测量表进行自测，然后自我判断，进行干预治疗。

7. 羞耻

一般来说，羞耻是因为我们作出有损自己或他人形象的错事时，产生的痛苦和不安。能感到羞耻的人是有自尊和道德的人，所以不要因为有这种情绪而感到不安。

但是，不要让羞耻长时间控制你的心情，否则会导致自卑心理。消除这种情绪的基本方法是及时弥补过错或勇敢地认错，以消除羞耻心理的根源。

8. 紧张

适度的紧张能使我们集中注意力，但过度的紧张则会产生不良的心理和生理反应。

紧张往往是由于缺乏经验所致，因此多尝试多练习几次，紧张很快就会消除。但也有一些人会越来越紧张，这就需要自我调节和激励。把注意力集中到做好事情本身，而不要考虑后果和其他东西，这种方法比较容易控制紧张情绪。

二、常见不良情绪的外向疗法

不良情绪的主要治疗方法，如图 12-2 所示。

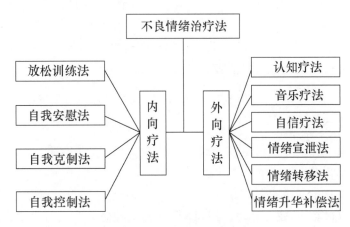

图 12-2　不良情绪主要治疗法

（一）认知疗法

1. 情绪消极表现

这种疗法认为，人的情绪变化是由认知评价引起的。当一个人对周围的事物或自己的行为、思想做出消极的评价时，会给自己以不良的暗示，导致各种消极情绪的产生。例如一个人在面临挫折和失败时，就认为自己能力差，各方面条件不行，每遇到这样的情况都会做出这样的评价，久而久之，就会形成一种自卑心理，对自己缺乏信心。

消极的认知评价主要有以下几种表现。

(1) 认识问题极端化：即评价事物走极端，要么作出极好的评价，要么作出极坏的评价，认识缺乏客观性。

(2) 认识问题以偏概全：一两次经历就形成了顽固的条件反射，再遇到类似事情，就一概表现出消极的行为反应。

(3) 认识问题消极性：总是只能看到问题消极的一面，而看不到积极的一面，形成消极的认知定式。

(4) 妄自菲薄：无论对自己，还是对别人都缺少信心，常不假思索地加上"不好"的帽子。

(5) 夸张：对周围发生的事情和自己身心的变化现状故意夸张，而不对实际情况进行认真的思索。

(6) 自责：对自己当前的情绪状态进行检讨反省，寻找产生不良情绪的原因，并产生内疚的心理状态。

(7) 责任感泛化：认为在自己身边发生的事情都是由于自己不负责造成的，产生一种悔罪的感觉，并设法弥补自己的"过失"。

2. 不良情绪调控

对于不良的认知评价导致的不良情绪反应，可以参考下面的调节方法。

(1) 当您处于情绪困扰之中时，保持清醒的头脑，并把自己的想法一一记录在纸上。

(2) 逐一对照七种不良认知评价，并与自己的想法进行对比。

(3) 重新客观地评价自己的认知活动。

（二）音乐疗法

1. 乐调与情绪关系

音乐作为一种艺术，是人的情绪情感的一种表现方式，曲调和节奏不同的音乐可以使人产生不同的情绪体验。

有人对近代音乐的乐调进行了研究，发现乐调与情绪有以下关系。

(1) A 阳调：自信、希望、和悦，最能表现真挚的情感，充满对生活的憧憬。

(2) A 阴调：女子的柔情似水，恰似北欧民族的伤感和虔诚之心。

(3) A 降低阳调：好似梦境中体验到的情感。

(4) B 阳调：嘹亮，表现出勇敢、豪爽和骄傲。

(5) B 阴调：悲哀，表现出静静的期待。

(6) C 阴调：纯洁、果断、坚毅、沉稳，有宗教的情调。

(7) F 阳调：和悦，略带忏悔、哀悼之情。

(8) F 阴调：悲伤、忧愁，曲调哀怨。

(9) F 提高阳调：嘹亮、柔和，感情丰富。

(10) F 提高阴调：热情、神秘，曲调幽深、沉稳。

(11) G 阳调：真挚的信仰，平静的爱情，有田园风趣，给人以自然、温馨的感觉。

(12) G 阴调：有时忧愁，有时喜悦。

2. 音乐调节情绪

利用音乐可以调节情绪。在国外，音乐调节已应用到了外科手术及精神病、抑郁症、焦虑症等病症的治疗上。

如忧郁烦恼时可以听《蓝色的多瑙河》《卡门》《渔舟唱晚》等意境广阔、充满活力、轻松愉快的音乐；失眠时可以听莫扎特优雅宁静的《摇篮曲》、门德尔松的《仲夏夜之梦》等乐曲；情绪浮躁时可以听《小夜曲》等宁静清爽的乐曲。每个人都可以根据自己的情绪状况，选择合适的音乐来调节自己的情绪。

（三）自信训练法

1. 理论依据

自信心训练主要是针对个人缺乏自信心的一种训练。自信是我们生活工作质量的重要保证。个人缺乏对生活、工作和学习的信心，就会受到不良情绪困扰。

2. 情绪调节

自信心缺失的弥补方法可以依据心理医生的指导加以训练，更重要的是贯穿于平时生活的自信心自我训练。

首先，要看到自己的优势与长处，这是树立自信心的第一步；其次，在做每一件事时，要全身心投入，尽自己的努力去做，不要有不必要的担心；再次，面对暂时的挫折，不要后退，要想方设法去克服；最后，不对自己过分苛求，把奋斗目标设定在自己力所能及的范围内，并通过努力去实现。

几次反复后，成功的经验会使人的自信心增强，进而摆脱因缺乏自信心而带来的困扰。

（四）情绪宣泄法

1. 产生原因

所谓"合理宣泄"就是指这种宣泄的对象是假设的，环境是无人的场合或自己的地盘，而决不是采取违反道德和法律的攻击性行为。有人一发脾气就要摔东西，随着物件的破坏，怨气也随之烟消云散。这个办法的原理也正是受启于此。

2. 情绪调节

情绪调节的主要方法就是寻找情绪宣泄口，创设自己的"出气室"，找个适当的（无伤大雅的）地方大吵大闹、大哭大喊一下，胸中积郁之气就会消失许多。当然，用宣泄来平衡心理，不等于就不要自制力了。

（五）情绪转移法

1. 产生原因

当不良情绪产生时，我们可以将注意力从原来的事物上转移到别的地方去。有的人心情不好时，喜欢上街疯狂购物，借花钱发泄心中的苦闷；有的人靠麻醉自己，迫使自己忘记烦恼，喝酒浇愁或到游戏厅、舞厅等娱乐场所消遣。这些借以缓解自己郁闷情绪的方法，效果不一定好。因此，转移注意力时，要注意采取更有效、科学的方式方法。

2. 情绪调节

设法转移注意力，将原有的情绪暂时冲淡，而成功转换为另一种积极情绪。比如不开心的时候，听听音乐，看看喜欢的电视电影，到环境优雅的地方散散心等，都不失为消除烦恼的好方法。

（六）情绪升华补偿法

1. 产生原因

不良情绪产生原因多样，例如在一次奥运会男子体操比赛中，由于裁判明显偏心压分，中国队丧失了夺得团体金牌的机会，运动员和教练员的气恼和抱怨在所难免，但是一味地抱怨于事无补，而是应该转换思维，化不利为有利。其实，对不良情绪的疏导，也是对健康情绪的积极培养，在情绪的背后蕴藏着潜能量。

2. 情绪调节

人的才能、学识有长短，在一些先天不足或不公平等问题引起的情绪面前，我们要学会转换认识，与其生气、憋气，不如争口气，这是情绪的升华。而情绪补偿在本质上也是升华的一种。上文案例中教练员和运动员齐心协力、抛弃怨言，结果在单项比赛中一举夺得四块金牌，显示了自己无可争议的实力。这才是正确的做法。

三、常见不良情绪的内向疗法

（一）放松训练法

1. 理论原因

该方法的目的主要是减少紧张，克服焦虑；抵制条件恐惧和恐惧症反应以及感觉迟钝；抵制恐慌反应。该方法能使人精力集中，提高学习效率，改善睡眠质量等。

因为我们的紧张和焦虑通常表现于我们的肌肉之中，所以放松我们的肌肉能使我们全身心平静下来。

2. 训练方法

全身肌肉放松法的具体步骤如下。

(1) 绷紧肌肉，达到肌肉拉紧但不要扭伤肌肉，保持肌肉拉紧 5 ~ 10 秒。

(2) 突然对自己说放松，使自己的肌肉完全松懈下来。

(3) 注意您的肌肉标志性的变化，即什么时候肌肉是紧张的，什么时候是放松的，从中享受乐趣。重复 2 ~ 3 次上述步骤使自己全身心放松下来。

3. 注意事项

在进行训练时，必须注意以下几个问题。

(1) 最好安排一个比较清静的地方进行。

(2) 最好每天进行放松训练而不是到了十分紧张时才实施。

(3) 在出现突发事件，产生紧张情绪时，要果断地发出放松的指令。

（二）自我安慰法

1. 理论原因

在不良情绪发生后，给自己找出不去激动、生气的理由，或者是想想比自己目前更可悲、更不利的后果，或者是想想可能还会有更好的机会和变化。这样，你的心绪会变得好一些。

2. 训练方法

"自我解嘲便不会见笑于人。"这是对"阿Q精神"的一种积极利用。"心病还需自己治。"自我安慰不失为自我调剂的好方法，可以避免精神上受更大的伤害。当然我们不能将其作为任何问题失败的借口，否则便真成了自欺欺人的阿Q了。

（三）自我克制法

1. 理论原因

古人云："君子所就者大，则必有所忍。"自我克制法是最通俗、最简单的办法。

2. 训练方法

当情绪发作时，自我有意识地要求自己暂且去"压一压"。比如，遇到自己愤怒不已的事，努力克制自己，等睡上一觉第二天再处理，到那时处理问题或许更理性、更冷静。

（四）自我控制法

1. 理论原因

这是一种比较深刻的调节手段。在某种情绪状态下，人的理智会常常陷入感情的漩涡，使自己的思维变得混乱而狭隘。下面的方法可以帮助你自我控制情绪。

2. 训练方法

(1) 察觉情绪（正视情绪）。察觉情绪是控制情绪的第一步。情绪失控，大部分是因为在当时没有察觉到自己的情绪，也没想到这种情绪导致的不良后果。察觉情绪是控制情绪的前提，培养自己敏锐的察觉能力，才能及时控制好自己的情绪。

(2) 解剖情绪（找出原因）。解剖情绪是一个非常重要的过程，正如查清病情后，才能找出病因。将情绪产生的来龙去脉理一遍，找到源头，从根本上治理。解剖情绪需要冷静，先记录情绪，然后找出其产生的原因或关键影响因素。

(3) 寻求解决办法。根据造成不良情绪的主要原因，透彻而全面地分析问题，从而寻找到合适的办法，化解不良情绪。

第五节　办公室常见疾病及其预防

办公室常见疾病主要包括高科技办公室病、颈肩腕综合征、电脑眼病、信息焦虑综合征、工作场所抑郁症、高脂血病、高血压病、糖尿病、偏头痛、颈椎病、肩周炎、腰肌劳损、骨质疏松、脂肪肝、痔疮病、过劳死等。

下面就这些办公室常见疾病的主要症状、病因和防治措施作简要介绍。

一、高科技办公室病及其预防

1. 症状

一旦进入现代化办公室，就会感到胸闷头疼，越到下午，就越是头疼得厉害。莫名其妙地烦恼，做事打不起精神来，思维迟钝，爱钻牛角尖。

2. 病因

(1) 满室的电脑、复印机都在不停地工作，正是它们产生的废气引发头疼等病症。

(2) 办公室的通风不良也是罪魁祸首。

3. 防治

(1) 经常和复印机打交道的人，要注意把复印机放置在通风较好的房间，必要时还应安装排风扇或通气道，每次操作完毕后，应认真洗手。

(2) 从事电脑工作的人，可在操作室内安装一台空气负离子发生器。

(3) 在饮食上宜多补充蛋白质、维生素和磷脂类食品，以增加抗辐射能力。

(4) 还应每隔一两个小时到室外散散步。

二、颈肩腕综合征及其预防

1. 基本症状

在电脑前工作一段时间后，感觉颈、肩部酸痛，脖子忽然不能转动，手掌、手腕或前臂时有胀痛的感觉。

2. 主要病因

因为长时间从事频繁使用手腕和手指的工作逐渐形成损伤。偏高的电脑桌和不灵活的鼠标，更加重了操作者颈部、肩部的疲劳，给频繁运动的手臂、手腕带来更大压力。

3. 防治要点

(1) 电脑桌上的键盘和鼠标的高度，最好低于采取坐姿时肘部的高度，最多和肘部等高。

(2) 购买鼠标时，选用弧度高、接触面宽的。

(3) 使用鼠标时手臂尽量不要悬空，靠臂力来移动鼠标而不要用腕力。

三、电脑眼病及其预防

1. 基本症状

视觉模糊，视力下降及眼睛干涩、发痒、灼热、疼痛和畏光等，还有的人伴有头痛等症状。

2. 主要病因

这种不适不仅由于长期使用电脑所造成，也是工作压力大而感到身心疲乏的反应。

3. 防治要点

(1) 保护视力。注意远眺，经常做眼保健操。

(2) 补充营养。应多吃胡萝卜、白菜、豆芽、豆腐、红枣、橘子以及牛奶、鸡蛋、动物肝脏、瘦肉等食物，以补充维生素 A 和蛋白质。平时多饮茶。

(3) 注意正确坐姿。电脑屏幕中心位置应与操作者胸部在同一水平线上，眼睛与屏幕的距离应保持在 40～50 厘米。

(4) 注意保持皮肤清洁。如不注意，易发生斑疹、色素沉着，严重者会引起皮肤病变。

(5) 注意养成良好卫生习惯。电脑键盘接触较多者，工作完后应洗手以防传染病。

(6)注意工作环境。电脑室内光线要适宜,定期清除室内粉尘和微生物,更换新鲜空气。

(7)注意劳逸结合,减轻工作压力。

四、信息焦虑综合征及其预防

1. 基本症状

没有任何病理变化,也没有任何器质性改变,但会突发性地出现恶心、呕吐、焦躁、神经衰弱、精神疲惫等症状。女性还会并发停经、闭经和痛经等妇科疾病。发病间隔、起病时间不一定。

25 ~ 40 岁之间,拥有高学历的记者、广告员、信息员、网站管理员等是该综合征的高发人群。

2. 主要病因

专家认为,这是一种身心障碍,也叫作知识焦虑综合征。在信息爆炸时代,信息量呈几何级数增长,但人类的思维模式还没有调整到可以接收如此大量的信息,因此,造成一系列的自我强迫和紧张。

3. 防治要点

过量地吸收信息,并不是一种主动意识,在大多数情况下是被动行为。不用担心它会转化为精神疾病。应及时采取以下措施防治。

(1) 每天保证睡眠 9 小时。

(2) 每天的工作列出计划,尽量减少意外情况的发生。

(3) 接触信息媒体不超过两种。

(4) 每天睡前坚持锻炼 15 分钟。

(5) 每天的饮水量不少于 3000 毫升。

五、工作场所抑郁症及其预防

1. 基本症状

身体的某个部位疼痛,或是疲劳、睡不着、吃不下……进一步发展成没有心情进行日常活动。严重的还会导致患者脾气暴躁,甚至还可能产生自杀的念头。

易患人群为孕妇和为人妻、为人母、为人下属的职业女性。

2. 主要病因

科技进步所形成的资讯饱和、工作过量和工作不稳定,都是导致抑郁的主要因素。这是继心脏病之后,第二种最有可能使员工失去工作能力的疾病。如果不采取措施,专家预测,这种疾病蔓延的速度之快,将足以在 2020 年之前超越公路意外、艾滋病和暴力,成为员工早夭和失去工作能力的主要因素。

3. 防治要点

(1) 轻微的抑郁症，可通过各种放松活动、运动来释放，也可参加讲座，学习如何控制生活中的压力。

(2) 病症如果较深，则要尽早接受治疗。

六、高脂血症及其预防

1. 基本症状

一般高血脂的症状多表现为头晕、神疲乏力、失眠健忘、肢体麻木、胸闷、心悸等，还会与其他疾病的临床症状相混淆。

有的患者血脂高但无症状，常常是在体检化验血液时发现高脂血症。

另外，高脂血症常常伴随着体重超重与肥胖。

2. 主要病因

(1) 因偏食、暴饮暴食造成的肥胖，饮食不规律或嗜酒成癖，是引发高脂血症的重要因素。

(2) 情志失调，情绪不稳定，情绪忧伤，导致脾虚气结。即由于长期精神紧张，导致内分泌代谢紊乱，天长日久形成高脂血症。

(3) 年迈体虚，肾功能渐衰，可演变为痰症。或肝肾阴虚，肾内热，灼津炼液酿而成痰，也是引发高脂血症的因素。

(4) 长期服用某种药物导致的高脂血症，如避孕药、激素类药物等。

(5) 原发性与先天性和遗传有关，由于单基因缺陷或多基因缺陷，使参与脂蛋白转运和代谢的受体、酶或载脂蛋白异常所致。

(6) 继发性多继发于代谢性紊乱疾病，如糖尿病、高血压、黏液性水肿、甲状腺功能低下、肥胖、肝肾疾病、肾上腺皮质功能亢进等。

3. 防治要点

预防和治疗高脂血症的有效措施。

(1) 合理饮食。

(2) 适量的体育运动。

(3) 理疗和药物治疗。

七、高血压病及其预防

1. 基本症状

高血压病的早期症状为头晕、头痛、心悸、失眠、紧张烦躁、疲乏等。以后可逐渐累及心、脑、肾器官，严重时可并发高血压性心脏病、肾功能衰竭、脑血管意外等病变。

2. 主要病因

病因不明，但下列因素可直接影响高血压病发病。

(1) 遗传：调查发现，双亲若一方有高血压，则其子女的高血压患病率要比双亲无高血压的高出 1.5 倍；双亲均为高血压者，其子女高血压患病率要高 2~3 倍。

(2) 食盐：摄入食盐多者，高血压发病率高，有研究认为食盐 <2g/日，几乎不发生高血压；3 ~ 4g/日，高血压发病率 3%，4 ~ 15g/日，发病率 13.15%，>20g/日发病率 30%。

(3) 体重：肥胖者发病率高。

(4) 吸烟：烟草中尼古丁可使人体血管活性物质增多，诱发血管痉挛，导致血压升高。

(5) 环境与职业：有噪音的工作环境，过度紧张的脑力劳动均易发生高血压，城市中的高压发病率高于农村。

3. 防治要点

(1) 注意劳逸结合，保证充足的睡眠，散步、做广播操、打太极拳对促进血压恢复十分有益。

(2) 注意合理饮食，吃低盐、低脂、低热量食物，注意饮食结构的合理搭配。

(3) 戒烟戒酒。

(4) 定期检查，及时就医。

八、糖尿病及其预防

1. 基本症状

多饮、多尿、多食、体重减轻（或以乏力为主）等"三多一少"症状。

2. 主要病因

(1) 遗传因素。

(2) 精神因素。精神紧张、情绪激动及各种应激状态，会使血糖激素大量分泌。

(3) 肥胖因素。

(4) 长期摄食过多。

(5) 妊娠。多次妊娠易使遗传因素转弱诱发糖尿病。

3. 防治要点

(1) 树立正确的进食观：热量摄入适当，低盐、低糖、低脂、高纤维、维生素充足。

(2) 适量运动。

(3) 定期检测。

(4) 遵医嘱使用胰岛素或者降糖药。

九、偏头痛及其预防

1. 基本症状

偏头痛是一类有家族发病倾向的周期性发作疾病。表现为发作性的偏侧搏动性头痛，伴恶心、呕吐、畏光及短暂失明等，经一段间歇期后再次发病。在安静、黑暗环境中或睡眠后头痛缓解。在头痛发生前或发作时可伴有神经、精神功能障碍。

2. 主要病因

(1) 精神因素。如着急、生气、紧张、焦虑或过度悲伤等。

(2) 外界物理刺激。如强光、噪音、异味、花纹图案等。

(3) 饮食因素。饥饿或进食较晚，食物种类（如亚硝酸盐等食物），还有巧克力、酒精饮料、冷饮等，因偏食导致体内镁摄入减少也可诱发。

(4) 气候变化。如暴晒、吹风、寒冷等刺激。

(5) 睡眠少、头外伤、过度疲劳、女性月经周期及服用避孕药也是常见原因。

3. 防治要点

(1) 注意生活规律，避免过度疲劳、压力过大、防治亚健康状态等。

(2) 注意气候的变化，及早做好准备。

(3) 遵医嘱服药。

十、颈椎病及其预防

1. 基本症状

主要症状是头、颈、肩、背、手臂酸痛，颈脖子僵硬，活动受限。颈肩酸痛可放射至头枕部和上肢，有的伴有头晕、房屋旋转，重者伴有恶心呕吐、卧床不起，少数可有眩晕、猝倒。有的一侧面部发热，有时出汗异常。肩背部沉重感，上肢无力，手指发麻，肢体皮肤感觉减退，手握物无力，有时不自觉地握物落地。

另一些病人下肢无力，行走不稳，两脚麻木，行走时如踏在棉花上的感觉。当颈椎病累及交感神经时可出现头晕、头痛，视力模糊，两眼发胀、发干、张不开，耳鸣、耳堵，平衡失调，心动过速、心慌，有的甚至出现胃肠胀气等症状。

有少数人出现大、小便失控，性功能障碍，甚至四肢瘫痪。也有吞咽困难，发音困难等症状。

2. 主要病因

颈椎病主要因为颈椎间盘和颈椎及其附属结构的退行性改变引起。颈椎病发病机理主要包括以下几方面。

(1) 颈椎退行性改变。

(2) 外伤因素。

(3) 慢性劳损。

(4) 寒冷、潮湿。

3. 防治要点

(1) 加强颈肩部肌肉的锻炼，在工作空闲时，做头及双上肢的前屈、后伸及旋转运动，既可缓解疲劳，又能使肌肉发达，韧度增强，从而有利于颈段脊柱的稳定性，增强颈肩顺应颈部突然变化的能力。

(2) 纠正不良姿势和习惯，避免高枕睡眠，不要偏头耸肩、谈话、看书时要正面注视。要保持脊柱的正直。

(3) 注意颈肩部保暖，避免头颈负重物，避免过度疲劳，坐车时不要打瞌睡。

(4) 及早彻底治疗颈肩、背软组织劳损，防止其发展为颈椎病。

(5) 劳动或走路时要避免挫伤，避免急刹车时头颈受伤，避免跌倒。

(6) 吃药、做牵引、理疗、手术是治疗颈椎病的有效措施。

十一、肩周炎及其预防

1. 基本症状

肩部疼痛、肩关节活动受限、肩部怕冷、肩部肌肉痉挛与萎缩都是肩周炎的表现。

2. 主要病因

(1) 本病大多发生在 40 岁以上中老年人，软组织退行病变，对各种外力的承受能力减弱是基本因素。

(2) 长期过度活动，姿势不良等所产生的慢性致伤是主要的病因。

(3) 上肢外伤后肩部固定过久，肩周组织继发萎缩、粘连。

(4) 肩部急性挫伤、牵拉伤后因治疗不当等。

(5) 颈椎病，心、肺、胆道疾病发生的肩部牵涉痛，因原发病长期不愈使肩部肌持续性痉挛、缺血而形成炎性病灶，转变为真正的肩周炎。

3. 防治要点

(1) 营养补充充分。

(2) 要保暖防寒。

(3) 加强肩关节肌肉的锻炼。

(4) 掌握正确的坐姿和手部姿势。大腿与腰，大腿与小腿应保持 90 度弯曲；上臂和前臂弯曲的弧度要保持在 70 ~ 135 度；手腕和前臂呈一条直线，避免工作时手腕过度弯曲紧张。

(5) 尽量避免长时间操作电脑。

十二、腰肌劳损及其预防

1. 基本症状

腰或腰骶部疼痛，肌肉无力，肌肉痉挛，脊椎侧弯和功能活动受限。

2. 主要病因

长期工作姿势不良、腰椎先天或后天畸形、腰部软组织急性损伤治疗不当是造成腰肌劳损的主要原因。

3. 防治要点

(1) 保持良好的姿势、加强体育锻炼。

(2) 劳动中注意体位、劳逸结合可预防腰肌劳损。

(3) 一旦有腰肌劳损病症，应卧床休息，采用药物治疗或者理疗。

十三、骨质疏松症及其预防

1. 基本症状

疼痛。原发性骨质疏松症最常见的病症，以腰背痛多见，占疼痛患者中的 70% ~ 80%。

(1) 身长缩短、驼背。多在疼痛后出现。

(2) 骨折。这是退行性骨质疏松症最常见和最严重的并发症。

(3) 呼吸功能下降。胸、腰椎压缩性骨折，脊椎后弯，胸廓畸形，可使肺活量和最大换气量显著减少，患者往往可出现胸闷、气短、呼吸困难等症状。

2. 主要病因

疼痛沿脊柱向两侧扩散，仰卧或坐位时疼痛减轻，直立时后伸或久立、久坐时疼痛加剧，日间疼痛轻，夜间和清晨醒来时加重，弯腰、肌肉运动、咳嗽、大便用力时加重。

3. 防治要点

(1) 多晒太阳。

(2) 适量运动，特别是负重锻炼。

(3) 忌烟酒。

(4) 多吃含钙的食物。

(5) 防止各种意外伤害，尤其是跌倒。

(6) 一旦发生骨折，则需卧硬板床休息，及时就医。

(7) 通过口服钙剂、补充维生素 D 等增加骨组织。

十四、脂肪肝及其预防

1. 基本症状

轻度脂肪肝可无任何临床症状，尤其是老年人由于饮食过量或高脂饮食造成者，临床称为"隐性脂肪肝"。

中度或重症患者，特别是病程较长者症状较明显。常见的症状有疲乏、食欲不振、右季肋痛、恶心、腹胀等肝功能障碍症状。可伴腹痛，主要是右上腹痛，偶尔中上腹痛，伴压痛，严重时有反跳痛、发热，白细胞计数增高，似急腹症的表现，需要及时处理，此种表现少见。重症脂肪肝可合并门静脉高压症和消化道出血。

同时由于维生素缺乏还可伴有贫血、舌炎、外周神经炎以及神经系统症状，可以有腹水和下肢水肿，其他还可有蜘蛛痣、男性乳房发育、睾丸萎缩、阳痿，女子有闭经、不孕等。

2. 主要病因

(1) 长期营养不良、饥饿或长期食用含有高脂肪、高胆固醇的食物是形成脂肪肝的重要原因。

(2) 长期大量饮酒。

(3) 肥胖。

(4) 药物或化学毒物。

(5) 慢性缺氧。

(6) 内分泌代谢性疾病，如皮质醇增多症、甲状腺功能亢进、高尿酸血症、高脂蛋白血症和糖尿病高脂血症等均可引起肝细胞脂肪变性，其中以非胰岛素依赖性糖尿病与脂肪肝的关系最为密切。

3. 防治要点

(1) 合理膳食每日三餐膳食要调配合理，做到粗细搭配，营养平衡。足量的蛋白质能清除肝内脂肪。

(2) 每天坚持体育锻炼，可视自己体质选择适宜的运动项目。

(3) 在选用药物时更要慎重，谨防药物的毒副作用，特别对肝脏有损害的药物绝对不能用，避免进一步加重肝脏的损害。

(4) 心情要开朗，不暴怒，少气恼，注意劳逸结合等也是相当重要的。

十五、痔疮病及其预防

1. 基本症状

大便疼痛、出血、脱肛、感染等。

2. 主要病因

首先与痔静脉的特点有关；但习惯性便秘、肛门静脉高压、前列腺肥大、从事久坐久站工作等因素都可促进痔疮的发生。

3. 防治要点

(1) 多吃含纤维的食物。

(2) 养成良好的排便习惯。

(3) 多运动、多做提肛运动（每天有意识收提肛门 1 ～ 2 次，每次约 5 分钟）。

(4) 合理用药可预防和治疗痔疮。

十六、过劳死及其预防

1. 定义

"过劳死"是因为工作时间过长，劳动强度过重，心理压力太大或过度疲劳，从而出现精疲力竭的亚健康状态，由于积重难返，将突然引发身体潜在的疾病急性恶化，救治不及时而危及生命。

2. 主要症状

(1) "将军肚"早现。

(2) 脱发、斑秃、早秃。

(3) 频频去洗手间。

(4) 性能力下降。

(5) 记忆力减退。

(6) 心算能力越来越差。

(7) 做事经常后悔，易怒、烦躁、悲观，难以控制自己的情绪。

(8) 集中精力的能力越来越差。

(9) 睡觉时间越来越短，醒来也难解乏。

(10) 经常头疼、耳鸣、目眩，检查也没有结果。

3. 防治要点

(1) 按生物钟规律、科学作息。其一，保证每天八小时睡眠，周末应进行一次"休整"。其二，做好全天的安排，除了工作、进餐和睡眠以外，还应明确规定一天之内的休息次数、时间与方式，不要随意改变或取消。其三，重视并认真做好工间休息，充分利用这段短短的时间到室外活动，或做深呼吸，或欣赏音乐，使身心得以放松。

(2) 强化三餐营养，在安排一日三餐时，一要品种多样，二要各品种之间的比例均衡，偏废不得。多食用鸡肉、豆类、菠菜、鱼、草莓、香蕉、燕麦片、海带、脱脂酸奶等富含能量、能帮助你避免过劳伤害食品。

(3) 学会主动休息，善于劳逸结合。人人都要学会调节生活，短期旅游、游览名胜；爬山远眺、开阔视野；呼吸新鲜空气，增加精神活力；忙里偷闲听听音乐、跳跳舞、唱唱歌，都是解除疲劳，让紧张的神经得到松弛的有效方法，也是防止疲劳症的精神良药。人体持续工作愈久或强度愈大，疲劳的程度就愈重，消除疲劳的时间也就愈长。

(4) 定期进行体检，最好每年做一次体检，包括心电图（运动负荷试验）及有关心脏的其他检查，以便早期发现高血压、高血脂、糖尿病特别是隐性冠心病，发现疾病，不论轻重，都要及时认真治疗。

(5) 坚持合理运动。运动医学专家认为，要想保持持久旺盛的精力，需要经常运动，以增加体能储存，每周散步 4 ～ 5 次，每次 30 ～ 45 分钟，或一星期进行 3 ～ 4 次温和的户外活动，每次 30 分钟是必要的。

(6) 淡泊名利、克制欲望，保持心情舒畅。心理性过劳——失望、焦虑、恐惧、神情沮丧等也可使人精力衰竭。因此，要防止疲劳，保持充沛的精力，就必须经常保持愉快的心情，做一个具有广泛的爱好和兴趣、始终保持积极向上的生活态度的乐天派。

第六节　发病率最高十大癌症早期症状与预防

本节就近些年来我国发病率最高的十大癌症的早期症状与预防作简要介绍，以求达到早预防、早发现、早治疗的理想结果。

一、食管癌早期症状及其预防

1. 早期症状

产生特异性的吞咽困难。吞咽食物时有哽噎感、疼痛、胸骨后闷胀不适、食管内有异物感或上腹部疼痛。

2. 预防措施

(1) 不吃发霉变质食物；不吃过热、过烫食物，喝茶、喝粥以 50℃ 以下为好。

(2) 防止水源污染、改善水质；不吸烟、不饮烈性酒。

(3) 补充人体所需的微量元素；多吃蔬菜水果，增加对维生素 C 的摄入。

二、胃癌早期症状及其预防

1. 早期症状

(1) 平时胃部一向很好的人，逐渐发现胃部（相当于上腹部）不适或疼痛，有沉重感，开始时服用一般胃药有可能缓解；但是随着时间的推移，服止痛、止酸药物不能缓解，持续消化不好。

(2) 食欲不振、消瘦、乏力，这常是胃癌的首发症状。

(3) 经常有恶心和呕吐的现象出现。

(4) 无胃病史的人一旦出现黑便应立即引起警惕，因为这也是胃癌早期的信号。

(5) 上腹深压痛常是早期胃癌的唯一体征。

需要注意的是，相当一部分早期胃癌病人的主要症状就是消化不良、烧心及上腹不适，与消化性溃疡极易混淆。抗消化性溃疡药物能掩盖早期胃癌的特征，甚至给胃镜诊断造成困难，使本来有治愈希望的胃癌变得不可治愈。因此，在应用抗消化性溃疡药物之前应注意排除早期胃癌的可能。

2. 预防措施

(1) 避免进食刺激性的食物和进食过饱，节制饮酒，防止暴饮暴食。

(2) 少吃腌、熏、烤、油煎食品。

(3) 经常食用含维生素 C 的新鲜蔬菜和水果。

(4) 积极治疗胃溃疡及萎缩性胃炎。

三、肺癌早期症状及其预防

1. 早期症状

(1) 不明原因的刺激性干咳，伤风感冒后咳嗽持续不愈。

(2) 突发性痰中带血或少许鲜血丝。

(3) 弥漫不固定的胸疼，或胸痛、背痛、肩痛、上腹痛等。

(4) 固定部位反复发生肺炎。

2. 预防措施

(1) 男性应该戒烟，主动吸烟者患肺癌的危险性为不吸烟者的 20 ～ 30 倍，被动吸烟者可增加患肺癌危险性的 30% ～ 50%。

(2) 改善家庭厨房油烟环境也是很重要的预防措施。

四、乳腺癌早期症状及其预防

1. 早期症状

乳腺乳头溢液、乳头糜烂、乳头不对称、乳房肿块、乳房轻度回缩或提高、腺体局限性增厚、局部皮肤轻度水肿等。如果触摸到肿块，且年龄是 40 岁以上的女性，应考虑有乳腺癌的可能。

2. 预防措施

(1) 节制饮食，减少脂肪摄入量，维持标准体重，不饮酒，加上适度体育锻炼，可以使乳腺癌发生率降低 33% ～ 55%。

(2) 还应注意计划生育，初产年龄最好不超过 30 岁。

(3) 做乳房自我检查的周期最好为一个月。

五、宫颈癌早期症状及其预防

1. 早期症状

阴道异常出血。正常妇女除月经外平时不会出现阴道出血，月经期之外及闭经后再出现阴道出血，常有带血丝的阴道分泌物出现。如在性交后出血，可能是患宫颈癌的信号。性交后出血一般量不多，如果能引起注意，有可能发现早期宫颈癌。

2. 预防措施

(1) 宫颈癌重在预防。晚婚、少育、注意性生活卫生、尽量不要发生婚前性行为、新法接生与产后及时修补子宫颈裂伤。积极治疗宫颈炎，也可降低宫颈癌的发病。

(2) 30 岁以后，每年进行 1 ~ 2 次防癌检查，每年接受刮片检查。由于宫颈癌形成之前几年，宫颈会有变异的细胞出现，医生可以通过宫颈刮片检查，及早发现变异细胞及进行治疗。

(3) 积极预防与治疗宫颈疾病，如宫颈糜烂和慢性宫颈炎。

(4) 性伴侣有包茎或包皮过长者应及时手术治疗。

六、鼻咽癌早期症状及其预防

1. 早期症状

(1) 鼻涕带血。主要表现为鼻涕中带有少量的血丝，特别是晨起鼻涕带血，往往是鼻咽癌的重要信号。

(2) 还常有鼻塞，这是由于鼻咽癌症块压迫所致。

(3) 如果癌症压迫耳咽管，还会出现耳鸣。

(4) 还有头痛特别是一侧性偏头痛。

2. 预防措施

(1) 80% 以上的鼻咽癌病人的血清中含有 EB 病毒抗体，因此血液学检查可以作为鼻咽癌诊断的一种方法。

(2) 咸鱼含有致癌物质亚硝胺，这与鼻咽癌的高发有关。

(3) 鼻咽癌高发区的大米、饮水中镍含量高，而鼻咽癌患者头发中镍的含量也较正常人高，这一因素也不可忽视。

(4) 约有 10% 的鼻咽癌患者有家族史。

预防鼻咽癌应当从上面这些致病因素着手。

七、直肠癌早期症状及其预防

1. 早期症状

腹痛、下坠、便血。凡是 30 岁以上的人出现腹部不适、隐痛、腹胀，大便习惯发生改变，有下坠感且大便带血，继而出现贫血，乏力、腹部摸到肿块，应考虑大肠癌。其中沿结肠部位呈局限性、间歇性隐痛是大肠癌的第一个报警信号。下坠感明显伴有大便带血，则常是直肠癌的信号。

2. 预防措施

(1) 肠炎和肠息肉应及时治疗。

(2) 少吃盐腌、熏烤、高脂肪、高糖食物。

(3) 多吃新鲜水果、蔬菜，增加粗粮比例。

(4) 养成定时排便的习惯，防止便秘。

(5) 减少脂肪和加工处理的各种肉制品摄入。

(6) 不酗酒；适当体育锻炼。

八、肝癌早期症状及其预防

1. 早期症状

据流行病学调查，大约 90% 的肝癌与乙型或丙型肝炎病毒感染有关。乙肝表面抗原阳性，"两对半"阳性，丙肝抗体阳性都是肝炎病毒感染的标志。右肋下痛。肝癌起病隐匿，发展迅速，有些患者右肋下痛持续几个月后才被确诊为肝癌。

2. 预防措施

(1) 对 35 岁以上乙肝表面抗原阳性，患慢性肝炎，肝硬化 5 年以上，直系亲属三代中有肝癌家族史的人每半年检测依次甲胎蛋白和肝脏 B 超，是早期发现肝癌的最有效方法。

(2) 注射乙肝疫苗；输血时保证血液制品未被肝炎病毒感染。

(3) 酒精也是引发肝癌的一大敌人，因此预防肝癌应戒酒。

九、颅内肿瘤早期症状及其预防

1. 早期症状

头痛、呕吐。头痛等多发生在早晨或晚上，常以前额、后枕部及两侧明显。呕吐与进食无关，往往随头痛的加剧而出现。

2. 预防措施

(1) 颅内肿瘤以 20 ～ 40 岁的青壮年人多见；年轻女性多见脑膜瘤，其他脑瘤男性多见。脑瘤是神经系统一种常见的严重疾病，轻者可以造成残废，重者可以致死，需要早期诊断，早期治疗。

(2)注意饮食卫生,避免苯并芘、亚硝胺等致癌物质进入体内。讲究个人卫生,锻炼身体,增强抵抗力,防止病毒感染。

(3)避免脑部外伤,发生脑外伤时应及时治愈;已患颅内肿瘤的人不宜再生育。

(4)日常生活中,应多食用些黄绿色蔬菜和水果,如胡萝卜、南瓜、西红柿、莴苣、油白菜、菠菜、大枣、香蕉、苹果、芒果等。

十、造血系统恶性肿瘤早期症状及其预防

1.早期症状

(1)长期不明原因的发热。造血系统的癌症,如恶性淋巴瘤、白血病等,常伴有发热现象。

(2)恶性淋巴瘤临床表现为无痛性进行性淋巴结肿大,在淋巴结肿大的同时,病人可出现发热、消瘦、贫血等症状。

2.预防措施

(1)不要多接触 X 射线或其他有害的放射线;与 X 线接触的工作人员应搞好劳动保护,加强预防措施。

(2)慎用氯霉素、保泰松、细胞毒类抗癌药及免疫抑制剂类等。

(3)戒烟、不酗酒。

(4)加强营养,积极参加体育活动,保持心情舒畅,增强免疫力,多吃具有防癌抗癌作用的食品。

(资料来源:中华医学会江苏省抗癌化疗专业委员会副主任委员、江苏省肿瘤医院副院长冯继峰,南京报业网 http://www.sina.com.cn)

第七节　世界卫生组织发布垃圾食品名单和防癌菜单

众所周知,病从口入。吃得健康,拒绝垃圾食品是我们预防疾病最有效、最经济的根本性措施。

一、WHO 发布十大垃圾食品名单

1.油炸食品

主要危害:导致心血管疾病元凶(油炸淀粉);含致癌物质;破坏维生素,使蛋白质变性。

2.腌制类食品

危害:导致高血压,肾负担过重,导致鼻咽癌;影响黏膜系统(对肠胃有害);易得溃疡和发炎。

3. 加工类肉食品（肉干肉松、香肠等）

危害：含三大致癌物质之一：亚酸盐（防腐和显色作用）；含大量防腐剂（加重肝脏负担）。

4. 饼干类食品（不含低温烘烤和全麦饼干）

危害：食用香精和色素过多（对肝脏功能造成负担）；严重破坏维生素；热量过多、营养成分低。

5. 汽水可乐类食品

危害：含磷酸、碳酸，会带走体内大量的钙；含糖量过高，喝后有饱胀感，影响正餐。

6. 方便类食品（方便面和膨化食品）

危害：盐分过高，含防腐剂、香精（损肝）；只有热量，没有营养。

7. 罐头类食品（包括鱼肉和水果）

危害：破坏维生素，使蛋白质变性；热量过多，营养成分低。

8. 话梅蜜饯类食品（果脯）

危害：含三大致癌物质之一：亚酸盐（防腐和显色作用）；盐分过高，含防腐剂、香精（损肝）。

9. 冷冻甜品类食品（冰淇淋、冰棒和各种雪糕）

危害：含奶油极易引起肥胖；含糖量过高影响正餐。

10. 烧烤类食品

危害：含大量"三苯四丙吡"（三大致癌物质之首）；1 只烤鸡腿 = 60 支烟的毒性；导致蛋白质炭化变性（加重肾脏、肝脏负担）。

二、WHO 建议多食利于防癌抑癌的"菜单"

1. 草莓、葡萄、葡萄干、樱桃

瑞典科学家验证，它们都含有丰富排毒物质，有利于抑制、消灭血液中加速癌变的物质。

2. 大蒜

每周生吃两次，抗胃癌；含有微量元素硒，对预防恶性肿瘤有益。

3. 洋葱

含有栎皮黄素，有阻止癌细胞生长功能。

4. 花椰菜、卷心菜、洋白菜、生吃白菜

常吃能减少结肠癌与乳癌发病率 50%。

5. 鱼

含脂肪酸，能杀死癌细胞。

6. 水

每天八杯水能有效抑制、预防膀胱癌。

7. 绿茶

富含抑制亚硝酸及其他致癌物质的成分，但每天以一杯为宜。

8. 胡萝卜

富含维生素 A，有抗癌作用。

9. 番茄

富含氧化物番茄红素，对于抑制乳癌、胃癌、消化道癌、前列腺癌有益。

10. 大豆

据科学家验证，日本女子乳腺癌发病率仅为美国人的 25%，膀胱癌发病率仅为美国人的 20%，这得益于日本人爱吃豆制品，它富含异黄酮，可断绝癌细胞营养供应。

11. 柑橘类

含丰富胡萝卜素、异黄酮、维生素 C 等抗癌物质。

12. 海洋蔬菜

如海带、紫菜等，富含抗癌物质褐藻胶。

13. 麦胚芽、豆胚芽。

富含维生素 E，增强免疫力抗菌。

14. 阿司匹林

除保护心脏外，还能有效减少肺癌。

附 录

一、《标点符号用法》(GB/T 15834—2011)

目 录

前 言

本标准按照 GB/T1.1—2009 给出的规则起草。

本标准代替 GB/T 15834—1995，与 GB/T 15834—1995 相比，主要变化如下：

——根据我国国家标准编写规则 (GB/T 1.1— 2009)，对本标准的编排和表述做了全面修改；

——更换了大部分示例，使之更简短、通俗、规范；

——增加了对术语"标点符号"和"语段"的定义 (2.1/2.5)；

——对术语"复句"和"分句"的定义做了修改 (2.3/2.4)；

——对句末点号 (句号、问号、叹号) 的定义做了修改，更强调句末点号与句子语气之间的关系 (4.1.1/ 4.2.1/4.3.1)；

——对逗号的基本用法做了补充 (4.4.3)；

——增加了不同形式括号用法的示例 (4.9.3)；

——省略号的形式统一为六连点 "……"，但在特定情况下允许连用 (4.11)；

——取消了连接号中原有的二字线，将连接号形式规范为短横线 "-"、一字线 "—"和浪纹线 "~"，并对三者的功能做了归并与划分 (4.13)；

——明确了书名号的使用范围 (4.15/ A.13)；

——增加了分隔号的用法说明 (4.17)；

—— "标点符号的位置"一章的标题改为"标点符号的位置和书写形式"，并增加了使用中文输入软件处理标点符号时的相关规范 (第 5 章)；

——增加了"附录"：附录 A 为规范性附录，主要说明标点符号不能怎样使用和对标点符号用法加以补充说明，以解决目前使用混乱或争议较大的问题。附录 B 为资料性附录，对功能有交叉的标点符号的用法做了区分，并对标点符号误用高发环境下的规范用法做了说明。

本标准由教育部语言文字信息管理司提出并归口。

本标准主要起草单位：北京大学。

标准主要起草人：沈阳、刘妍、于泳波、翁姗姗。

本标准所代替标准的历次版本发布情况为：

——GB/T 15834—1995。

标点符号用法

1 范围

本标准规定了现代汉语标点符号的用法。

本标准适用于汉语的书面语（包括汉语和外语混合排版时的汉语部分）。

2 术语和定义

下列术语和定义适用于本文件。

2.1

标点符号 punctuation

辅助文字记录语言的符号，是书面语的有机组成部分，用来表示语句的停顿、语气以及标示某些成分（主要是词语）的特定性质和作用。

注：数学符号、货币符号、校勘符号、辞书符号、注音符号等特殊领域的专门符号不属于标点符号。

2.2

句子 sentence

前后都有较大停顿、带有一定的语气和语调、表达相对完整意义的语言单位。

2.3

复句 complex sentence

由两个或多个在意义上有密切关系的分句组成的语言单位，包括简单复句（内部只有一层语义关系）和多重复句（内部包含多层语义关系）。

2.4

分句 clause

复句内两个或多个前后有停顿、表达相对完整意义、不带有句末语气和语调、有的前面可添加关联词语的语言单位。

2.5

语段 expression

指语言片段，是对各种语言单位（如词、短语、句子、复句等）不做特别区分时的统称。

3 标点符号的种类

3.1 点号

点号的作用是点断，主要表示停顿和语气，分为句末点号和句内点号。

3.1.1 句末点号

用于句末的点号，表示句末停顿和句子的语气，包括句号、问号、叹号。

3.1.2 句内点号

用于句内的点号，表示句内各种不同性质的停顿，包括逗号、顿号、分号、冒号。

3.2 标号

标号的作用是标明，主要标示某些成分（主要是词语）的特定性质和作用，包括引号、括号、破折号、省略号、着重号、连接号、间隔号、书名号、专名号、分隔号。

4 标点符号的定义、形式和用法

4.1 句号

4.1.1 定义

句末点号的一种，主要表示句子的陈述语气。

4.1.2 形式

句号的形式是"。"

4.1.3 基本用法

4.1.3.1 用于句子末尾，表示陈述语气。使用句号主要根据语段前后有较大停顿，带有陈述语气和语调，并不取决于句子的长短。

示例 1：北京是中华人民共和国的首都。

示例 2：（甲，咱们走着去吧？）乙：好。

4.1.3.2 有时也可表示较缓和的祈使语气和感叹语气。

示例 1：请您稍等一下。

示例 2：我不由得感到，这些普通劳动者也同样是值得尊敬的。

4.2 问号

4.2.1 定义

句末点号的一种，主要表示句子的疑问语气。

4.2.2 形式

问号的形式是"？"。

4.2.3 基本用法

4.2.3.1 用于句子末尾，表示疑问语气（包括反问、设问等疑问类型）。使用问号主要根据语段前后有较大停顿、带有疑问语气和语调，并不取决于句子的长短。

示例1：你怎么还不回家去呢？

示例2：难道这些普通的战士不值得歌颂吗？

示例3：(一个外国人，不远万里来到中国，帮助中国的抗日战争。)这是什么精神？这是国际主义的精神。

4.2.3.2 选择问句中，通常只在最后一个选项的末尾用问号，各个选项之间一般用逗号隔开。当选项较短且选项之间几乎没有停顿时，选项之间可不用逗号。当选项较多或较长，或有意突出每个选项的独立性时，也可每个选项之后都用问号。

示例1：诗中记述的这场战争究竟是真实的历史描述，还是诗人的虚构？

示例2：这是巧合还是有意安排？

示例3：要一个什么样的结尾：现实主义的？传统的？大团圆的？荒诞的？民族形式的？有象征意义的？

示例4：(他看着我的作品称赞了我。)但到底是称赞我什么：是有几处画得好？还是什么都敢画？抑或只是一种对于失败者的无可奈何的安慰？我不得而知。

示例5：这一切都是由客观的条件造成的？还是由行为的惯性造成的？

4.2.3.3 在多个问句连用或表达疑问语气加重时，可叠用问号，通常应先单用，再叠用，最多叠用三个问号。在没有异常强烈的情感表达需要时不宜叠用问号。

示例：这就是你的做法吗？你这个总经理是怎么当的？？你怎么竟敢这样欺骗消费者？？？

4.2.3.4 问号也有标号的用法，即用于句内，表示存疑或不详。

示例1：马致远(1250?—1321)，大都人，元代戏曲家、散曲家。

示例2：钟嵘(?—518)，颖川长社人，南朝梁代文学批评家。

示例3：出现这样的文字错误，说明作者(编者？校者？)很不认真。

4.3 叹号

4.3.1 定义

句末点号的一种，主要表示句子的感叹语气。

4.3.2 形式

叹号的形式是"！"。

4.3.3 基本用法

4.3.3.1 用于句子末尾，主要表示感叹语气，有时也可表示强烈的祈使语气、反问语气等。使用叹号主要根据语段前后有较大停顿、带有感叹语气和语调或带有强烈的祈使、反问语气和语调，并不取决于句子的长短。

示例1：才一年不见，这孩子都长这么高啦！

示例2：你给我住嘴！

示例 3：谁知道他今天是怎么搞的！

4.3.3.2 用于拟声词后，表示声音短促或突然。

示例 1：咔嚓！一道闪电划破了夜空。

示例 2：咚！咚咚！突然传来一阵急促的敲门声。

4.3.3.3 表示声音巨大或声音不断加大时，可叠用叹号；表达强烈语气时，也可叠用叹号，最多叠用三个叹号在没有异常强烈的情感表达需要时不宜叠用叹号。

示例 1：轰!!在这天崩地塌的声音中，女娲猛然醒来。

示例 2：我要揭露！我要控诉！！我要以死抗争!!!

4.3.3.4 当句子包含疑问、感叹两种语气且都比较强烈时（如带有强烈感情的反问句和带有惊愕语气的疑问句），可在问号后再加叹号（问号、叹号各一）。

示例 1：这么点困难就能把我们吓倒吗？！

示例 2：他连这些最起码的常识都不懂，还敢说自己是高科技人才？！

4.4 逗号

4.4.1 定义

句内点号的一种，表示句子或语段内部的一般性停顿。

4.4.2 形式

逗号的形式是"，"。

4.4.3 基本用法

4.4.3.1 复句内各分句之间的停顿，除了有时用分号（见 4.6.3.1），一般都用逗号。

示例 1：不是人们的意识决定人们的存在，而是人们的社会存在决定人们的意识。

示例 2：学历史使人更明智，学文学使人更聪慧，学数学使人更精细，学考古使人更深沉。

示例 3：要是不相信我们的理论能反映现实，要是不相信我们的世界有内在和谐，那就不可能有科学。

4.4.3.2 用于下列各种语法位置。

a) 较长的主语之后。

示例 1：苏州园林建筑各种门窗的精美设计和雕镂功夫，都令人叹为观止。

b) 句首的状语之后。

示例 2：在苍茫的大海上，狂风卷集着乌云。

c) 较长的宾语之前。

示例 3：有的考古工作者认为，南方古猿生存于上新世至更新世的初期和中期。

d) 带句内语气词的主语（或其他成分）之后，或带句内语气词的并列成分之间。

示例 4：他呢，倒是很乐意地、全神贯注地干起来了。

示例 5：（那是个没有月亮的夜晚。）可是整个村子——白房顶啦，白树木啦，雪堆啦，全看得见。

e) 较长的主语中间、谓语中间或宾语中间。

示例6：母亲沉痛的诉说，以及亲眼见到的事实，都启发了我幼年时期追求真理的思想。

示例7：那姑娘头戴一顶草帽，身穿一条绿色的裙子，腰间还系着一根橙色的腰带。

示例8：必须懂得，对于文化传统，既不能不分青红皂白统统抛弃，也不能不管精华糟粕全盘继承。

f) 前置的谓语之后或后置的状语、定语之前。

示例9：真美啊，这条蜿蜒的林间小路。

示例10：她吃力地站了起来，慢慢地。

示例11：我只是一个人，孤孤单单的。

4.4.3.3 用于下列各种停顿处。

a) 复指成分或插说成分前后。

示例1：老张，就是原来的办公室主任，上星期已经调走了。

示例2：车，不用说，当然是头等。

b) 语气缓和的感叹语、称谓语或呼唤语之后。

示例3：哎哟，这儿，快给我揉揉。

示例4：大娘，您到哪儿去啊？

示例5：喂，你是哪个单位的？

c) 某些序次语（"第"字头、"其"字头及"首先"类序次语）之后。

示例6：为什么许多人都有长不大的感觉呢？原因有三：第一，父母总认为自己比孩子成熟；第二，父母总要以自己的标准来衡量孩子；第三，父母出于爱心而总不想让孩子在成长的过程中走弯路。

示例7：《玄秘塔碑》所以成为书法的范本，不外乎以下几方面的因素：其一，具有楷书点画、构体的典范性；其二，承上启下，成为唐楷的极致；其三，字如其人，爱人及字，柳公权高尚的书品、人品为后人所崇仰。

示例8：下面从三个方面讲讲语言的污染问题：首先，是特殊语言环境中的语言污染问题；其次，是滥用缩略语引起的语言污染问题；再次，是空话和废话引起的语言污染问题。

4.5 顿号

4.5.1 定义

句内点号的一种，表示语段中并列词语之间或某些序次语之后的停顿。

4.5.2 形式

顿号的形式是"、"。

4.5.3 基本用法

4.5.3.1 用于并列词语之间。

示例1：这里有自由、民主、平等、开放的风气和氛围。

示例2：造型科学、技艺精湛、气韵生动，是盛唐石雕的特色。

4.5.3.2 用于需要停顿的重复词语之间。

示例：他几次三番、几次三番地辩解着。

4.5.3.3 用于某些序次语（不带括号的汉字数字或"天干地支"类序次语）之后。

示例1：我准备讲两个问题：一、逻辑学是什么？二、怎样学好逻辑学？

示例2：风格的具体内容主要有以下四点：甲、题材；乙、用字；丙、表达；丁、色彩。

4.5.3.4 相邻或相近两数字连用表示概数通常不用顿号。若相邻两数字连用为缩略形式，宜用顿号。

示例1：飞机在6 000米高空水平飞行时，只能看到两侧八九公里和前方一二十公里范围内的地面。

示例2：这种凶猛的动物常常三五成群地外出觅食和活动。

示例3：农业是国民经济的基础，也是二、三产业的基础。

4.5.3.5 标有引号的并列成分之间、标有书名号的并列成分之间通常不用顿号。若有其他成分插在并列的引号之间或并列的书名号之间（如引语或书名号之后还有括注），宜用顿号。

示例1："日""月"构成"明"字。

示例2：店里挂着"顾客就是上帝""质量就是生命"等横幅。

示例3：《红楼梦》《三国演义》《西游记》《水浒传》，是我国古代长篇小说的四大名著。

示例4：李白的"白发三千丈"（《秋浦歌》）、"朝如青丝暮成雪"（《将进酒》）都是脍炙人口的诗句。

示例5：办公室里订有《人民日报》（海外版）、《光明日报》和《时代周刊》等报刊。

4.6 分号

4.6.1 定义

句内点号的一种，表示复句内部并列关系分句之间的停顿，以及非并列关系的多重复句中第一层分句之间的停顿。

4.6.2 形式

分号的形式是"；"。

4.6.3 基本用法

4.6.3.1 表示复句内部并列关系的分句（尤其当分句内部还有逗号时）之间的停顿。

示例1：语言文字的学习，就理解方面说，是得到一种知识；就运用方面说，是养成一种习惯。

示例2：内容有分量，尽管文章短小，也是有分量的；内容没有分量，即使写得再长也没有用。

4.6.3.2 表示非并列关系的多重复句中第一层分句（主要是选择、转折等关系）之间的停顿。

示例1：人还没看见，已经先听见歌声了；或者人已经转过山头望不见了，歌声还余音袅袅。

示例2：尽管人民革命的力量在开始时总是弱小的，所以总是受压的；但是由于革命的力量代表历史发展的方向，因此本质上又是不可战胜的。

示例3：不管一个人如何伟大，也总是生活在一定的环境和条件下；因此，个人的见解总难免带有某种局限性。

示例4：昨天夜里下了一场雨，以为可以凉快些；谁知没有凉快下来，反而更热了。

4.6.3.3 用于分项列举的各项之间。

示例：特聘教授的岗位职责为：一、讲授本学科的主干基础课程；二、主持本学科的重大科研项目；三、领导本学科的学术队伍建设；四、带领本学科赶超或保持世界先进水平。

4.7 冒号

4.7.1 定义

句内点号的一种，表示语段中提示下文或总结上文的停顿。

4.7.2 形式

冒号的形式是"："。

4.7.3 基本用法

4.7.3.1 用于总说性或提示性词语（如"说""例如""证明"等）之后，表示提示下文。

示例1：北京紫禁城有四座城门：午门、神武门、东华门和西华门。

示例2：她高兴地说："咱们去好好庆祝一下吧！"

示例3：小王笑着点了点头："我就是这么想的。"

示例4：这一事实证明：人能创造环境，环境同样也能创造人。

4.7.3.2 表示总结上文。

示例：张华上了大学，李萍进了技校，我当了工人：我们都有美好的前途。

4.7.3.3 用在需要说明的词语之后，表示注释和说明。

示例1：（本市将举办首届大型书市。）主办单位：市文化局；承办单位：市图书进出口公司；时间：8月15日—20日；地点：市体育馆观众休息厅。

示例2：（做阅读理解题有两个办法。）办法之一：先读题干，再读原文，带着问题有针对性地读课文。办法之二：直接读原文，读完再做题，减少先入为主的干扰。

4.7.3.4 用于书信、讲话稿中称谓语或称呼语之后。

示例1：广平先生：……

示例2：同志们、朋友们：……

4.7.3.5 一个句子内部一般不应套用冒号。在列举式或条文式表述中，如不得不套用冒号时，宜另起段落来显示各个层次。

示例：第十条 遗产按照下列顺序继承：

第一顺序：配偶、子女、父母。

第二顺序：兄弟姐妹、祖父母、外祖父母。

4.8 引号

4.8.1 定义

标号的一种，标示语段中直接引用的内容或需要特别指出的成分。

4.8.2 形式

引号的形式有双引号""""和单引号"' '"两种。左侧的为前引号，右侧的为后引号。

4.8.3 基本用法

4.8.3.1 标示语段中直接引用的内容。

示例：李白诗中就有"白发三千丈"这样极尽夸张的语句。

4.8.3.2 标示需要着重论述或强调的内容。

示例：这里所谓的"文"，并不是指文字，而是指文采。

4.8.3.3 标示语段中具有特殊含义而需要特别指出的成分，如别称、简称、反语等。

示例1：电视被称作"第九艺术"。

示例2：人类学上常把古人化石统称为尼安德特人，简称"尼人"。

示例3：有几个"慈祥"的老板把捡来的菜叶用盐浸浸就算作工友的菜肴。

4.8.3.4 当引号中还需要使用引号时，外面一层用双引号，里面一层用单引号。

示例：他问："老师，'七月流火'什么意思？"

4.8.3.5 独立成段的引文如果只有一段，段首和段尾都用引号；不止一段时，每段开头仅用前引号，只在最后一段末尾用后引号。

示例：我曾在报纸上看到有人这样谈幸福：

"幸福是知道自己喜欢什么和不喜欢什么。……

"幸福是知道自己擅长什么和不擅长什么。……

"幸福是在正确的时间做了正确的选择。……"

4.8.3.6 在书写带月、日的事件、节日或其他特定意义的短语（含简称）时，通常只标引其中的月和日；需要突出和强调该事件或节日本身时，也可连同事件或节日一起标引。

示例1："5·12"汶川大地震。

示例2："五四"以来的话剧，是我国戏剧中的新形式。

示例3：纪念"五四运动"90周年。

4.9 括号

4.9.1 定义

标号的一种，标示语段中的注释内容、补充说明或其他特定意义的语句。

4.9.2 形式

括号的主要形式是圆括号"( )"，其他形式还有方括号"[ ]"、六角括号"〔 〕"和方头括号"【 】"等。

4.9.3 基本用法

4.9.3.1 标示下列各种情况，均用圆括号：

a) 标示注释内容或补充说明。

示例1：我校拥有特级教师(含已退休的)17人。

示例2：我们不但善于破坏一个旧世界，我们还将善于建设一个新世界!(热烈鼓掌)

b) 标示订正或补加的文字。

示例3：信纸上用稚嫩的字体写着："阿夷(姨)，你好！"

示例4：该建筑公司负责的建设工程全部达到优良工程(的标准)。

c) 标示序次语。

示例5：语言有三个要素：(1)声音；(2)结构；(3)意义。

示例6：思想有三个条件：(一)事理；(二)心理；(三)伦理。

d) 标示引语的出处。

示例7：他说得好："未画之前，不立一格；既画之后，不留一格。"(《板桥集·题画》)

e) 标示汉语拼音注音。

示例8："的(de)"这个字在现代汉语中最常用。

4.9.3.2 标示作者国籍或所属朝代时，可用方括号或六角括号。

示例1：[英]赫胥黎《进化论与伦理学》

示例2：〔唐〕杜甫著

4.9.3.3 报刊标示电讯、报道的开头，可用方头括号。

示例：【新华社南京消息】

4.9.3.4 标示公文发文字号中的发文年份时，可用六角括号。

示例：国发〔2011〕3号文件

4.9.3.5 标示被注释的词语时，可用六角括号或方头括号。

示例1：〔奇观〕奇伟的景象。

示例2：【爱因斯坦】物理学家。生于德国，1933年因受纳粹政权迫害，移居美国。

4.9.3.6 除科技书刊中的数学、逻辑公式外，所有括号(特别是同一形式的括号)应尽量避免套用。必须套用括号时，宜采用不同的括号形式配合使用。

示例：〔苴(rong)毛〕很细很细的毛。

4.10 破折号

4.10.1 定义

标号的一种，标示语段中某些成分的注释、补充说明或语音、意义的变化。

4.10.2 形式

破折号的形式是"——"。

4.10.3 基本用法

4.10.3.1 标示注释内容或补充说明 (也可用括号，见 4.9.3.1；二者的区别另见 B.1.7)。

示例 1：一个矮小而结实的日本中年人——内山老板走了过来。

示例 2：我一直坚持读书，想借此唤起弟妹对生活的希望——无论环境多么困难。

4.10.3.2 标示插入语 (也可用逗号，见 4.4.3.3)。

示例：这简直就是——说得不客气点——无耻的勾当！

4.10.3.3 标示总结上文或提示下文 (也可用冒号，见 4.7.3.1、4.7.3.2)。

示例 1：坚强，纯洁，严于律己，客观公正——这一切都难得地集中在一个人身上。

示例 2：画家开始娓娓道来——

数年前的一个寒冬，……

4.10.3.4 标示话题的转换。

示例："好香的干菜，——听到风声了吗？"赵七爷低声说道。

4.10.3.5 标示声音的延长。

示例："嘎——"传过来一声水禽被惊动的鸣叫。

4.10.3.6 标示话语的中断或间隔。

示例 1："班长他牺——"小马话没说完就大哭起来。

示例 2："亲爱的妈妈，你不知道我多爱您。—还有你，我的孩子！"

4.10.3.7 标示引出对话。

示例：——你长大后想成为科学家吗？

　　——当然想了！

4.10.3.8 标示事项列举分承。

示例：根据研究对象的不同，环境物理学分为以下五个分支学科：

　　——环境声学；

　　——环境光学；

　　——环境热学；

　　——环境电磁学；

　　——环境空气动力学。

4.10.3.9 用于副标题之前。

示例：飞向太平洋

　　——我国新型号运载火箭发射目击记

4.10.3.10 用于引文、注文后，标示作者、出处或注释者。

示例 1：先天下之忧而忧，后天下之乐而乐。

——范仲淹

示例2：乐浪海中有倭人，分为百余国。

——《汉书》

示例3：很多人写好信后把信笺折成方胜形，我看大可不必。（方胜，指古代妇女戴的方形首饰，用彩绸等制作，由两个斜方部分叠合而成。——编者注）

4.11 省略号

4.11.1 定义

标号的一种，标示语段中某些内容的省略及意义的断续等。

4.11.2 形式

省略号的形式是"……"。

4.11.3 基本用法

4.11.3.1 标示引文的省略。

示例：我们齐声朗诵起来："……俱往矣，数风流人物，还看今朝。"

4.11.3.2 标示列举或重复词语的省略。

示例1：对政治的敏感，对生活的敏感，对性格的敏感，……这都是作家必须要有的素质。

示例2：他气得连声说："好，好……算我没说。"

4.11.3.3 标示语意未尽。

示例1：在人迹罕至的深山密林里，假如突然看见一缕炊烟，……

示例2：你这样干，未免太……！

4.11.3.4 标示说话时断断续续。

示例：她磕磕巴巴地说："可是……太太……我不知道……你一定是认错了。"

4.11.3.5 标示对话中的沉默不语。

示例："还没结婚吧？"

"……"他飞红了脸，更加忸怩起来。

4.11.3.6 标示特定的成分虚缺。

示例：只要……就……

4.11.3.7 在标示诗行、段落的省略时，可连用两个省略号（即相当于十二连点）。

示例1：从隔壁房间传来缓缓而抑扬顿挫的吟咏声——

床前明月光，疑是地上霜。

……

示例2：该刊根据工作质量、上稿数量、参与程度等方面的表现，评选出了高校十佳记者站。还根据发稿数量、提供新闻线索情况以及对刊物的关注度等，评选出了十佳通讯员。

……

4.12 着重号

4.12.1 定义

标号的一种，标示语段中某些重要的或需要指明的文字。

4.12.2 形式

着重号的形式是"．"标注在相应文字的下方。

4.12.3 基本用法

4.12.3.1 标示语段中重要的文字。

示例 1：诗人需要表现，而不是证明。

示例 2：下面对本文的理解，不正确的一项是：……

4.12.3.2 标示语段中需要指明文字。

示例：下边加点的字，除了在词中的读法外，还有哪些读法？

着急　子弹　强调

4.13 连接号

4.13.1 定义

标号的一种，标示某些相关联成分之间的连接。

4.13.2 形式

连接号的形式有短横线"－"、一字线"—"和浪纹线"～"三种。

4.13.3 基本用法

4.13.3.1 标示下列各种情况，均用短横线：

a) 化合物的名称或表格、插图的编号。

示例 1：3- 戊酮为无色液体，对眼及皮肤有强烈刺激性。

示例 2：参见下页表 2-8、表 2-9。

b) 连接号码，包括门牌号码、电话号码，以及用阿拉伯数字表示年月日等。

示例 3：安宁里东路 26 号院 3-2-11 室

示例 4：联系电话：010-88842603

示例 5：2011-02-15

c) 在复合名词中起连接作用。

示例 6：吐鲁番 - 哈密盆地

d) 某些产品的名称和型号。

示例 7：WZ-10 直升机具有复杂天气和夜间作战的能力。

e) 汉语拼音、外来语内部的分合。

示例 8：shuoshuo-xiaoxiao（说说笑笑）

示例 9：盎格鲁 - 撒克逊人

示例 10：让 - 雅克·卢梭（"让 - 雅克"为双名）

示例 11：皮埃尔·孟戴斯 - 弗朗斯（"孟戴斯 - 弗朗斯"为复姓）

4.13.3.2 标示下列各种情况，一般用一字线，有时也可用浪纹线：

a) 标示相关项目（如时间、地域等）的起止。

示例 1：沈括 (1031—1095)，宋朝人。

示例 2：2011 年 2 月 3 日—10 日

示例 3：北京－上海特别旅客快车

b) 标示数值范围（由阿拉伯数字或汉字数字构成）的起止。

示例 4：25 ～ 30g

示例 5：第五～八课

4.14 间隔号

4.14.1 定义

标号的 - 种，标示某些相关联成分之间的分界。

4.14.2 形式

间隔号的形式是"·"。

4.14.3 基本用法

4.14.3.1 标示外国人名或少数民族人名内部的分界。

示例 1：克里丝蒂娜·罗塞蒂

示例 2：阿依古丽·买买提

4.14.3.2 标示书名与篇（章、卷）名之间的分界。

示例：《淮南子·本经训》

4.14.3.3 标示词牌、曲牌、诗体名等和题名之间的分界。

示例 1：《沁园春·雪》

示例 2：《天净沙·秋思》

示例 3：《七律·冬云》

4.14.3.4 用在构成标题或栏目名称的并列词语之间。

示例：《天·地·人》

4.14.3.5 以月、日为标志的事件或节日，用汉字数字表示时，只在一、十一和十二月后用间隔号；当直接用阿拉伯数字表示时，月、日之间均用间隔号（半角字符）。

示例 1："九一八"事变　"五四"运动

示例 2："一·二八"　事变"一二·九"运动

示例 3："3·15"消费者权益日　"9·11"恐怖袭击事件

4.15 书名号

4.15.1 定义

标号的一种，标示语段中出现的各种作品的名称。

4.15.2 形式

书名号的形式有双书名号"《 》"和单书名号"< >"两种。

4.15.3 基本用法

4.15.3.1 标示书名、卷名、篇名、刊物名、报纸名、文件名等。

示例1：《红楼梦》（书名）

示例2：《史记·项羽本纪》（卷名）

示例3：《论雷峰塔的倒掉》（篇名）

示例4：《每周关注》（刊物名）

示例5：《人民日报》）（报纸名）

示例6：《全国农村工作会议纪要》（文件名）

4.15.3.2 标示电影、电视、音乐、诗歌、雕塑等各类用文字、声音、图像等表现的作品的名称。

示例1：《渔光曲》（电影名）

示例2：《追梦录》（电视剧名）

示例3：《勿忘我》（歌曲名）

示例4：《沁园春·雪》（诗词名）

示例5：《东方欲晓》（雕塑名）

示例6：《光与影》（电视节目名）

示例7：《社会广角镜》（栏目名）

示例8：《庄子研究文献数据库》（光盘名）

示例9：《植物生理学系列挂图》（图片名）

4.15.3.3 标示全中文或中文在名称中占主导地位的软件名。

示例：科研人员正在研制《电脑卫士》杀毒软件。

4.15.3.4 标示作品名的简称。

示例：我读了《念青唐古拉山脉纪行》一文（以下简称《念》），收获很大。

4.15.3.5 当书名号中还需要书名号时，里面一层用单书名号，外面一层用双书名号。

示例：《教育部关于提请审议<高等教育自学考试试行办法>的报告》

4.16 专名号

4.16.1 定义

标号的一种，标示古籍和某些文史类著作中出现的特定类专有名词。

4.16.2 形式

专名号的形式是一条直线，标注在相应文字的下方。

4.16.3 基本用法

4.16.3.1 标示古籍、古籍引文或某些文史类著作中出现的专有名词，主要包括人名、地名、国名、民族名、朝代名、年号、宗教名、官署名、组织名等。

示例 1：孙坚人马被刘表率军围得水泄不通。（人名）

示例 2：于是聚集冀、青、幽、并四州兵马七十多万准备决一死战。（地名）

示例 3：当时乌孙及西域各国都向汉派遣了使节。（国名、朝代名）

示例 4：从咸宁二年到太康十年，匈奴、鲜卑、乌桓等族人徙居塞内。（年号、民族名）

4.16.3.2 现代汉语文本中的上述专有名词，以及古籍和现代文本中的单位名、官职名、事件名、会议名、书名等不应使用专名号。必须使用标号标示时，宜使用其他相应标号（如引号、书名号等）。

4.17 分隔号

4.17.1 定义

标号的一种，标示诗行、节拍及某些相关文字的分隔。

4.17.2 形式

分隔号的形式是"/"。

4.17.3 基本用法

4.17.3.1 诗歌接排时分隔诗行（也可使用逗号和分号，见 4.4.3.1/4.6.3.1）。

示例：春眠不觉晓 / 处处闻啼鸟 / 夜来风雨声 / 花落知多少。

4.17.3.2 标示诗文中的音节节拍。

示例：横眉 / 冷对 / 千夫指，俯首 / 甘为 / 孺子牛。

4.17.3.3 分隔供选择或可转换的两项，表示"或"。

示例：动词短语中除了作为主体成分的述语动词之外，还包括述语动词所带的宾语和 / 或补语。

4.17.3.4 分隔组成一对的两项，表示"和"。

示例 1：13/14 次特别快车

示例 2：羽毛球女双决赛中国组合杜婧 / 于洋两局完胜韩国名将李孝贞 / 李敬元。

4.17.3.5 分隔层级或类别。

示例：我国的行政区划分为：省（直辖市、自治区）/省辖市（地级市）/县（县级市、区、自治州）/乡（镇）/村（居委会）。

5 标点符号的位置和书写形式

5.1 横排文稿标点符号的位置和书写形式

5.1.1 句号、逗号、顿号、分号、冒号均置于相应文字之后，占一个字位置，居左下，不出现在一行之首。

5.1.2 问号、叹号均置于相应文字之后，占一个字位置，居左，不出现在一行之首。两个问号（或叹号）叠用时，占一个字位置；三个问号（或叹号）叠用时，占两个字位置；问号和叹号连用时，占一个字位置。

5.1.3 引号、括号、书名号中的两部分标在相应项目的两端，各占一个字位置。其中前一半不出现在一行之末，后一半不出现在一行之首。

5.1.4 破折号标在相应项目之间，占两个字位置，上下居中，不能中间断开分处上行之末和下行之首。

5.1.5 省略号占两个字位置，两个省略号连用时占四个字位置并须单独占一行。省略号不能中间断开分处上行之末和下行之首。

5.1.6 连接号中的短横线比汉字"－"略短，占半个字位置；一字线比汉字"－"略长，占一个字位置；浪纹线占一个字位置。连接号上下居中，不出现在一行之首。

5.1.7 间隔号标在需要隔开的项目之间，占半个字位置，上下居中，不出现在一行之首。

5.1.8 着重号和专名号标在相应文字的下边。

5.1.9 分隔号占半个字位置，不出现在一行之首或一行之末。

5.1.10 标点符号排在一行末尾时，若为全角字符则应占半角字符的宽度（即半个字位置），以使视觉效果更美观。

5.1.11 在实际编辑出版工作中，为排版美观、方便阅读等需要，或为避免某一小节最后一个汉字转行或出现在另外一页开头等情况（浪费版面及视觉效果差），可适当压缩标点符号所占用的空间。

5.2 竖排文稿标点符号的位置和书写形式

5.2.1 句号、问号、叹号、逗号、顿号、分号和冒号均置于相应文字之下偏右。

5.2.2 破折号、省略号、连接号、间隔号和分隔号置于相应文字之下居中，上下方向排列。

5.2.3 引号改用双引号" " " "和单引号' ' ' '，括号改用" " " "，标在相应项目的上下。

5.2.4 竖排文稿中使用浪线式书名号" "，标在相应文字的左侧。

5.2.5 着重号标在相应文字的右侧，专名号标在相应文字的左侧。

5.2.6 横排文稿中关于某些标点不能居行首或行末的要求，同样适用于竖排文稿。

附录 A

（规范性附录）

标点符号用法的补充规则

A.1 句号用法补充规则

图或表的短语式说明文字，中间可用逗号，但末尾不用句号。即使有时说明文字较长，前面的语段已出现句号，最后结尾处仍不用句号。

示例 1：进行中的学生方队

示例 2：经过治理，本市市容市貌焕然一新。这是某区街道一景

A.2 问号用法补充规则

使用问号应以句子表示疑问语气为依据，而并不根据句子中包含有疑问词。当含有疑

问词的语段充当某种句子成分，而句子并不表示疑问语气时，句末不用问号。

示例1：他们的行为举止、审美趣味，甚至读什么书，坐什么车，都在媒体掌握之中。

示例2：谁也不见，什么也不吃，哪儿也不去。

示例3：我也不知道他究竟躲到什么地方去了。

A.3 逗号用法补充规则

用顿号表示较长、较多或较复杂的并列成分之间的停顿时，最后一个成分前可用"以及（及）"进行连接，"以及（及）"之前应用逗号。

示例：压力过大、工作时间过长、作息不规律，以及忽视营养均衡等，均会导致健康状况的下降。

A.4 顿号用法补充规则

A.4.1 表示含有顺序关系的并列各项间的停顿，用顿号，不用逗号。下例解释"对于"一词用法，"人""事物""行为"之间有顺序关系（即人和人、人和事物、人和行为、事物和事物、事物和行为、行为和行为等六种对待关系），各项之间应用顿号。

示例1：〔对于〕表示人，事物，行为之间的相互对待关系。（误）

示例2：〔对于〕表示人、事物、行为之间的相互对待关系。（正）

A.4.2. 用阿拉伯数字表示年月日的简写形式时，用短横线连接号，不用顿号。

示例：2010、03、02(误)

2010－03－02(正)

A.5 分号用法补充规则

分项列举的各项有一项或多项已包含句号时，各项的末尾不能再用分号。

示例：本市先后建立起三大农业生产体系：一是建立甘蔗生产服务体系。成立糖业服务公司，主要给农民提供机耕等服务；二是建立蚕桑生产服务体系。……；三是建立热作服务体系。……。（误）

本市先后建立起三大农业生产体系：一是建立甘蔗生产服务体系。成立糖业服务公司，主要给农民提供机耕等服务。二是建立蚕桑生产服务体系。……三是建立热作服务体系。（正）

A.6 冒号用法补充规则

A.6.1 冒号用在提示性话语之后引起下文。表面上类似但实际不是提示性话语的，其后用逗号。

示例1：郦道元《水经注》记载："沼西际山枕水，有唐叔虞祠。"（提示性话语）

示例2：据《苏州府志》载，苏州城内大小园林约有150多座，可算名副其实的园林之城。（非提示性话语）

A.6.2 冒号提示范围无论大小（一句话、几句话甚至几段话），都应与提示性话语保持一致（即在该范围的末尾要用句号点断）。应避免冒号涵盖范围过窄或过宽。

示例：艾滋病有三个传播途径：血液传播、性传播和母婴传播，日常接触是不会传播艾滋病的。（误）

艾滋病有三个传播途径：血液传播、性传播和母婴传播。日常接触是不会传播艾滋病的。（正）

A.6.3 冒号应用在有停顿处，无停顿处不应用冒号。

示例1：他头也不抬，冷冷地问："你叫什么名字？"（有停顿）

示例2：这事你得拿主意，光说"不知道"怎么行？（无停顿）

A.7 引号用法补充规则

"丛刊""文库""系列""书系"等作为系列著作的选题名，宜用引号标引。当"丛刊"等为选题名的一部分时，放在引号之内，反之则放在引号之外。

示例1："汉译世界学术名著丛书"

示例2："中国哲学典籍文库"

示例3："20世纪心理学通览"丛书

A.8 括号用法补充规则

括号可分为句内括号和句外括号。句内括号用于注释句子里的某些词语，即本身就是句子的一部分，应紧跟在被注释的词语之后。句外括号则用于注释句子、句群或段落，即本身结构独立，不属于前面的句子、句群或段落，应位于所注释语段的句末点号之后。

示例：标点符号是辅助文字记录语言的符号，是书面语的有机组成部分，用来表示语句的停顿、语气以及标示某些成分(主要是词语)的特定性质和作用。(数学符号、货币符号、校勘符号等特殊领域的专门符号不属于标点符号)

A.9 省略号用法补充规则

A.9.1 不能用多于两个省略号（多于12点）连在一起表示省略。省略号须与多点连续的连珠号相区别（后者主要是用于表示目录中标题和页码对应和连接的专门符号）。

A.9.2 省略号和"等""等等""什么的"等词语不能同时使用。在需要读出来的地方用"等""等等""什么的"等词语，不用省略号。

示例：含有铁质的食物有猪肝、大豆、油菜、菠菜……等。（误）

含有铁质的食物有猪肝、大豆、油菜、菠菜等。（正）

A.10 着重号用法补充规则

不应使用文字下加直线或波浪线等形式表示着重。文字下加直线为专名号形式(4.16)；文字下加浪纹线是特殊书名号(A.13.6)。着重号的形式统一为相应项目下加小圆点。

示例：下面对本文的理解，不正确的一项是（误）

下面对本文的理解，不正确的一项是（正）

A.11 连接号用法补充规则

浪纹线连接号用于标示数值范围时，在不引起歧义的情况下，前一数值附加符号或计量单位可省略。

示例：5 公斤 ~100 公斤（正）

5~100 公斤（正）

A.12 间隔号用法补充规则

当并列短语构成的标题中已用间隔号隔开时，不应再用"和"类连词。

示例：《水星·火星和金星》（误）

《水星·火星·金星》（正）

A.13 书名号用法补充规则

A.13.1 不能视为作品的课程、课题、奖品奖状、商标、证照、组织机构、会议、活动等名称，不应用书名号。下面均为书名号误用的示例：

示例 1：下学期本中心将开设《现代企业财务管理》《市场营销》两门课程。

示例 2：明天将召开《关于"两保两挂"的多视觉理论思考》课题立项会。

示例 3：本市将向 70 岁以上（含 70 岁）老年人颁发《敬老证》。

示例 4：本校共获得《最佳印象》《自我审美》《卡拉 OK》等六个奖杯。

示例 5：《闪光》牌电池经久耐用。

示例 6：《文史杂志社》编辑力量比较雄厚。

示例 7：本市将召开《全国食用天然色素应用研讨会》。

示例 8：本报将于今年暑假举行《墨宝杯》书法大赛。

A.13.2 有的名称应根据指称意义的不同确定是否用书名号。如文艺晚会指一项活动时，不用书名号；而特指一种节目名称时，可用书名号。再如展览作为一种文化传播的组织形式时，不用书名号；特定情况下将某项展览作为一种创作的作品时，可用书名号。

示例 1：2008 年重阳联欢晚会受到观众的称赞和好评。

示例 2：本台将重播《2008 年重阳联欢晚会》。

示例 3："雪域明珠——中国西藏文化展"隆重开幕。

示例 4：《大地飞歌艺术展》是一部大型现代艺术作品。

A.13.3 书名后面表示该作品所属类别的普通名词不标在书名号内。

示例：《我们》杂志

A.13.4 书名有时带有括注。如果括注是书名、篇名等的一部分，应放在书名号之内，反之则应放在书名号之外。

示例 1：《琵琶行（并序）》

示例 2：《中华人民共和国民事诉讼法（试行）》

示例 3：《新政治协商会议筹备会组织条例（草案）》

示例 4：《百科知识》（彩图本）

示例 5：《人民日报》（海外版）

A.13.5 书名、篇名末尾如有叹号或问号，应放在书名号之内。

示例 1：《日记何罪！》

示例 2：《如何做到同工又同酬？》

A.13.6 在古籍或某些文史类著作中，为与专名号配合，书名号也可改用浪线式"﹏﹏"，标注在书名下方。这可以看作是特殊的专名号或特殊的书名号。

A.14 分隔号用法补充规则

分隔号又称正斜线号，须与反斜线号"＼"相区别（后者主要是用于编写计算机程序的专门符号）。使用分隔号时，紧贴着分隔号的前后通常不用点号。

附录 B

（资料性附录）

标点符号若干用法的说明

B.1 易混标点符号用法比较

B.1.1 逗号、顿号表示并列词语之间停顿的区别

逗号和顿号都表示停顿，但逗号表示的停顿长，顿号表示的停顿短。并列词语之间的停顿一般用顿号，但当并列词语较长或其后有语气词时，为了表示稍长一点的停顿，也可用逗号。

示例 1：我喜欢吃的水果有苹果、桃子、香蕉和菠萝。

示例 2：我们需要了解全局和局部的统一，必然和偶然的统一，本质和现象的统一。

示例 3：看游记最难弄清位置和方向，前啊，后啊，左啊，右啊，看了半天，还是不明白。

B.1.2 逗号、顿号在表示列举省略的"等""等等"之类词语前的使用

并列成分之间用顿号，末尾的并列成分之后用"等""等等"之类词语时，"等"类词前不用顿号或其他点号；并列成分之间用逗号，末尾的并列成分之后用"等"类词时，"等"类词前应用逗号。

示例 1：现代生物学、物理学、化学、数学等基础学科的发展，带动了医学科学的进步。

示例 2：写文章前要想好：文章主题是什么，用哪些材料，哪些详写，哪些略写，等等。

B.1.3 逗号、分号表示分句间停顿的区别

当复句的表述不复杂、层次不多，相连的分句语气比较紧凑、分句内部也没有使用逗号表示停顿时，分句间的停顿多用逗号。当用逗号不易分清多重复句内部的层次（如分句内部已有逗号），而用句号又可能割裂前后关系的地方，应用分号表示停顿。

示例 1：她拿起钥匙，开了箱上的锁，又开了首饰盒上的锁，往老地方放钱。

示例 2：纵比，即以一事物的各个发展阶段作比；横比，则以此事物与彼事物相比。

B.1.4 顿号、逗号、分号在标示层次关系时的区别

句内点号中，顿号表示的停顿最短、层次最低，通常只能表示并列词语之间的停顿；分号表示的停顿最长、层次最高，可以用来表示复句的第一层分句之间的停顿；逗号介于

两者之间，既可表示并列词语之间的停顿，也可表示复句中分句之间的停顿。若分句内部已用逗号，分句之间就应用分号（见 B.1.3 示例 2）。用分号隔开的几个并列分句不能由逗号统领或总结。

示例 1：有的学会烤烟，自己做挺讲究的纸烟和雪茄；有的学会蔬菜加工，做的番茄酱能吃到冬天；有的学会蔬菜腌渍、窖藏，使秋菜接上春菜。

示例 2：动物吃植物的方式多种多样：有的是把整个植物吃掉，如原生动物；有的是把植物的大部分吃掉，如鼠类；有的是吃掉植物的要害部位，如鸟类吃掉植物的嫩芽。（误）

动物吃植物的方式多种多样，有的是把整个植物吃掉，如原生动物；有的是把植物的大部分吃掉，如鼠类；有的是吃掉植物的要害部位，如鸟类吃掉植物的嫩芽。（正）

B.1.5 冒号、逗号用于"说""道"之类词语后的区别

位于引文之前的"说""道"后用冒号。位于引文之后的"说""道"分两种情况：处于句末时，其后用句号；"说""道"后还有其他成分时，其后用逗号。插在话语中间的"说""道"类词语后只能用逗号表示停顿。

示例 1：他说："晚上就来家里吃饭吧。"

示例 2："我真的很期待。"他说。

示例 3："我有件事忘了说……"他说，表情有点为难。

示例 4："现在请皇上脱下衣服，"两个骗子说，"好让我们为您换上新衣。"

B.1.6 不同点号表示停顿长短的排序

各种点号都表示说话时的停顿。句号、问号、叹号都表示句子完结，停顿最长。分号用于复句的分句之间，停顿长度介于句末点号和逗号之间，而短于冒号。逗号表示一句话中间的停顿，又短于分号。顿号用于并列词语之间，停顿最短。通常情况下，各种点号表示的停顿由长到短为：句号＝问号＝叹号＞冒号（指涵盖范围为一句话的冒号）＞分号＞逗号＞顿号。

B.1.7 破折号与括号表示注释或补充说明时的区别

破折号用于表示比较重要的解释说明，这种补充是正文的一部分，可与前后文连读；而括号表示比较一般的解释说明，只是注释而非正文，可不与前后文连读。

示例 1：在今年——农历虎年，必须取得比去年更大的成绩。

示例 2：哈雷在牛顿思想的启发下，终于认出了他所关注的彗星（该星后人称为哈雷彗星）。

B.1.8 书名号、引号在"题为……""以……为题"格式中的使用

"题为……""以……为题"中的"题"，如果是诗文、图书、报告或其他作品可作为篇名、书名看待时，可用书名号；如果是写作、科研、辩论、谈话的主题，非特定作品的标题，应用引号。即"题为……""以……为题"中的"题"应根据其类别分别按书名

号和引号的用法处理。

示例1：有篇题为《柳宗元的诗》的文章，全文才2 000字，引文不实却达11处之多。

示例2：今天一个以"地球·人口·资源·环境"为题的大型宣传活动在此间举行。

示例3：《我的老师》写于1956年9月，是作者应《教师报》之约而写的。

示例4："我的老师"这类题目，同学们也许都写过。

B.2 两个标点符号连用的说明

B.2.1 行文中表示引用的引号内外的标点用法

当引文完整且独立使用，或虽不独立使用但带有问号或叹号时，引号内句末点号应保留。除此之外，引号内不用句末点号。当引文处于句子停顿处（包括句子末尾）且引号内未使用点号时，引号外应使用点号，当引文位于非停顿处或者引号内已使用句末点号时，引号外不用点号。

示例1："沉舟侧畔千帆过，病树前头万木春。"他最喜欢这两句诗。

示例2：书价上涨令许多读者难以接受，有些人甚至发出"还买得起书吗？"的疑问。

示例3：他以"条件还不成熟，准备还不充分"为由，否决了我们的提议。

示例4：你这样"明日复明日"地要拖到什么时候？

示例5：司马迁为了完成《史记》的写作，使之"藏之名山"，忍受了人间最大的侮辱。

示例6：在施工中要始终坚持"把质量当生命"。

示例7："言之无文，行而不远"这句话，说明了文采的重要。

示例8：俗话说："墙头一根草，风吹两边倒。"用这句话来形容此辈再恰当不过。

B.2.2 行文中括号内外的标点用法

括号内行文末尾需要时可用问号、叹号和省略号。除此之外，句内括号行文末尾通常不用标点符号。句外括号行文末尾是否用句号由括号内的语段结构决定：若语段较长、内容复杂，应用句号。句内括号外是否用点号取决于括号所处位置：若句内括号处于句子停顿处，应用点号。句外括号外通常不用点号。

示例1：如果不采取（但应如何采取呢？）十分具体的控制措施，事态将进一步扩大。

示例2：3分钟过去了（仅仅才3分钟！），从眼前穿梭而过的出租车竟达32辆！

示例3：她介绍时用了一连串比喻（有的状如树枝，有的貌似星海……），非常形象。

示例4：科技协作合同（包括科研、试制、成果推广等）根据上级主管部门或有关部门的计划签订。

示例5：应把夏朝看作原始公社向奴隶制国家过渡时期。（龙山文化遗址里，也有俯身葬。俯身者很可能就是奴隶。）

示例6：问：你对你不喜欢的上司是什么态度？

答：感情上疏远，组织上服从。（掌声，笑声）

示例7：古汉语（特别是上古汉语），对于我说，有着常人无法想象的吸引力。

示例8：由于这种推断尚未经过实践的考验，我们只能把它作为假设（或假说）提出来。

示例9：人际交往过程就是使用语词传达意义的过程（严格说，这里的"语词"应为语词指号）。

B.2.3 破折号前后的标点用法

破折号之前通常不用点号；但根据句子结构和行文需要，有时也可分别使用句内点号或句末点号。破折号之后通常不会紧跟着使用其他点号；但当破折号表示语音的停顿或延长时，根据语气表达的需要，其后可紧接问号或叹号。

示例1：小妹说："我们现在工作得挺好，老板对我不错，工资也挺高。——我能抽支烟吗？"（表示话题的转折）

示例2：我不是自然主义者，我主张文学高于现实，能够稍稍居高临下地去看现实，因为文学的任务不仅在于反映现实。光描写存在的事物还不够，还必须记住我们所希望的和可能产生的事物。必须使现象典型化。应该把微小而有代表性的事物写成重大的和典型的事物。——这就是文学的任务（表示对前几句话的总结）。

示例3："是他——？"石一川简直不敢相信自己的耳朵。

示例4："我终于考上大学啦！我终于考上啦——！"金石开兴奋得快要晕过去了。

B.2.4 省略号前后的标点用法

省略号之前通常不用点号。以下两种情况例外：省略号前的句子表示强烈语气、句末使用问号或叹号时；省略号前不用点号就无法标示停顿或表明结构关系时。省略号之后通常也不用点号，但当句末表达强烈的语气或感情时，可在省略号后用问号或叹号；当省略号后还有别的话、省略的文字和后面的话不连续且有停顿时，应在省略号后用点号；当表示特定格式的成分虚缺时，省略号后可用点号。

示例1：想起这些，我就觉得一辈子都对不起你。你对梁家的好，我感激不尽！……

示例2：他进来了，……一身军装，一张朴实的脸，站在我们面前显得很高大，很年轻。

示例3：这，这是……？

示例4：动物界的规矩比人类还多，野骆驼、野猪、黄羊……，直至塔里木兔、跳鼠，都是各行其路，决不混淆。

示例5：大火被渐渐扑灭，但一片片油污又旋即出现在遇难船旁……。清污船迅速赶来，并施放围栏以控制油污。

示例6：如果……，那么……。

B.3 序次语之后的标点用法

B.3.1 "第""其"字头序次语，或"首先""其次""最后"等做序次语时，后用逗号（见4.4.3.3）。

B.3.2 不带括号的汉字数字或"天干地支"做序次语时，后用顿号（见4.5.3.2）。

B.3.3 不带括号的阿拉伯数字、拉丁字母或罗马数字做序次语时，后面用下脚点（该符号属于外文的标点符号)。

示例1：总之，语言的社会功能有三点：1.传递信息，交流思想；2.确定关系，调节关系；3.组织生活，组织生产。

示例2：本课一共讲解三个要点：A.生理停顿；B.逻辑停顿；C.语法停顿。

B.3.4 加括号的序次语后面不用任何点号。

示例1：受教育者应履行以下义务：（一）遵守法律、法规；（二）努力学习，完成规定的学习任务；（三）遵守所在学校或其他教育机构的制度。

示例2：科学家很重视下面几种才能：(1) 想象力；(2) 直觉的理解力；(3) 数学能力。

B.3.5 阿拉伯数字与下脚点结合表示章节关系的序次语末尾不用任何点号。

示例：3 停顿

3.1 生理停顿

3.2 逻辑停顿

B.3.6 用于章节、条款的序次语后宜用空格表示停顿。

示例：第一课 春天来了

B.3.7 序次简单、叙述性较强的序次语后不用标点符号。

示例：语言的社会功能共有三点：一是传递信息；二是确定关系；三是组织生活。

B.3.8 同类数字形式的序次语，带括号的通常位于不带括号的下一层。通常第一层是带有顿号的汉字数字；第二层是带括号的汉字数字；第三层是带下脚点的阿拉伯数字；第四层是带括号的阿拉伯数字；再往下可以是带圈的阿拉伯数字或小写拉丁字母。一般可根据文章特点选择从某一层序次语开始行文，选定之后应顺着序次语的层次向下行文，但使用层次较低的序次语之后不宜反过来再使用层次更高的序次语。

示例：一、……

（一）……

1. ……

(1)……

① /a.……

B.4 文章标题的标点用法

文章标题的末尾通常不用标点符号，但有时根据需要可用问号、叹号或省略号。

示例1：看看电脑会有多聪明，让它下盘围棋吧

示例2：猛龙过江：本店特色名菜

示例3：严防"电脑黄毒"危害少年

示例4：回家的感觉真好

——访大赛归来的本市运动员

示例5：里海是湖，还是海？

示例6：人体也是污染源！

示例7：和平协议签署之后……

二、《出版物上数字用法》(GB/T 15835—2011)

前 言

本标准按照 GB/T 1.1-2009 给出的规则起草。

本标准代替 GB/T 15835-1995《出版物上数字用法的规定》，与 GB/T 15835-1995《出版物上数字用法的规定》相比，主要变化如下：

——原标准在汉字数字与阿拉伯数字中，明显倾向于使用阿拉伯数字。本标准不再强调这种倾向性。

——在继承原标准中关于数字用法应遵循"得体原则"和"局部体例一致原则"的基础上，通过措辞上的适当调整，以及更为具体的规定和示例，进一步明确了具体操作规范。

——将原标准的平级罗列式行文结构改为层级分类式行文结构。

——删除了原标准的基本术语"物理量"与"非物理量"，增补了"计量""编号""概数"作为基本术语。

本标准由教育部语言文字信息管理司提出并归口。

本标准主要起草单位：北京大学。

本标准主要起草人：詹卫东、覃士娟、曾石铭。

本标准所代替标准的历次版本发布情况为：GB/T 15835—1995。

出版物上数字用法

1 范围

本标准规定了出版物上汉字数字和阿拉伯数字的用法。

本标准适用于各类出版物（文艺类出版物和重排古籍除外）。政府和企事业单位公文，以及教育、媒体和公共服务领域的数字用法，也可参照本标准执行。

2 规范性引用文件

下列文件对于本文件的应用是必不可少的。凡是注日期的引用文件，仅注日期的版本适用于本文件。凡是不注日期的引用文件，其最新版本（包括所有的修改单）适用于本文件。

GB/T 7408—2005 数据元和交换格式 信息交换 日期和时间表示法。

3 术语和定义

下列术语和定义适用于本文件。

3.1

计量 measuring

将数字用于加、减、乘、除等数学运算。

3.2

编号 numbering

将数字用于为事物命名或排序，但不用于数学运算。

3.3

概数 approximate number

用于模糊计量的数字。

4 数字形式的选用

4.1 选用阿拉伯数字

4.1.1 用于计量的数字

在使用数字进行计量的场合，为达到醒目、易于辨识的效果，应采用阿拉伯数字。

示例 1：-125.03　34.05%　63% ~ 68%　1:500　97/108

当数值伴随有计量单位时，如：长度、容积、面积、体积、质量、温度、经纬度、音量、频率等，特别是当计量单位以字母表达时，应采用阿拉伯数字。

示例 2：523. 56 km(523. 56 千米)　346.87 L(346.87 升)　5.34　(5.34 平方米)

567 mm³(567 立方毫米)　605 g(605 克)　100 ~ 150 kg(100 ~ 150 千克)

34 ~ 39 ℃ (34 ~ 39 摄氏度)　北纬 40°(40 度)　120 dB(120 分贝)

4.1.2 用于编号的数字

在使用数字进行编号的场合，为达到醒目，易于辨识的效果，应采用阿拉伯数字。

示例：电话号码：98888

邮政编码：100871

通信地址：北京市海淀区复兴路 11 号

电子邮件地址：x186@186.net

网页地址：http：//127.0.0.1

汽车号牌：京 A00001

公交车号：302 路公交车

道路编号：101 国道

公文编号：国办发 [1987]9 号

图书编号：ISBN 978-7-80184-224-4

刊物编号：CN11-1399

章节编号：4.1.2

产品型号：PH-3000 型计算机

产品序列号：C84XB-JYVFD-P7HC4-6XKRJ-7M6XH

单位注册号：02050214

行政许可登记编号：0684D10004-828

4.1.3 已定型的含阿拉伯数字的词语

现代社会生活中出现的事物、现象、事件，其名称的书写形式中包含阿拉伯数字，已经广泛使用而稳定下来，应采用阿拉伯数字。

示例：3G 手机 MP3 播放器 G8 峰会 维生素 B12

97 号汽油 "5·27"事件 "12·5"枪击案

4.2 选用汉字数字

4.2.1 非公历纪年

干支纪年、农历月日、历史朝代纪年及其他传统上采用汉字形式的非公历纪年等，应采用汉字数字。

示例：丙寅年十月十五日 庚辰年八月五日 腊月二十三 正月初五 八月十五中秋

秦文公四十四年 太平天国庚申十年九月二十四日 清咸丰十年九月二十日

藏历阳木龙年八月二十六日 日本庆应三年

4.2.2 概数

数字连用表示的概数、含"几"的概数，应采用汉字数字。

示例：三四个月 一二十个 四十五六岁 五六万套 五六十年前

几千 二十几 一百几十 几万分之一

4.2.3 已定型的含汉字数字的词语

汉语中长期使用已经稳定下来的包含汉字数字形式的词语，应采用汉字数字。

示例：万一 一律 一旦 三叶虫 四书五经 星期五 四氧化三铁 八国联军

七上八下 一心一意 不管三七二十一 一方面 二百五 半斤八两

五省一市 五讲四美 相差十万八千里 八九不离十 白发三千丈

不二法门 二八年华 五四运动 "一·二八"事变 "一二·九"运动

4.3 选用阿拉伯数字与汉字数字均可

如果表达计量或编号所需要用到的数字个数不多，选择汉字数字还是阿拉伯数字在书写的简洁性和辨识的清晰性两方面没有明显差异时，两种形式均可使用。

示例1：17 号楼（十七号楼） 3 倍（三倍） 第 5 个工作日（第五个工作日）

100 多件（一百多件） 20 余次（二十余次） 约 300 人（约三百人）

40 左右（四十左右） 50 上下（五十上下） 50 多人（五十多人）

第 25 页（第二十五页） 第 8 天（第八天） 第 4 季度（第四季度）

第 45 份（第四十五份） 共 230 位同学（共二百三十五位同学） 0.5(零点五)

76 岁（七十六岁） 120 周年（一百二十周年） 1/3（三分之一）

公元前 8 世纪（公元前八世纪） 20 世纪 80 年代（二十世纪八十年代）

公元 253 年（公元二五三年） 1997 年 7 月 1 日（一九九七年七月一日）

下午 4 点 40 分（下午四点四十分）　4 个月（四个月）　12 天（十二天）

如果要突出简洁醒目的表达效果，应使用阿拉伯数字；如果要突出庄重典雅的表达效果，应使用汉字数字。

示例 2：北京时间 2008 年 5 月 12 日 14 时 28 分

十一届全国人大一次会议（不写为"11 届全国人大 1 次会议"）

六方会谈（不写为"6 方会谈"）

在同一场合出现的数字，应遵循"同类别同形式"原则来选择数字的书写形式。如果两数字的表达功能类别相同（比如都是表达年月日时间的数字），或者两数字在上下文中所处的层级相同（比如文章目录中同级标题的编号），应选用相同的形式。反之，如果两数字的表达功能不同或所处层级不同，可以选用不同的形式。

示例 3：2008 年 8 月 8 日 二　　八年八月八日（不写为"二　　八年 8 月 8 日"）

第一章　第二章……第十二章（不写为"第一章　第二章……第 12 章"）

第二章的下一级标题可以用阿拉伯数字编号：2.1，2.2，……

应避免相邻的两个阿拉伯数字造成歧义的情况。

示例 4：高三 3 个班　高三三个班（不写为"高 33 个班"）

高三 2 班　高三 (2) 班（不写为"高 32 班"）

有法律效力的文件、公告文件或财务文件中可同时采用汉字数字和阿拉伯数字。

示例 5：2008 年 4 月保险账户结算日利率为万分之一点五七五零 (0.015750%)

35.5 元 (35 元 5 角　三十五元五角　叁拾伍圆伍角)

5 数字形式的使用

5.1 阿拉伯数字的使用

5.1.1 多位数

为便于阅读，四位以上的整数或小数，可采用以下两种方式分节：

——第一种方式：千分撇

整数部分每三位一组，以","分节。小数部分不分节。四位以内的整数可以不分节。

示例 1：624,000　92,300,000　19,351,235.235767　1256

——第二种方式：千分空

从小数点起，向左和向右每三位数字一组，组间空四分之一个汉字，即二分之一个阿拉伯数字的位置。四位以内的整数可以不加千分空。

示例 2：55 235 367.346 23　98 235 358.238 368

注：各科学技术领域的多位数分节方式参照 GB 3101-1993 的规定执行。

5.1.2 纯小数

纯小数必须写出小数点前定位的"0"，小数点是齐阿拉伯数字底线的实心点"."。

示例：0.46 不写为 .46 或 0。46

5.1.3 数值范围

在表示数值的范围时，可采用浪纹式连接号"～"或一字线连接号"—"。前后两个数值的附加符号或计量单位相同时，在不造成歧义的情况下，前一个数值的附加符号或计量单位可省略，如果省略数值的附加符号或计量单位会造成歧义，则不应省略。

示例：–36 ～ –8℃　　400—429 页　　100—100kg　12 500 ～ 20 000 元

9 亿 ～ 16 亿 (不写为 9 ～ 16 亿)　　13 万元 ～ 17 万元 (不写为 13 ～ 17 万元)

15% ～ 30%(不写为 15 ～ 30%)　　4.3 × 106 ～ 5.7 × 106(不写为 4.3 ～ 5.7 × 106)

5.1.4 年月日

年月日的表达顺序应按照口语中年月日的自然顺序书写。

示例 1：2008 年 8 月 8 日　　1997 年 7 月 1 日

"年""月"可按照 GB/T 7408—2005 的 5.2.1.1 中的扩展格式，用"-"替代，但年月日不完整时不能替代。

示例 2：2008-8-8　　1997-7-1　　8 月 8 日 (不写为 8-8) 2008 年 8 月 (不写为 2008-8)

四位数字表示的年份不应简写为两位数字。

示例 3："1990 年"不写为"90 年"

月和日是一位数时，可在数字前补"0"。

示例 4：2008-08-08　　1997-07-01

5.1.5 时分秒

计时方式既可采用 12 小时制，也可采用 24 小时制。

示例 1：11 时 40 分 (上午 11 时 40 分　21 时 12 分 36 秒 (晚上 9 时 12 分 36 秒)

时分秒的表达顺序应按照口语中时、分、秒的自然顺序书写。

示例 2：15 时 40 分　　14 时 12 分 36 秒

"时""分"也可按照 GB/T 7408—2000 的 5.3.1.1 和 5.3.1.2 中的扩展格式，用"："替代

示例 3：15:40　　14:12:36

5.1.6 含有月日的专名

含有月日的专名采用阿拉伯数字表示时，应采用间隔号"·"将月、日分开，并在数字前后加引号。

示例："3·15"消费者权益日

5.1.7 书写格式

5.1.7.1 字体

出版物中的阿拉伯数字，一般应使用正体二分字身，即占半个汉字位置。

示例：234　　57.236

5.1.7.2 换行

一个用阿拉伯数字书写的数值应在同一行中，避免被断开。

5.1.7.3 竖排文本中的数字方向

竖排文字中的阿拉伯数字按顺时针方向转 90 度。旋转后要保证同一个词语单位的文字方向相同。

示例：

示例一

雪花牌 BCD188 型家用电冰箱容量是一百八十八升，功率为一百二十五瓦，市场售价两千零五十元，返修率仅为百分之零点一五。

5.2 汉字数字的使用

5.2.1 概数

两个数字连用表示概数时，两数之间不用顿号"、"隔开。

示例：二三米 一两个小时 三五天 一二十个 四十五六岁

5.2.2 年份

年份简写后的数字可以理解为概数时，一般不简写。

示例："一九七八年"不写为"七八年"

5.2.3 含有月日的专名

含有月日的专名采用汉字数字表示时，如果涉及一月、十一月、十二月，应用间隔号"·"将表示月和日的数字隔开，涉及其他月份时，不用间隔号。

示例："一·二八"事变 "一二·九"运动 五一国际劳动节

5.2.4 大写汉字数字

——大写汉字数字的书写形式

零、壹、贰、叁、肆、伍、陆、柒、捌、玖、拾、佰、仟、万、亿

——大写汉字数字的适用场合

法律文书和财务票据上，应采用大写汉字数字形式记数。

示例：3,504 元（叁仟伍佰零肆圆） 39,148 元（叁万玖仟壹佰肆拾捌圆）

5.2.5 "零"和"〇"

阿拉伯数字"0"有"零"和"〇"两种汉字书写形式。一个数字用作计量时，其中"0"的汉字书写形式为"零"，用作编号时，"0"的汉字书写形式为"〇"。

示例："3052(个)"的汉字数字形式为"三千零五十二"（不写为"三千〇五十二"）

"95.06"的汉字数字形式为"九十五点零六"（不写为"九十五点〇六"）

"公元 2012(年)"的汉字数字形式为"二〇一二"（不写为"二零一二"）

5.3 阿拉伯数字与汉字数字同时使用

如果一个数值很大，数值中的"万""亿"单位可以采用汉字数字，其余部分采用阿拉伯数字。

示例 1：我国 1982 年人口普查人数为 10 亿零 817 万 5 288 人

除上面情况之外的一般数值，不能同时采用阿拉伯数字与汉字数字。

示例 2：108 可以写作"一百零八"，但不应写作"1 百零 8""一百 08"

4 000 可以写作"四千"，但不应写作"4 千"

三、《校对符号及其用法》

中华人民共和国专业校准 GB/T 14706—93《校对符号及其用法》。该标准规定的符号共有 22 种。

改正			提高出版物质量
删除			提高出版物质量
增补			必须搞好校对工作
换损			坏字和模糊字要调换
改正上下角			16=4² H2SO4 尼古拉 . 费帝 0.25+0.25=0.5
转正			你的做法真不对
对调			认真总结经验
转移			要重视校对工作提高出版物质量

接　排		要重视校对工作 提高出版物质量	要重视校对工作提高出版物质量
另起段		完成了任务。明年……	完成了任务。 　　明年……
上下移		序号　名称　数量 01　+++　5	序号　名称　数量 　01　+++　5
左右移		要重视校对工作，提高 出版物质量	要重视校对工作提高出版物质量
排　齐		必须提高印刷 质量缩短印刷周期	必须提高印刷 质量缩短印刷周期
排阶梯型		RH2	RH2
正　图			
加大空距		一　校对程序 校对胶印读物，影印 书刊的注意事项	一、校对程序 校对胶印读物，影印 书刊的注意事项
减小空距		一　校对程　序 校对胶印读物，影印 书刊的注意事项	一、校对程序 校对胶印读物，影印 书刊的注意事项
空 1 字距 空 1/2 字距 空 1/3 字距 空 1/4 字距		第一章 校对职责和方法	第一章 校对职责和方法
分　开		Good morning	Good morning
保　留		认真搞好校对工作	认真搞好校对工作
代　替		机器由许多零件组成，有的零件 是铸出来的，有的零件是锻出来 的，有的零件是…零	机器是由许多零件组成，有的 零件是铸出来的，有的零件是 锻出来的，有的零件是……
说　明	• • •	第一章 校对的职责	第一章　校对的责任